我国高等学校
财务信息公开理论研究与实践

赵红卫　著

WOGUO GAODENG
XUEXIAO
CAIWU XINXI GONGKAI
LILUN YANJIU
YU
SHIJIAN

人民出版社

责任编辑:李椒元
装帧设计:徐　晖
责任校对:吕　飞

图书在版编目(CIP)数据

我国高等学校财务信息公开理论研究与实践/赵红卫 著. —北京:
人民出版社,2018.12
ISBN 978-7-01-019726-5

Ⅰ.①我…　Ⅱ.①赵…　Ⅲ.①高等学校-财务管理-研究-中国
Ⅳ.①G647.5

中国版本图书馆 CIP 数据核字(2018)第 195145 号

我国高等学校财务信息公开理论研究与实践

WOGUO GAODENG XUEXIAO CAIWU XINXI GONGKAI LILUN YANJIU YU SHIJIAN

赵红卫　著

人民出版社 出版发行
(100706　北京市东城区隆福寺街 99 号)

河北文盛印刷有限公司印刷　新华书店经销

2018 年 12 月第 1 版　2018 年 12 月北京第 1 次印刷
开本:710 毫米×1000 毫米 1/16　印张:20
字数:300 千字　印数:0,001-3,000 册

ISBN 978-7-01-019726-5　定价:42.00 元

邮购地址 100706　北京市东城区隆福寺街 99 号
人民东方图书销售中心　电话 (010)65250042　65289539

目　　录

自　序

2007年4月5日，国务院颁布《政府信息公开条例》（国务院令第492号），自2008年5月1日起施行；2010年4月6日，教育部颁布《高等学校信息公开办法》（教育部令29号），自2010年9月1日起施行；2012年11月16日，教育部发布《关于做好高等学校财务信息公开工作的通知》（教财［2012］4号），首次专门就高校财务信息公开做出部署；2014年7月25日，教育部发布《关于公布〈高等学校信息公开事项清单〉的通知》（教办涵［2014］23号），明确将包括高校财务信息公开在内的高校信息公开内容分为10个大类50个具体事项。随着一系列高校财务信息公开法规和政策的颁布实施，为推进我国高校财务信息公开工作奠定了基本的法制基础。

由于经济资源的稀缺属性、财不露白的保密文化、会计方法的技术壁垒，使财务信息集经济性、隐私性和专业性于一体，决定了财务信息公开必然成为高校信息公开中的热点、焦点和难点。近年来国内一些新闻媒体、学术机构、专家学者开展的相关调查研究亦表明，我国高校信息公开的整体状况不容乐观，其中尤以财务信息公开为甚，未来持续推进高校财务信息公开工作仍存在诸多困难，此为我国高校财务信息公开面临的特定的现实背景。

高校信息公开是政府信息公开在高等教育领域的自然延伸和必然要求，高校财务信息公开已成为世界高等教育强国的广泛共识和普遍实践。在这样的法制背景和现实背景交映下，我们必须明确：首先，高校财务信息公开，既不是“公开”或是“不公开”的自由选择，而是建基于公共管理理论、委托代理理论、信息系统模型和知情权利理论等理论基础之上的必然取向；亦不单单是为了“公开”而“公开”，而是为“使用”而“公开”，要从考量信息“有没有”公开的底限阶段，到追问信息“用没用”，甚至“尽其用”的目标达成。其次，高校财务信息公开是对信息公开立法和会计准则制度的双重遵循，既要体现信息公开立法对高校财务信息公开规制的普遍性，更要突显会计准则制度对高校财务信息公开规制的特殊性，是普遍性与特殊性的统一。第三，财务信息的目标，是委托责任观和决策有用观的双重体现。高校财务信息公开的两个“有助于”目标，就是要“有助于提高高校工作的透明度、保障师生员工和社会公众的知情权和监督权，推动高校依法办学、依法理财；有助于提升高校预算管理和财务管理水平，充分发挥资金使用效益，有效保障高等教育事业的科学发展。”因此，高校财务信息公开的理论研究和实践，不仅需要率先实现底限公开——使高校财务基础信息成为公共物品，更需要面向未来顶层设计——构建高校财务信息产品市场，在这两个视阈的转换和递进中，探求我国高校财务信息公开的理论逻辑和实践逻辑。

一方面，高校财务信息公开具有国际普适性，需要放眼世界。“他山之石，可以攻玉”。美、英等世界高等教育强国自 20 世纪末 21 世纪初先后开始公开高校财务信息，积累了丰富的可资我国借鉴的宝贵经验；另一方面，我国高校财务信息公开独具中国特色，需要立足中国。“鞋子合不合脚，只有自己穿了才知道”。我国高校财务信息公开存在的问题和困境，要求用一种新的思维和表达方式来思考探究，必须扎根中国的实践，才能将问题和困境连根拔起。

为此，本书主要做了以下几个方面的努力和尝试：一是阐释高校财务信息公开的理论逻辑，拓展了作为公共物品的高校财务基础信息到未来信息市场的高校财务信息产品的理论视阈；二是探求高校财务信息公开的实践逻辑，提出了高校财务信息公开的多元义务主体和双重制度遵循，纠偏公开实践中的义务主体单一和制度遵循失衡；三是较为全面地实现了跨空间、跨时间、跨类别、跨国别高校的财务信息公开横向同期、纵向趋势现状考察和比较分析，弥补了以往对国内民办高校和成人高校，以及国外高校财务信息公开现状考察和个案研究的缺失。

我绝对相信，在高校财务信息是否应该公开的问题上，已经不存在什么争议。关键的问题是如何进一步遵循好高校财务信息公开的理论逻辑和实践逻辑,发挥好高校财务信息公开的应有价值。我亦由衷地期待,高校财务信息能够在未来的高等教育资源配置中,发挥出基础性甚至决定性作用!

“路漫漫其修远兮,我将上下而求索”。一方面,由于时间、能力等各方面因素的限制,择取的样本未能覆盖到全国所有地域和高校,结论难免管中窥豹;研究的深度亦未能拓展到高校财务信息公开的绩效评价,架构难免内容缺失,希望以后有机会弥补这些遗憾。另一方面,即使是现有的研究,亦必定存在着许多瑕疵和不足,但我仍鼓起勇气将其出版,其旨既在回报四年来自己的艰难探索和导师组的悉心培养。此外,在本书中借鉴引用了诸多专家学者的文献成果,借此机会表示衷心的感谢! 通过将拙作完整地呈现,以求获得该领域前辈同行的批评建议,愿嘤鸣以求友,将伯之助矣。

绪　论

问题意识是学术研究的核心和灵魂。马克思指出:“主要的困难不是答案,而是问题。……问题是时代的格言,是表现时代自己内心状态的最实际的呼声。”①波普尔亦曾言:“科学研究只能从问题开始。”②同时,价值驱动是学术研究的意义和动力,研究者要致力于解决的问题,往往是具有现实意义有价值的问题。问题意识与价值驱动对于开展学术研究同等重要。

第一节　研究背景与意义

一、研究背景

(一)法制背景

事以密成和不使民知是古代社会的文化传统,深刻着封建专制的印记。随着近代社会信息时代的到来和民主政治的进步,信息作为最重要的表征性资源,越来越成为世界政治、经济、社会、文化中的主导因素,在人民生活中迅速跃居至主导地位,信息公开的诉求在世界范围内风潮云涌,势不可挡。

然而实践证明,信息公开的意愿不会自动产生,须有强有力的立法规制。自1766年瑞典颁布世界上第一部信息自由法以来,信息公开立法已走过250余年的历程。到了20世纪中叶,西方各国政府纷纷颁布信息公开立法,世界开始进入信息公开的高速法制化时代。据最新统计,时至今日世界上已有

---

① 《马克思恩格斯全集》第1卷,人民出版社1995年版,第203页。

② 张卓尼:《波普的“世界1·2·3”理论评介》,《哲学研究》1981年第2期。

117 个国家和地区的政府颁布了信息公开立法。① 2007 年,我国颁布《中华人民共和国政府信息公开条例》(国务院令 492 号,以下简称《条例》),开启了我国政府信息公开法制化进程的新纪元,我国成为世界上第 68 个颁布政府信息公开立法的国家。

高校信息公开是政府信息公开在高等教育领域的自然延伸和必然要求,是推进政府信息公开的重点领域。根据《条例》在教育领域推进信息公开的相关要求,各级教育、财政部门加紧行动,掀起了高校信息公开和财务信息公开法制建设的热潮。2010 年以来,教育部、财政部等部门先后出台了一系列高校财务信息公开的法制规章。如《高等学校信息公开办法》(以下简称《办法》)《关于做好高等学校财务信息公开工作的通知》(以下简称《通知》)《高等学校信息公开事项清单》(以下简称《清单》)以及《关于进一步做好预算信息公开工作的指导意见》《关于进一步做好高等学校财务信息公开工作的通知》《部门决算管理制度》等(表 1)。2015 年国务院办公厅印发的《2015 年政府信息公开工作要点》,更明确将教育列为政府信息公开的重点行业和领域,要求建立高校财务信息公开制度,加大高校财务信息公开力度,要求教育部负责牵头落实。② 随着这些法制规章相继颁布实施,为推进我国高校财务信息公开工作奠定了基本的法制基础,也为开展我国高校财务信息公开研究确立了鲜明的法制背景。

(二)实践背景

办好高等教育,事关国家发展和民族未来。提高高等教育质量,建设高等教育强国,充足的教育经费投入必不可少。从教育生产函数来讲,教育质量与教育经费投入之间呈正相关的关系。③ 近年来,随着我国财政性教育经费支出占国民生产总值 4%目标的实现,高等教育经费保障水平实现了历史性跨越,国家和各级政府对高等教育经费投入持续大幅增加。以教育部直属高校为例,年度决算动辄数十亿元甚至数百亿元,如清华大学 2015 年度决算 205

---

① freedominfo.org.List of FOI Countries[EB/OL].http://www.freedominfo.org/? p=18223.

② 《国务院办公厅关于印发 2015 年政府信息公开工作要点的通知》,中央人民政府网,http://www.gov.cn/zhengce/content/2015-04/21/content_9644.htm。

③ 岳昌君:《中国高等教育财政投入的国际比较研究》,《比较教育研究》2010 年第 1 期。

亿元，浙江大学156亿元，北京大学140亿元；地方普通高校年度决算达数亿元已属正常。

然而，随着高等教育由“精英化”发展到“大众化”阶段，高等教育资源的巨大需求和高等教育资源的相对短缺之间的矛盾更加凸显。在“开源节流”并重中，“节流”之于“开源”显得更加重要。一方面，各级教育、财政部门和各高校“一手抓投入、一手抓管理”，不断提高高等教育经费投入水平和使用效益；①但另一方面，高等教育领域的经济腐败和资源浪费等现象亦正日趋严重，暴露出我国高等教育资源配置、高等教育事务决策以及高校预算执行、财务管理、风险防御、内部控制等方面的薄弱和窘境，不断侵蚀着各级教育和财政部门、各高校主管部门和高校的社会公信力。

“阳光是最好的防腐剂”，公开透明本身就是对权力的约束，是最好的监督。财务信息是反映高校预算执行和财务状况的重要信息，是相关部门配置高等教育资源和决策高等教育事务的重要依据，也是社会公众知情、参与、表达、监督高等教育事务的重要渠道。以高校财务报告为核心的高校财务信息公开，在高校信息公开工作中占据着十分独特的地位，发挥着极其重要的作用。

表0-1　近年来我国高校财务信息公开相关部分法律规章

序	法规名称	通过时间	施行时间	发文号
1	中华人民共和国政府信息公开条例	2007/4/5	2008/5/1	国务院令第492号
2	关于进一步推进财政预算信息公开的指导意见		2008/9/1	财预〔2008〕390号
3	关于进一步做好预算信息公开工作的指导意见		2010/1/22	财预〔2010〕31号
4	高等学校信息公开办法	2010/3/30	2010/9/1	教育部令第29号
5	关于开展直属高校信息公开工作专项检查的通知		2011/9/29	教办厅函〔2011〕96号
6	事业单位财务规则	2012/2/7	2012/4/1	财政部令第68号

① 陈宝生作《国务院关于高等教育改革与发展工作情况的报告》，中国人大网，http://www.npc.gov.cn/npc/cwhhy/12jcwh/2016-08/31/content_1996339.htm。

续表

序	法规名称	通过时间	施行时间	发文号
7	坚定不移沿着中国特色社会主义道路前进为全面建成小康社会而奋斗		2012/11/8	十八大报告
8	关于做好高等学校财务信息公开工作的通知		2012/11/16	教财〔2012〕4号
9	行政单位财务规则	2012/12/5	2013/1/1	财政部令第71号
10	事业单位会计准则	2012/12/5	2013/1/1	财政部令第72号
11	高等学校财务制度	2012/12/19	2013/1/1	财教〔2012〕488号
12	关于印发当前政府信息公开重点工作安排的通知		2013/7/10	国办发〔2013〕73号
13	关于进一步做好高等学校财务信息公开工作的通知		2013/8/19	教财函〔2013〕96号
14	关于做好2012—2013学年度高校信息公开工作年度报告工作的通知		2013/9/26	教办厅函〔2013〕48号
15	关于开展高校信息公开工作专项监督检查的通知		2013/10/24	教办厅函〔2013〕53号
16	中共中央关于全面深化改革若干重大问题的决定		2013/11/9	十八届三中全会
17	部门决算管理制度	2013/12/10	2014/1/1	财库〔2013〕209号
18	行政事业单位内部控制规范（试行）	2012/11/29	2014/1/1	财会〔2012〕21号
19	高等学校会计制度	2013/12/30	2014/1/1	财会〔2013〕30号
20	2014年政府信息公开工作要点		2014/3/17	国办发〔2014〕12号
21	关于公布《高等学校信息公开事项清单》的通知		2014/7/25	教办函〔2014〕23号
22	国务院关于深化预算管理制度改革的决定		2014/9/26	国发〔2014〕45号
23	关于做好高校信息公开工作年度报告工作的通知		2014/10/8	教办厅函〔2014〕55号
24	中共中央关于全面推进依法治国若干重大问题的决定		2014/10/20	十八届四中全会
25	关于直属高校落实财务管理领导责任严肃财经纪律的若干意见		2015/5/22	教财〔2015〕4号

续表

序	法规名称	通过时间	施行时间	发文号
26	进一步落实高校信息公开清单做好高校信息公开年度报告工作的通知		2015/10/14	教办厅函〔2015〕48 号
27	关于全面推进政务公开工作的意见		2016/2/17	中办发〔2016〕8 号
28	关于加强和完善教育经费统计工作的意见		2016/9/14	教财〔2016〕6 号
29	营利性民办学校监督管理实施细则		2016/12/30	教发〔2016〕20 号
30	深入落实高校信息公开清单做好高校信息公开年度报告工作的通知		2016/10/14	教办厅函〔2016〕74 号
31	《关于全面推进政务公开工作的意见》实施细则的通知		2016/11/10	国办发〔2016〕80 号
32	政府会计准则——基本准则	2015/10/23	2017/1/1	财政部令第 78 号

从国际视野看，20 世纪末以来，高校财务信息公开也已成为世界各高等教育强国和世界一流大学的广泛共识和普遍实践。从国内现实看，我国自 2012 年教育部发出《通知》要求高校财务信息公开至今，已时逾五年。期间国内一些新闻媒体、学术机构、专家学者开展的现状调查结果表明，在各级教育行政部门和各高校的积极推动下，我国高校信息公开虽然取得了一定的成绩，但整体现状却不容乐观，工作推进并不太顺利，特别是在高校财务信息公开方面，公开的效果并不算理想，与教育部《办法》《通知》《清单》的要求还存在着明显差距，仍有许多重要的理论和实践问题尚未得到很好的解决，成为开展我国高校财务信息公开研究面临的艰难的实践背景。

（三）驱动因素

用鲜明的法制背景观照艰难的实践背景，我国高校财务信息公开，已不再仅仅是单一工作推进层面的一元简单问题，而拓展为我国社会发展进程中广泛的政治、经济、文化、制度等综合层面的多元复杂问题，亟待深入开展专题研究寻求突破和创新举措。当前开展我国高校财务信息公开研究的驱动因素主要有：

1.推进高校信息公开工作的需要

当前,信息公开成为世界各国实现民主化进程中的必然趋势和强烈要求。我国高校信息公开工作是政府信息公开工作的重要组成部分,受我国政府信息公开立法所规制,具有强制力和约束性。高校财务信息公开,不仅决定着高等教育领域信息公开工作的成败,还关系着我国政府信息公开工作的整体推进,更影响着我国社会发展的民主进程和社会公信力。

《通知》要求高校财务信息公开以来,已开展的对我国高校信息公开工作现状调查的研究表明,在高校信息公开工作推进过程中存在着诸多问题,特别是在高校财务信息公开方面,问题更加突出。因此,如何尽快实现高校财务信息"有没有"公开的"底限"突破?如何充分发挥公开的高校财务信息的价值和作用?进而如何整体提升高校信息公开工作的质量和效益?这些问题的解决,对开展我国高校财务信息公开研究提出了迫切要求。

2.提升高校财务管理水平的需要

随着我国现代大学制度的逐步建立和不断完善,高校、政府和社会正探索实现高校依法办学、自主管理、民主监督、社会参与,通过院校合并、扩建校区、争取生源、更新设施、引进人才等措施,提升教学质量、增强办学实力,这些都离不开充沛的经费投入作为后盾和支撑。在国家不断加大高等教育资源投入的同时,高校一方面坐拥巨额的办学经费,另一方面又面临频发的资源浪费和经济腐败困扰,高校的财务管理水平和社会公信力正遭受前所未有的质疑和挑战。

高校财务信息公开,有利于保障公众对高校财务信息的知情权,有利于解除高校的公共受托责任。通过公开高校财务信息,广开利益相关者知情高校财务信息的公开渠道,广泛听取各领域专家学者的意见建议,充分发挥社会公众对高校财务活动的参与权、表达权和监督权,促进高校不断提升财务管理的能力和水平,增强高校履行社会责任的执行力和公信力。

3.优化高等教育资源配置的需要

当前,我国正由人力资源大国向人力资源强国迈进,人才的培养主要靠教育,高规格人才的培养主要靠高等教育。加快发展高等教育,离不开充足的高等教育资源投入,然而即使再充足的资源投入,与巨大的高等教育资源需求相比，供求矛盾仍比较突出。通过改革高等教育资源配置方式，优化高等教育资源配置机制，不断提高高等教育资源使用效益，开源与节流并重，是缓解现阶段高等教育资源供需矛盾不可偏颇的双重现实途径。

党的十八大和十八届三中全会明确提出，要加快财税体制改革，完善公共财政体系，实施全面规范、公开透明的预算制度，建立权责发生制的政府综合财务报告制度。具体到高等教育领域，就是要充分认识和强调高校财务信息在高等教育资源配置中的重要地位和作用。通过不断建立健全高校财务信息公开制度体系，扎实推进高校财务信息公开工作，有效发挥高校财务信息大数据在未来高等教育资源配置中的基础性甚至决定性作用。

4.实现高等教育社会监督的需要

社会监督是我国推进教育治理体系和治理能力现代化的重要组成部分。社会监督的前提是公开，没有公开就谈不上真正的社会监督。

党的十三大报告中首次提出推进政务公开，将政务公开作为我党的一项基本政策确立起来，并在之后党的历届全会上不断加以强调并逐步实现其法制化。党的十八大报告《坚定不移沿着中国特色社会主义道路前进　为全面建成小康社会而奋斗》继续强调："推进权力运行公开化、规范化，完善党务公开、政务公开……让人民监督权力，让权力在阳光下运行。"①要推行教育部门、高校权力清单制度，让权力在阳光下运行，让社会各界在公开中监督。要通过信息公开，确保社会公众及时、便捷、有效地获取各类教育信息，这是社会监督不可或缺的环节和基础……当前，特别要加大高校招生和财务信息公开力度，细化公开内容、规范公开程序、扩大公开范围，切实加强师生和社会对招生、财务工作的监督。信息公开，核心是"发布"，关键在"真实"，根本在"监督"。没有"监督"的公开，就可能是不公开、半公开，甚至是假公开。②

信息公开是保障社会公众知情、参与、表达和监督高等教育事务的前提与基础。高校财务信息公开是高校信息公开的重要组成部分，是推动社会公众

---

① 胡锦涛：《坚定不移沿着中国特色社会主义道路前进　为全面建成小康社会而奋斗——在中国共产党第十八次全国代表大会上的报告》，人民出版社2012年版。

② 袁贵仁：《深化教育领域综合改革 加快推进教育治理体系和治理能力现代化》，《中国高等教育》2014年第5期。

监督高等教育事务的重要途径。没有有效的高校财务信息公开,社会公众无从获取高校财务信息,无法知情高等教育资源配置和高校经济管理活动状况,就谈不上对高等教育事务进行参与、表达与监督。

二、研究意义

经济越发展,会计越重要。会计作为社会的微观元素,在经济发展和社会治理中发挥着巨大功能和作用。财务信息,既是会计活动工作的成果,更是经济资源活动的反映。由于经济资源的稀缺属性、财不露白的保密文化、会计方法的技术壁垒,使财务信息具有鲜明的经济性、隐私性和专业性等特征,导致人们对财务信息不想谈及、不愿公开、不便利用。推进财务信息公开进程之难,不言而喻。高校财务信息能够反映高校的财务状况和运营成果,是高校最重要的信息之一,在高校信息公开中占据最重要的核心地位。

成思危说,两个东西对国家的改革开放最为重要,一个是法律,另一个是会计。[①] 扎实推进我国高校财务信息公开工作,不仅需要建立健全我国信息公开的法律制度体系,而且需要不断深化我国政府会计准则制度改革,加快实现我国会计准则与国际会计准则趋同,增强国内外高校财务信息间的可比性。对我国高校财务信息公开进行专题研究,有助于拓展我国高校财务信息公开的理论视野,借鉴国外高校财务信息公开的实践经验,促进我国高校财务信息公开的价值实现,推动我国高校财务信息产品的市场取向,具有重要的理论和现实意义。

(一)拓展我国高校财务信息公开理论视野

财务信息公开是高校信息公开的核心和重要内容。与国外高校相比,我国高校财务信息公开才刚刚起步。在《办法》《通知》《清单》发布后短短几年中,各级教育行政部门和各高校积极行动、加快推进,我国高校财务信息公开取得了飞速的进展和不俗的成绩。但由于财务信息鲜明的特征使得它与其他信息公开大不相同,财务信息公开不仅仅为了满足知情,更重在促进表达、参与和监督,会在一定程度上限制、危及权力集团的既得利益。因此,高校财务

① 上海国家会计学院:《财务报告》,经济科学出版社 2011 年版,第 5 页。

信息公开比起其他信息公开,受到的关注最多,涉及的利益最广,遭遇的阻力更大,面临的困难更多,需要我们立足理论根基,破解影响财务信息公开的理论难题。

高校财务信息公开,涉及谁来公开(Who)、公开什么(What)、何时公开(When)、哪里公开(Where)等诸多重要的理论和实践问题。换句话说,高校是高校财务信息公开的单一义务主体吗?民办高校需要公开财务信息吗?只需公开高校预算、决算财务信息吗?高校财务信息公开有时间限制吗?高校财务信息需要以什么形式、在哪里公开呢?此外,当前我国高校财务信息公开中,还面临着有数据无信息等突出的矛盾:公开的高校财务信息,信息使用者却不需要、看不懂、用不得;而需要的高校财务信息,信息使用者得不到、得不全、得不真,导致高校财务信息公开中信息供需错位、公开效益低下,需要引起理论研究者的积极关注和深入思考。这些问题和矛盾,都关乎着我国高校财务信息公开工作的成效,高校财务信息的利益相者也会重点关注,不能简单地、想当然地给予回应,必须建基于坚实的理论基础之上予以科学阐释。

(二)借鉴国外高校财务信息公开实践经验

20世纪90年代,世界高等教育强国开始探索并实施高校财务信息公开,二十余年来积累了丰富的可资借鉴的宝贵经验。如美国的芝加哥大学(University of Chicago)于1997年开始公开1996/1997年(7月1日~6月30日)财务报告和独立审计报告;①英国的伦敦大学学院(University College London)于2000年开始公开1999/2000年(8月1日~7月31日)财务报告;②加拿大的多伦多大学(University of Toronto)于1998年开始公布1997/1998年(5月1~4月30日)财务报告;③澳大利亚的西澳大学(University of Western Austria)最早公开的1997年(1月1日~12月31日)财务报告内容十分详

① University of Chicago.Consolidated Financial Statements and Supplemental University Information[EB/ OL].http://finserv.uchicago.edu/reporting/statements.shtml。

② University College London. 2010 UCL Annual Report[EB/OL]. https://www.ucl.ac.uk/finance/docs/docs-corporate/2000_UCL-annual-report.pdf。

③ University of Toronto. University of Toronto Condensed Financial Report[EB/OL]. http://www.finance.utoronto.ca/Assets/Finance+Digital+Assets/reports/financial/1998.pdf。

尽,包括校长评述、运营报告、统计资料、财务报表、绩效指标等以内的五大项 17 款内容。①

“他山之石,可以攻玉”。尽管西方国家与我国国情不同、会计政策有所差异,但从高校财务信息使用者的权利诉求、信息获取和信息利用看,基本上是趋于一致的。因此,国内、外高校的财务信息公开,在公开内容和公开技术方面仍具有高度普适性,研究世界高等教育强国和世界一流大学的财务信息公开,对有效推进我国高校财务信息公开,具有重要的实践借鉴意义。

(三)实现我国高校财务信息公开目标价值

财务信息具有双重目标:一是受托责任目标,能够有效解除委托代理中的受托责任;二是决策有用目标,能够为管理决策提供有价值的重要信息。

《通知》强调:做好高校财务信息公开工作,有助于提高高校工作的透明度、保障师生员工和社会公众的知情权和监督权,推动高校依法办学、依法理财;有助于提升高校预算管理和财务管理水平,充分发挥资金使用效益,有效保障高等教育事业的科学发展。② 明确了我国高校财务信息公开的两个“有助于”目标。

有着国内外著名大学管理经验的香港城市大学协理副校长程星博士在其论著《世界一流大学的管理之道》中直呼:“中国高校的管理者们尽管还没有像美国的同行们那样被纳税人逼到死角,但他们‘逍遥自在’的日子也屈指可数了。老百姓在高校花了大把银子之后,早晚会找校长们要成绩报告单的。”而“遗憾的是,我们大多数的大学决策者和管理者们至今仍采取鸵鸟政策,以为假装没有听到大众的呼声就可以蒙混过关。”③随着我国民主法制化建设进程的加快和公众知情权诉求的空前强烈,提高财务透明度和依法理财成为高校财务管理的必然要求,高校财务信息应当而且必须肩负起高校对外呈报“阳光”成绩报告单的重任。

---

① University of Western Australia. Annual Report 1997 [EB/OL]. http://www.publishing.uwa.edu.au/annualreport/1997/。

② 《教育部关于做好高等学校财务信息公开工作的通知》,教育部网站,http://old.moe.gov.cn//publicfiles/business/htmlfiles/moe/s7052/201309/157199.html。

③ 程星:《世界一流大学的管理之道》,北京大学出版社 2011 年版,第 19—20 页。

当前,我国高校财务信息公开仍处于刚刚起步的初级阶段,《办法》《通知》《清单》的要求还只是实现"有没有"公开的"底限"要求。然而,即使是这样一个"底限",从我国高校财务信息公开的现状看,还没有很好地实现,更谈不上进一步实现高校财务信息公开的目标价值。我国高校财务信息公开的价值现实,无论是财务信息的双重目标,还是《通知》提出的高校财务信息公开的两个"有助于"目标,都还远远没有达成。开展高校财务信息公开研究已刻不容缓。

(四)推动我国高校财务信息公开市场化取向

财务信息是反映会计主体财务状况和运营成果的晴雨表,财务信息具有经济价值已无可争议。高校财务信息对于高等教育经费绩效评价、高等教育质量评估、高等教育资源配置等方面的重要作用,不言而喻。

未来,我国高校财务信息公开还将面临更加艰巨的任务使命,我国的高校财务信息公开,亟须实现从"有没有"到"用没用"甚至"尽其用"的理念转换,在实践中加快实现"底限"突破、完善法制体系、规范报告体系、保障信息质量,着力促进高校财务信息的流动共享、开发加工、价值增值,推动高校财务信息产品市场化取向。

通过市场化的高校财务信息产品,更好地满足高校财务信息使用者方便获取、容易理解、能够参与、充分监督的信息需求,不仅能够引导高等教育社会资源的投入和流动,同时能够推动高等教育资源的市场化配置,充分发挥高校财务信息在高等教育资源配置中的基础性甚至决定性作用,推动高校财务信息公开工作的整体质量、水平和效益。开展高校财务信息公开研究,未来极具市场前景。

第二节　文献综述与讨论

通过中国知网(CNKI)、百度学术、Elsevier、Emerald、Jstor、Spring Link 和 Willy Online 等中、外学术文献数据库,对国内、外开展高校财务信息公开研究的文献进行检索,根据检索结果进行文献研究与综述。最后一轮检索时间为 2017 年 7 月 9 日。

一、国内研究综述

（一）高校信息公开

在CNKI“期刊”子库中：首先按“篇名”：“高校”并含“信息公开”，或者“高校”并含“信息披露”，或者“高等学校”并含“信息公开”，或者“高等学校”并含“信息披露”进行“模糊“检索，得到期刊文献394篇；再按“篇名”：“高等院校”并含“信息公开”，或者“高等院校”并含“信息披露”，或者“大学”并含“信息公开”，或者“大学”并含“信息披露”进行“模糊”检索，得到期刊文献46篇。两检索共得到期刊文献440篇，其中除去重复文献18篇、新闻报道文献5篇，实得期刊文献417篇。

在CNKI“硕博士”子库中：首先按“篇名”：“高校”并含“信息公开”，或者“高校”并含“信息披露”，或者“高等学校”并含“信息公开”，或者“高等学校”并含“信息披露”进行“模糊“检索，得到毕业论文56篇；再按“篇名”：“高等院校”并含“信息公开”，或者“高等院校”并含“信息披露”，或者“大学”并含“信息公开”，或者“大学”并含“信息披露”进行“模糊”检索，得到毕业论文4篇。两检索共得到硕博士毕业论文60篇，全部为硕士毕业论文。

（二）高校财务信息公开

在CNKI“期刊”子库中：首先按“篇名”：“高校”并含“财务公开”，或者“高校”并含“财务披露”，或者“高等学校”并含“财务公开”，或者“高等学校”并含“财务披露”进行“模糊”检索，得到期刊文献139篇；再按“篇名”：“高等院校”并含“财务公开”，或者“高等院校”并含“财务披露”，或者“大学”并含“财务公开”，或者“大学”并含“财务披露”进行“模糊”检索，得到期刊文献8篇。两次检索共得到期刊文献147篇，其中有1篇为重复文献，实得文献146篇。

在CNKI“硕博士”子库中：首先按“篇名”：“高校”并含“财务公开”，或者“高校”并含“财务披露”，或者“高等学校”并含“财务公开”，或者“高等学校”并含“财务披露”进行模糊检索，得到毕业论文9篇；再按“篇名”：“高等院校”并含“财务公开”，或者“高等院校”并含“财务披露”，或者“大学”并含“财务公开”，或者“大学”并含“财务披露”进行“模糊”检索，得到毕业论文1篇。两检索共得到毕业论文10篇，全部为硕士毕业论文（表0-2）。

表 0-2　CNKI 收录的高校财务信息公开硕博士论文检索结果(以时间排序)

序号	作者	毕业论文题目	硕/博	高校名称	毕业时间
1	宋　佳	公立高校财务信息公开国际比较研究	硕士	河北大学	2016
2	罗策元	我国部属高校财务信息公开问题与对策研究	硕士	华南理工大学	2016
3	张光然	高等学校“三公经费”财务信息公开的研究	硕士	黑龙江大学	2016
4	姜金萍	教育部直属高校财务信息公开研究	硕士	山东财经大学	2016
5	胡学忠	我国公办高校财务信息公开研究	硕士	东南大学	2015
6	桑　乐	基于公众预期的高校财务信息披露研究	硕士	新疆财经大学	2014
7	周璐璐	我国高校财务信息公开的困境与对策研究	硕士	河南大学	2014
8	张　沛	我国公立高校财务信息披露体系研究	硕士	中国海洋大学	2013
9	许婷婷	高等院校财务信息公开研究	硕士	安徽财经大学	2013
10	袁莉婷	中国高校财务信息公开研究	硕士	浙江工业大学	2012

(三)文献数量和时间分析

从文献数量看:国内学者研究高校信息公开的期刊文献共 417 篇,其中研究高校财务信息公开的期刊文献 146 篇,占研究高校信息公开期刊文献总数量的 35%;研究高校信息公开的硕士毕业论文共 60 篇,其中研究高校财务信息公开的硕士毕业论文 10 篇,占研究高校信息公开硕士毕业论文的 17%。

从文献时间看:国内学者研究高校信息公开最早的期刊文献发表于 2001 年,最早的硕士毕业论文时间为 2004 年;研究高校财务信息公开最早的期刊文献发表于 2003 年,最早的硕士毕业论文时间为 2012 年。可见随着我国要求校务公开,国内高校信息公开和高校财务信息公开的研究几乎同时开始,时间仅相差 2 年;但两者硕士毕业论文的开始时间则相差 8 年之久。

从文献数量与时间的趋势看:国内研究高校信息公开和高校财务信息公开的期刊文献历年数量,总体上呈明显上升趋势,近 5 年来分别为年均 60 篇和 20 篇左右(图 0-1);研究高校信息公开和高校财务信息公开的硕博毕业论文历年数量,总体上亦呈明显上升趋势,仅 2015 年有所下降(图 0-2)。

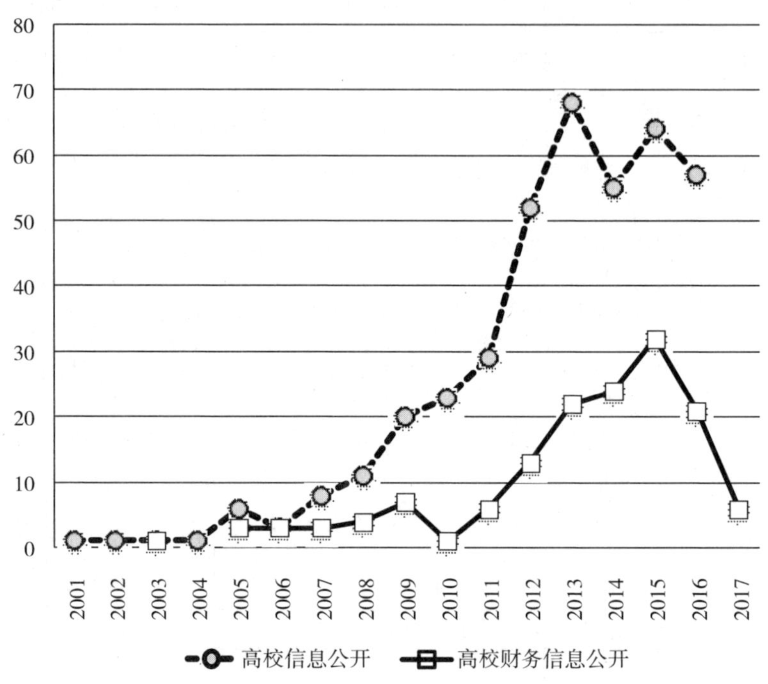

图 0-1　高校信息公开期刊文献历年数量趋势图

(四)研究内容分类综述

从研究内容看,涉及高校财务信息公开的诸多方面,大致可划分为 12 个领域:背景意义、理论视角、网络环境、综合研究、问题对策、现状调查、系统体系、制度机制、标准评价、国际比较、XBRL 技术、财务业务。其中,对高校财务信息公开的综合研究、问题对策、现状调查、财务业务的研究相对集中,数量都超过了 15 篇(图 0-3)。

1.背景意义类文献:探究高校财务信息公开的紧迫性、必要性及其作用。国内学者中,刘华秋较早开展高校财务信息公开相关研究,指出研究背景是基于校务公开,"财务公开"是校务公开的内容之一,当时使用"财务公开"的表述。刘华秋(2003)认为高校财务公开是由我国基本性质决定的,是贯彻"三个代表"思想的体现;①郭收库、赵丽君(2005)等从高校财务会计的目标、财务

① 刘华秋:《浅议高校财务公开》,《国家教育行政学院学报》2003 年第 3 期。

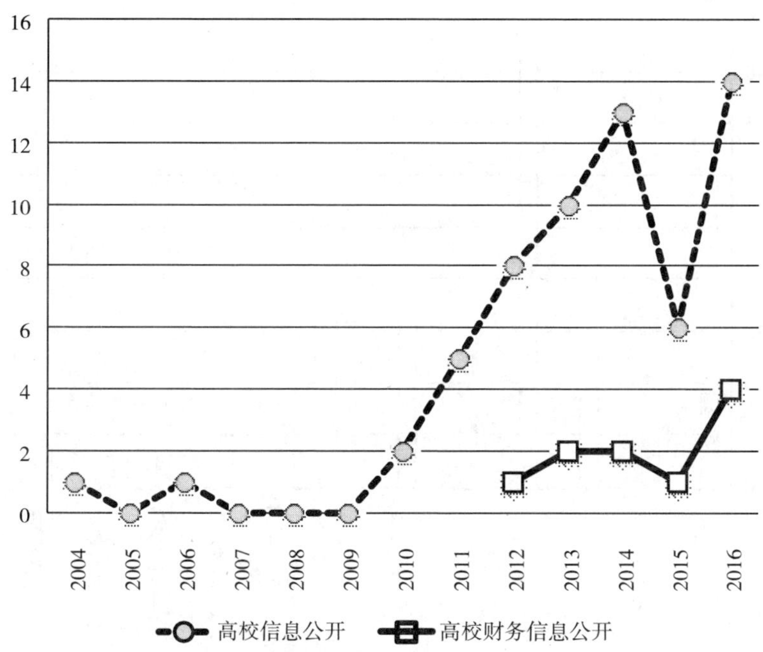

图 0-2　高校信息公开硕士论文历年数量趋势图

信息的公共性以及高校的财务关系角度，分析构建高校财务信息披露制度的必要性；①袁莉婷、郦解放（2012），②大漠（2012），③张文（2013），④何志勤（2016）⑤等从高校管理和监督角度，将高校腐败主要归因于高校财务管理缺乏公开透明的监督机制。

2.理论视角类文献：基于不同的理论和方法研究高校财务信息公开，主要有：孙颖颖（2014）的 SWOT 态势分析法；⑥黄月云、唐宁（2015）从博弈论视角，研究政府资助与民办高校财务信息公开的博弈模型，认为在重复博弈的长

① 郭收库、赵丽君：《高校财务信息披露的必要性与制度构建》，《陕西理工学院学报（社会科学版）》2005 年第 4 期。

② 袁莉婷、郦解放：《高校财务信息公开探讨》，《财会通讯》2012 年第 4 期。

③ 大漠：《高校腐败案频发呼唤财务管理公开透明》，《教育与职业》2012 年第 34 期。

④ 张文：《奖学金集体诉讼倒逼高校财务公开》，《教育与职业》2013 年第 7 期。

⑤ 何志勤：《高等学校财务信息公开的必要性和措施研究》，《商业会计》2016 年第 4 期。

⑥ 孙颖颖：《高校财务信息公开的 SWOT 分析与发展策略研究》，《会计之友》2014 年第 23 期。

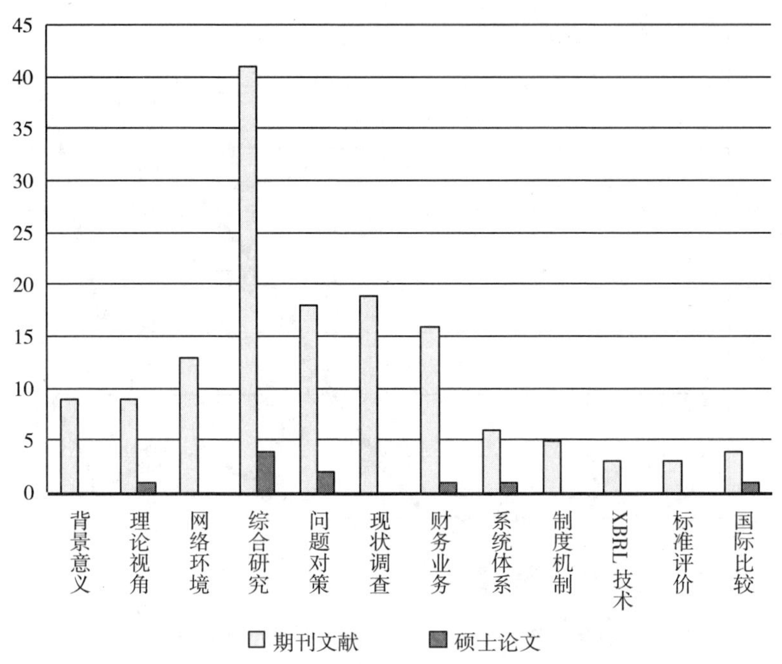

图 0-3　高校财务信息公开研究按内容分类数量分布

期条件下,民办高校应积极公开财务信息;[①]王洁玲、戴龙辉(2015),[②]胡莉(2017)从博弈论视角,研究认为高校信息披露成本、政府奖惩力度和公众监督成本等因素会对高校财务信息披露质量产生影响,应提高对高校违规信息披露行为的处罚,加大对监督举报的激励;[③]王丹(2015),[④]谢立本、李华军(2015),[⑤]崔玉良、高志勇(2017)等基于公众预期、公众监督等利益相关者复

---

① 黄月云、唐宁:《政府资助与民办高校财务信息公开的博弈论分析》,《会计师》2015 年第 6 期。

② 王洁玲、戴龙辉:《基于审计博弈的高校财务信息披露》,《财会通讯》2015 年第 7 期。

③ 胡莉:《高校财务信息披露质量提升思考——基于博弈论的视角》,《财会通讯》2017 年第 1 期。

④ 王丹:《基于公众需求视角的高校财务信息公开研究》,《中国乡镇企业会计》2015 年第 9 期。

⑤ 谢立本、李华军:《我国高校财务信息披露问题及对策——基于高校治理的视角》,《财会月刊》2015 年第 8 期。

合共治的高校治理结构改革视角;[①]胡莉(2016)从治理职责、预算管理、财务原则与方法、内部控制四个维度构造高校财务治理评价指数,证明了高校财务治理水平越高,其会计信息披露质量越高。[②]

3.网络环境类文献:主要探讨财务信息披露所需的网络环境和技术问题,研究文献均发表于2014年之前,因此研究内容与之后我国高校财务信息公开的相关要求存在一定的差异,但对财务信息的界定方面有一定的前瞻性。郭收库(2006)从高校和高教管理部门两个层面研究财务信息披露的功能和技术实现;[③]赵旭莹(2011)探讨网络环境对财务信息公开的影响及需要注意的问题。[④]

4.系统体系类文献:与网络环境类文献研究时间较早形成鲜明对比,系统体系类文献的时间均较新。主要从两个方面开展研究:一是高校财务信息公开的工作体系。如马海群、吕红(2015)对高校财务信息公开范围进行界定,并构建财务信息保密与公开相分割的公开审查工作体系,指出当前高校财务信息主动公开内容过少,仅公开预算和决算信息;[⑤]秦书亚(2016)进一步指出我国高校财务信息公开体系应当扩展,应该包括财务报告、表外信息及绩效报告三个部分,对高校财务信息公开提出更高要求。[⑥] 二是通过构建高校财务信息系统公开高校财务信息。王舒、杜炤(2016)提出新一代高校财务信息系统从规划到设计应成为高校电子校务平台的核心组成部分,实现财务业务一体化设计并从根本上解决现行系统中存在的数据孤岛和信息不畅的问题。[⑦]

5.现状调查类文献:此类文献通过选择特定类型或地区的高校作为研究

---

① 崔玉良、高志勇:《基于利益相关论的高校财务信息公开策略研究》,《商业经济》2017年第2期。

② 胡莉:《高校财务治理对会计信息披露质量的影响研究》,《会计之友》2016年第23期。

③ 郭收库:《网络环境下两层面高校财务信息披露系统构建》,《中国管理信息化(综合版)》2006年第3期。

④ 赵旭莹:《网络环境下高校财务信息公开的思考》,《会计师》2011年第4期。

⑤ 马海群、吕红:《高校财务信息公开的范围界定与工作体系构建》,《情报资料工作》2015年第1期。

⑥ 秦书亚:《我国高校财务信息披露体系研究》,《商业会计》2016年第13期。

⑦ 王舒、杜炤:《基于新一代财务信息系统的高校财务公开研究》,《武汉大学学报(理学版)》2012年第S1期。

对象实施现状调查研究。一是按地域分省(市)研究，主要有：许婷婷(2012)对安徽省，①马杰、朱莉(2013)对江苏省，②陈盈、李磊(2014)对京、津、沪、鲁、冀、辽6省，③杜俊萍、田洁(2014)对山西省，④孙颖颖(2015)对北京市、陕西省和江苏省，⑤牟秋菊、常青(2015)对贵州省，⑥陈丹(2015)对河南省，⑦罗伟峰(2015)等对广东省，⑧冯江南(2016)对江西省，⑨战丽红(2016)对吉林省。⑩研究涉及我国17个省(市)，但从时间看，不具备省(市)间的同期可比性；二是按高校分类研究，主要针对我国重点高校。如严宇(2015)对“985”工程高校，⑪袁敏、许霞(2015)⑫和马晓霞、黎燕(2015)对教育部直属高校。⑬尚未发现有学者对专科和成人高校进行调查研究，研究对象过窄。

7.综合研究和问题对策类文献：该两类文献多是在其他学者开展的现状调查的基础上，经分析、梳理、提炼而成的二次或三次文献，主要是描述现状、罗列问题、分析原因、提出对策。而且综合研究和问题对策类文献题目有一个共同的特点，就是题目多以试论、浅议、探析等形式出现，研究均缺乏一定

---

① 许婷婷：《安徽省高等院校财务信息公开研究》，《会计师》2012年第16期。

② 马杰、朱莉：《江苏高校财务信息公开状况调查与分析》，《教育财会研究》2013年第4期。

③ 陈盈、李磊：《高校财务信息公开的现状探讨——基于高校预决算报表信息公开数据视角》，《教育财会研究》2014年第3期。

④ 杜俊萍、田洁：《高校财务信息公开中的问题及对策——山西省高校财务信息公开情况调研》，《财会月刊》2014年第17期。

⑤ 孙颖颖：《中国高校财务信息公开现状与对策分析——以北京市、陕西省和江苏省为例》，《北京航空航天大学学报(社会科学版)》2015年第3期。

⑥ 牟秋菊、常青：《高校财务信息公开探讨——基于对贵州省47所高校的调查》，《行政事业资产与财务》2015年第1期。

⑦ 陈丹：《河南省高校财务信息公开现状及问题研究》，《劳动保障世界》2015年第26期。

⑧ 罗伟峰：《高校财务信息公开问题研究——以广东省为例》，《教育财会研究》2015年第3期。

⑨ 冯江南：《高等学校财务信息公开问题研究——以江西省98所普通高等学校为例》，《重庆理工大学学报(社会科学版)》2016年第12期。

⑩ 战丽红：《吉林省高校财务信息公开现状及对策分析》，《现代商业》2016年第6期。

⑪ 严宇：《“985工程”高校财务信息公开现状调查与分析》，《科教导刊(下旬)》2015年第10期。

⑫ 袁敏、许霞：《教育部部属高校财务信息披露比较》，《中国内部审计》2015年第9期。

⑬ 马晓霞、黎燕：《高校财务信息公开调查与对策分析》，《审计月刊》2015年第12期。

深度。

8.制度机制类文献:罗伟峰、吴乐(2014)通过研究2014年刚刚实施的《高等学校财务制度》,认为高校财务信息公开中对财务信息的范围界定不明确,导致高校财务信息公开难以顺利开展,实务中应先行制定高校财务信息公开实施细则;①杜驰(2015)指出我国现行会计准则制度存在着严重的制度缺失,亟待构建高校公认会计报告编制及披露制度;②樊风、王腊银(2016)认为我国高校财务信息公开存在认知差异、监管模糊、制度不健全,提出建立高校财务信息公开的保障机制。③ 这些研究均指明我国高校财务信息公开中存在制度间失调问题。

9.XBRL技术类文献:由于XBRL技术较强的专业性,高校财务信息XBRL技术研究的文献数量鲜少,仅有3篇且时间跨度较大。王敬轩、郭收库(2007)借鉴XBRL技术在上市公司信息披露中的应用模式,提出加快高校财务信息XBRL开发;④韦德贞(2014)认为应建立XBRL财务报告披露系统网站,为财务信息披露提供技术支撑。但对高校财务系统开发者和应用者而言,XBRL技术跨高校财务、会计、计算机语言、信息技术等领域,实施难度较大。⑤

10.财务业务类文献:研究内容涉及高校"三公"经费、科研经费、基建、图书馆财务等方面。其中,"三公"经费研究在所有16篇文献中占11篇,研究"三公"经费公开的重要性及存在问题。周珽(2013)认为"三公"经费公开与高校预算决算脱节、会计科目有限设置与记账随意等问题,需要进一步健全财务公开制度,完善会计核算体系。⑥ 而对其他财务业务的研究文献鲜少。

---

① 罗伟峰、吴乐:《高校财务信息公开存在问题研究——基于〈高等学校财务制度〉视角》,《会计之友》2014年第1期。

② 杜驰:《高校公认财务报告编制及披露的制度建构》,《教育财会研究》2015年第5期。

③ 樊风、王腊银:《高校财务信息披露保障机制研究》,《教育财会研究》2016年第4期。

④ 王敬轩、郭收库:《基于XBRL的高校财务信息披露研究》,《中国管理信息化(会计版)》2007年第11期。

⑤ 韦德贞:《基于XBRL技术的高校财务信息披露制度研究》,《会计之友》2014年第12期。

⑥ 周珽:《高等学校财务信息公开研究——以"三公经费"为例》,《教育财会研究》2013年第1期。

二、域外研究综述

(一)国内学者开展的域外研究

CNKI检索表明,国内学者对国外大学财务信息公开研究的期刊文献数量不多。郦解放、饶宝红(2009)以加州州立大学长滩分校为例,介绍美国大学财务报告公开的会计准则遵循和框架内容:首先,在会计准则遵循方面,美国高校会计制度采用“双轨制”,即私立大学遵循“美国会计准则委员会”(FASB)的会计准则,公立大学遵从“政府会计准则委员会”(GASB)的会计准则,两类大学的财务报告共同遵循“美国注册会计师协会”(AICPA)的披露准则;其次,在公开框架内容方面,公开的财务报告除了学校的基本情况介绍外,还要向社会公开五个方面的主要内容:公开目标、公开方式、重要会计政策、财务报表、独立审计意见等。①

姜宏青、孙晓琦(2014)以我国台湾地区两所高校(台湾大学和台湾政法大学)和香港地区两所大学(香港大学和香港中文大学)为例,研究大陆地区之外大学财务报告披露,香港和台湾地区大学不仅通过年报公开大学的办学目标和教学、科研、国际交流等活动的量化指标以及为之做出和努力,而且还公开大学财务状况和经营成果的财务信息,包括现金流量和审计报告等,值得借鉴。②

尚亚楠等(2011)介绍高校会计信息披露的美国经验,③单雅迪、李强等(2016)以哈佛大学为例,研究哈佛大学财务报告公开的特点,公开的哈佛大学财务报告包括财务概览、财务报表、财务报表附注等内容,介绍了哈佛大学财务报告的整体概况、披露资产及负债等特点,④但其中未涉及哈佛大学的财务预决算信息。

---

① 郦解放、饶宝红:《美国大学的财务报告公开制度与启示——以加州州立大学长滩分校为例》比较教育研究》,《2009年第1期。

② 姜宏青、孙晓琦:《我国大陆、香港、台湾高校财务信息披露比较与借鉴》,《财会通讯》2014年第18期。

③ 尚亚楠、唐明、丁小丽、丁时勇:《美国经验对我国高校会计信息披露的启示》,《会计之友》2011年第18期。

④ 单雅迪、李强、刘元:《哈佛大学财务报告公开对我国的启示》,《财会月刊》2016年第14期。

杜莹、李逸尘等(2016)研究中、英、美三国大学财务信息存在的差异,并以北京大学和牛津大学为例进行比较研究,认为英美国家完善的信息公开制度和科学的法人治理结构是财务信息公开的鲜明特征。我国大学财务信息公开在不同大学间程度不均衡,而且公开的主动性和全面性与英美大学存在较大差距。①

除以上专题研究国外大学财务信息公开外,在研究国外大学信息公开的文献中也有所涉及财务信息的内容。李亮、于沛利等(2008)介绍了哈佛大学财务报告公开情况。哈佛大学不仅公开当前年度财务信息,还对以前年度财务数据作出回顾和比较;公开的财务信息内容包括当年度的财务状况、运营情况、获得捐赠情况、固定资产投资情况等财务总说明,管理当局的年度运营情况报告,财务报表和补充信息。其中,财务报表包括净资产变化状况表和运营总账户情况、捐赠净资产的变化状况表、现金流量表、独立审计报告、财务报表附注;补充信息包括总投资和捐赠资产情况,以及学校和各学院的捐赠和收入信息。② 商兰芳(2013)介绍了美、英、加三国高校财务信息公开情况,认为国外高校财务信息公开具有以下特征值得关注:一是公开目标,坚持满足使用者信息需求导向,为使用者提供全面、真实、详细、有用的信息;二是公开质量,财务报表经过外部审计,具有较高可信度和良好质量;三是公开体系,框架、内容结构清晰,查询方便、快捷、易理解。③ 施晓光、李俊(2014)介绍美、英、日三国高校信息公开的政策要求和主要做法,但建议公开义务主体仍局限于高校。④

硕士论文主要有:袁莉婷(2012)梳理介绍了美、英、加、日四国高校的财务信息公开:美国高校分为公立高校(政府型高校)和私立高校(非营利企业型高校),其财务信息公开经历了单一基金报告、基金报告和净资产报表并存、净资产报表为核心的三个报告阶段。1999 年 11 月,GASB 发布《大专院校基本财务报表——管理层讨论与分析》(第 35 号准则),要求公立高校按"主

① 杜莹、李逸尘、阎银泉:《大学财务信息公开比较研究》,《财会通讯》2016 年第 25 期。

② 李亮、于沛利、胡胜:《谈高校财务信息披露改革》,《财会月刊》2008 年第 6 期。

③ 商兰芳:《高校财务信息公开的研究与思考》,《中国教育信息化》2013 年第 7 期。

④ 施晓光、李俊:《美国、英国、日本高等学校信息公开研究》,《国家教育行政学院学报》2014 年第 7 期。

体类”或“基金类”编制财务报表，两种选择皆可，但在对外公开时倾向于选择“主体类”报告，而在内部核算时倾向“基金类”报告模式，表明 GASB 第 35 号准则实质上接纳了 FASB 的第 117 号准则。在英国，高校公开的年度财务报表须经注册会计师独立审计，主要包括会计政策、资产负债表、合并现金流量表、合并损益表、报表附注、独立审计报告、理事会相关信息、学校管理报表等，还须公开年度重要事项回顾、事实与数据等信息；英国政府信息长官办公室（Information Commissioner's Office，ICO）专门颁布信息公开指南（Publication Scheme，PS）发展和维护计划，该计划包括发布信息种类、信息获取方式以及信息获取费用等三个模块，要求所有公共机构必须采用和编制 PS。加拿大的高校董事会职责根植于省级立法，董事会通过财务信息以解除董事会的受托责任，为实现大学所陈述的目标负责。财务信息披露包括：年度报告（通用财务报表和非财务信息）、框架和内容（管理层讨论和分析、审计报表、附录）、审计监督情况。日本自 1947 年至 1975 年近 30 年间先后颁布《学校教育法》《设置大学标准》和《短期大学设置标准》，均明确规定各高校积极提供信息是义不容辞的义务，“关于教育研究活动等状况，应采取宣传杂志登载进行公开以及其他广而告之的方法，积极提供信息”。公开信息包括：借贷对照表、收支平衡表、资金收支项目构成表、消费收支项目构成表、财产目录等，学校的营利性事业收支状况也应公开并接受检查。① 张沛（2013）介绍了我国港台地区高校财务信息披露状况。香港高校披露的财务信息包括年度报告、事实和数据两部分，其中年度报告包括：主席报告书、大学基金管理架构、独立核数师报告、合并综合收益表、合并资产负债表、合并现金流量表、合并财务报表附注；事实和数据包括学校基本情况，如学校概况、师生人数、现任校长、年度收支及捐赠款项等；台湾高校公开的财务信息主要包括学校基本概况和年度财务报表。② 许婷婷（2013）在介绍美、英、澳、加四国信息公开制度时，涉及高校财务信息公开：美国高等教育属于地方性事务，大学信息公开主要受所在州立法的

① 袁莉婷：《中国高校财务信息公开研究》，浙江工业大学 2012 年硕士学位论文，第 14—16 页。

② 张沛：《我国公立高校财务信息披露体系研究》，中国海洋大学 2013 年硕士学位论文，第 25—26 页。

影响,美国大学的财务信息,包括独立审计声明、年薪信息、财政支出情况、年度报告等都要求公开;英国大学财务信息公开的依据是 2005 年实施的《信息自由法》,该法为包括学校在内的公共机构的信息公开制定了标准,要求英国大学制定"出版计划"(Publication Scheme,PS),在 PS 中公开年度财务报告,对外公开的财务信息内容包括:财务预算以及实际的收入、开支财政信息,采购、合约和财政审计报告,当年和前一年度财务报告,包括收费项目和收费依据的收费明细表。澳大利亚、加拿大与美国一样均属联邦制国家,大学信息公开受各州立法影响,澳大利亚的高校主要以合并财务报表的形式对外披露财务信息,公开的内容极尽详细;加拿大高校必须向社会公开学校的财务信息包括:资金来源及结构、费用构成及变动、教育成本变动趋势、学校运营等基本财务状况,以及会计师事务所审计报告。① 桑乐(2014)在毕业论文中介绍了美国和澳大利亚两国高校的财务信息披露情况:澳大利亚高等教育经费与我国大学相同,主要来自于政府拨款和学生学费,因此在经费管理中特别重视预算管理;美国于 1996 年新修订了《信息自由法》,信息披露本着"高质量"原则,即可靠(真实)和及时,并且能帮助使用信息者准确评价业绩和财务状况,美国在财务信息披露中注重净资产信息披露(保障所有者权益)、注重债务信息披露(维护债权人权益)。② 周璐璐(2014)介绍了美、英国两国的高校财务公开状况:美国对公立和私立高校分别适用不同的会计准则,在财务信息公开方面存在差异,公立高校财务信息公开的主体为学校,私立学校公开的财务信息以净资产为重点;英国于 2000 年颁布了《信息自由法》,2005 年开始全面实施,要求英国高校每年年末要主动向政府、债权人、投资者和社会公众等信息需求者公开高校三个部分的财务信息,包括年度财务报表、年度财务信息回顾和数据与事实,每个高校都有自己的信息公开指南(Publication Scheme,PS),信息公开的普及率很高。③ 总体而言,研究层面立足于概述性介绍,缺乏深入

① 许婷婷:《高等院校财务信息公开研究》,安徽财经大学 2013 年硕士学位论文,第 30—34 页。

② 桑乐:《基于公众预期的高校财务信息披露研究》,新疆财经大学 2014 年硕士学位论文,第 9 页。

③ 周璐璐:《我国高校财务信息公开的困境与对策研究》,河南大学 2014 年硕士学位论文,第 17 页。

细致的案例研究。

（二）国外学者开展的域外研究

日本学者劉慶紅（2013）以日本立命馆大学例，调查日本大学教育信息公开状况，其中涉及部分财务信息内容。日本大学分国立、公立和私立大学，结果显示：181 所国立大学财务信息公开率 59.1%，80 所公立大学财务信息公开率 40%，590 所私立大学财务信息公开率为 65.6%，私立大学财务信息公立率明显高于国立和公立大学；在财务信息中，社会公众对学费和奖学金的关注度最高。①

西班牙萨拉曼卡大学学者加莱戈（Isabel Gallego）等（2009）对西班牙全部 70 所大学（48 所公立大学和 22 所私立大学）网站进行调查，指出大学公开财务信息量十分有限，主要包括预算信息；大学层级影响在线信息的公开；大学不愿意在网站上公开高债务信息。作者指出：美国、新西兰、澳大利亚、英国和挪威等国几乎没有专门研究大学财务信息公开方面的文献。② 这一结论印证了在外文数据库中仅能搜到很少量关于国外大学财务信息公开研究文献的事实。

哥伦比亚学者费尔南多·卡托里奥（DF Católico，2012）指出哥伦比亚公立大学财务公开程度与学校规模、学校传统、管理质量、财务状况等因素相关。③

加拿大威尔弗里德大学、劳里埃大学商业和经济学院的威廉·班克斯（William Banks）、莫顿·尼尔森（Morton Nelson）等较早关注并研究加拿大安大略省 16 所大学 1988～1993 年间的财务信息披露状况，结论是：大学信息披露与加拿大大学事务办公室（CAUBO）报告指引的要求相一致，但报告的内容不够充分，报告的信息随意，以至于公开信息的有用性受到质疑；④同时作者

① 劉慶紅：《关于日本大学信息公开状况的调查——以调查数据及立命馆大学案例为中心》，《教育学术月刊》2013 年第 10 期。

② Isabel Gallego，Isabel-Maria Garcia，Luis Rodriguez.universities´ websites：disclosure practices and the revelation of financial information[J].The International Journal of Digital Accounting Research，2009，(9)：153-192。

③ DF Católico. Disclosure and Dissemination of Financial and Non-financial Information of Public Universities in COLOMBIA[J].Medicina Española，2012，(1)：57-76。

④ William Banks，Morton Nelson.Financial disclosures by Ontario universities：1988-1993[J]. Journal of International Accounting Auditing &Taxation，1994，(2)：287-305。

提出疑问:大学年度报告是利益相关者问责的重要组成部分,公众对大学问责压力的增加是否会影响大学的年报披露?作者对此进行了持续的跟踪研究。之后,班克斯、费希尔(J.Fisher)、尼尔森(1997)又对1992至1994年间英国英格兰、威尔士和北爱尔兰(EWNI)大学年度报告和财务报表信息公开的数量和质量进行研究,并与新西兰和加拿大安大略省的类似研究结果进行了比较。研究发现:一是英国大学信息披露与自1989年英国大学校长委员会(CVCP)号召扩大信息披露相比,在统计上并没有显著变化;二是较早建立的大学比新的大学披露质量要好;三是新西兰由于1990年教育修正法案导致更充分的披露,而英国和加拿大仍未有大的变化,EWNI大学的披露质量不如新西兰大学,但比安大略的大学要好。他们进一步指出,为满足不断增加的公共问责的要求,大学需要有进一步的披露变化;①尼尔斯、班克斯等(2003)的跟踪研究持续至2000年,研究表明,1997年之前的披露情况几乎没有变化,而1997年之后,由于大学资金的增加和来自政府公众的压力,问责披露变得更加重要,然而会计披露仍然几乎未见有效。②

新西兰怀卡托大学的戴维·科伊(David Coy)、美国德克萨斯大学泰勒分校的玛丽·费舍尔(Mary Fischer)和爱达荷大学的特里萨·戈登(Teresa Gordon)提出大学对外年度报告应超越原来的决策有用范式,而转向一种真正的公共责任范式。③ 戈登和费舍尔(2002)又通过100所美国大学的实证比较研究,证明了大学的规模和公、私立性质影响大学年报的披露程度,较大规模和接受州审计的大学往往披露更充分的信息,而且一些大学用企业风格的报告披露促进它们的利益。④ 此后,费舍尔、戈登(2010)纵向研究了100所遵循

① William Banks, J. Fisher, Morton Nelson. University Accountability in England, Wales, and Northern Ireland:1992—1994[J].Journal of International Accounting Auditing & Taxation,1997,(2):211-226。

② Morton Nelson,William Banks,J.Fisher.Improved accountability disclosures by Canadian universities [J].Canadian Accounting Perspectives,2003,(1):77-107。

③ David Coy,Mary Fischer,Teresa Gordon.Public accountability:a new paradigm for college and university annual reports[J].Critical Perspectives on Accounting,2001,(1):1-31。

④ Teresa Gordon,Mary Fischer.A comparative empirical examination of extent of disclosure by private and public colleges and universities in the United States[J].Journal of Accounting and Public Policy,2002,(3):235-275.

GASB 的公立大学和遵循 FASB 的私立大学的年报披露的主要变化,研究表明遵循 GASB 的公立大学比遵循 FASB 的私立大学的年报披露能更好地满足用户需要。①

三、文献综述讨论

近年来,我国高校信息公开作为政府信息公开的重点外延领域之一,越来越受到国内学术组织、新闻媒体、研究机构、专家学者的广泛关注,同时成为学术研究的前沿和热点问题,研究文献数量逐年增多,其中聚焦高校财务信息公开的研究文献的数量亦随之有所增加。

从文献检索和国内外研究综述看,当前我国高校财务信息公开的研究,在文献数量、研究内容、样本范围、理念对策方面,还存在比较突出的问题,表现在:

(一)文献数量明显不足

综述发现,研究高校信息公开的文献数量较多,而研究高校财务信息公开的文献数量明显不足。表现在:1.开展高校信息公开调查研究的学术机构、新闻媒体、专家学者数量不多,至今尚未发现向社会公开发布的我国高校财务信息公开专题研究报告;2.近年来我国高校财务信息公开的期刊文献数量呈上升趋势,但数量不多,发表在 CSSCI 等高质量期刊的文献鲜少;3.开展国内外高校财务信息公开比较研究和国外专题研究的文献数量亦不多,国外经验借鉴还很缺乏。

(二)研究内容聚焦不够

我国现行高校会计准则制度,通常由财政部、教育部分别或共同颁布实施,而具体的细则通知等文件,多由财政部或教育部的内设机构分别制定发布,导致高校财务会计在业务操作层面缺乏统一的概念框架,实务界和学术界对高校财务信息的边界存在不同的认识。从研究综述看,当前对高校财务信息公开的研究,几乎涵盖涉及高校财务活动中制度、报告、环境、“三公”经费、

---

① Mary Fischer, Teresa P.Gordon, Marla A.Kraut.Meeting user information needs: The impact of major changes in FASB and GASB standards on financial reporting by colleges and universities[J].Journal of Accounting and Public Policy, 2010, (4): 374-399。

资产、校办企业、捐赠、信息化等所有环节，研究内容追求大而全、过于宽泛、聚焦不够，对《通知》《清单》中要求的高校财务信息公开的专题研究鲜少，突出表现为研究内容针对性不足、缺乏深度等现象。

（三）样本范围相对狭隘

《办法》《通知》《清单》适用我国所有高校，包括本科、专科和成人高校，但从研究综述看，研究样本的范围、类别狭隘，表现为类别单一、数量不足、地域局限、案例研究少、缺乏可比性等现象。1.从办学性质看：对公办高校研究多，对民办和合作办学高校研究少；2.从办学层次看：对本科高校研究多，对专科高职研究少；3.从隶属关系看：对教育部属高校研究多，对其他中央直属高校、省（市）属高校研究少；4.从办学类型看，对普通高校研究多，尚未发现有对成人高校的相关研究；5.从国际比较看：国内高校研究多，国外高校研究少，且简述多、案例少。

（四）理念对策指向偏差

研究综述表明，对高校财务信息公开的研究理念和出发点，多囿于高校财务信息公开"工作"本身存在的问题，提出的对策建议指向于如何更好地做好高校财务信息公开这项行政指令下的"工作"。换句话说，这些研究多"对上"而少"对下"，即理念和对策指向于教育行政部门，而忽略高校财务信息使用者的信息需求，偏离了《通知》中明确的两个"有助于"目标。

基于财务信息在受托责任和管理决策中的重要地位和独特作用，高校财务信息公开的研究，应强调高校财务信息"为使用而公开"，"公开"只是"使用"的前提和路径。亟待从关注高校财务信息"有没有"公开的初级阶段，转换到如何推动和促进公开的高校财务信息"用没用"甚至"尽其用"的价值实现。

第三节　核心概念与界定

1978 年美国著名审计学家查尔斯·W.尚德尔（Charles W.Schandl）出版的会计领域经典著作《审计理论：评价、调查和判断》，被奉为审计理论研究发展的第三座里程碑。尚德尔在该书绪论部分曾强调学术研究中定义的重要性：定义是基石，是人们研究每一门学科及其理论的基础。一旦建立起了恰当的定义,知识的本体就能够得以确立。而理论,包括它的假设、结构、原则、标准等就可遵循一般哲理分析方法而建立起来。①

定义是对于一种事物的本质特征或一个概念的内涵和外延所做的简要说明。在理论和实践研究中,对同一个概念,不同学科、不同学者、不同场合,对其定义就会产生明显的差异。本研究中涉及的主要核心概念有:高等学校、财务信息、信息公开、公共物品等。当前,这些核心概念在信息公开领域和会计理论、会计实务、会计制度中尚存有不同认识。鉴于定义之于研究又如此重要,很有必要在研究开始之前,进行特别界定说明。

一、信息公开

(一)信息

1.信息的定义:“信息”,英文为 information,常被译为情报、资讯或资料。我国大陆多译为“信息”或“情报”,港台地区多译为“资讯”。国内外权威辞典对信息给出了不同的定义:《牛津辞典》的定义是:“信息就是谈论的事物、新闻和知识”;《韦氏大辞典》的定义是:“信息是用来通信的事实,在观察中得到的数据、新闻和知识”;《辞海》的定义是:“信息是消息接受者预先不知道的有用的情报或报道。”《现代汉语词典》的定义是:“(1)音信;消息。(2)信息论中指用符号传送的报道,报道的内容是接收符号者预先不知道的。”以上中、外词典尽管对信息的定义各不相同,但都共同强调了信息的有用性,即有用的知识、情报或报道。②

此外,国内外一些著名信息理论学者对信息也给出了不同定义。如美国数学家、信息论的创始人克劳德·艾尔伍德·香农(Claude Elwood Shannon)认为,凡是在一种情况下能减少不确定性的任何事物都被叫作信息;控制论的创始人诺伯特·维纳(Norbert Wiener)认为,信息是人们在适应外部世界,并使这种适应反作用于外部世界的过程中,同外部世界进行相互交换的内容的名称;美国信息资源管理学家福雷斯特.伍迪·霍顿(Forest W. Horton)认为,

① 李成艾、蔡传里、许家林:《尚德尔的〈审计理论〉》,《财会月刊》2006 年第 31 期。

② 段尧清、汪银霞:《政府信息公开机制研究》,高等教育出版社 2014 年版,第 1—3 页。

信息是按照最终用户决策的需要经过处理和格式化的数据。我国信息科学领域的专家学者也从不同角度定义信息，如北京邮电大学钟义信教授认为信息是事物存在方式或运动状态，以及这种方式和状态的直接或间接表述；西安交通大学邬焜教授认为信息是标志物质间接存在性的哲学范畴，是物质存在方式和状态的自身显示。①

2.信息构成：根据信息理论，信息由主体、载体、内容和传输通道四部分组成。其中，信息主体是信息链的主导者，依据主导性划分为信息发出者和信息接收者，两者既相对又可相互转化；信息载体作为介质反映和记录信息；信息内容体现信息自身特征；信息通道作为传输途径连接信息发出者和接收者。四个组成部分构成统一整体，缺一不可。②

（二）信息公开

信息公开，通常与信息自由作为同义语使用，指信息传播的及时、畅通与公开。③ 一些学者认为，信息公开就是指信息自由，是指政府和各种组织机构在国家基本法规规定的范围内向公众公开或开放自己所拥有的信息，使其他组织机构和公众个人可以基于任何正当的理由和采用尽可能简便的方法获得上述信息。④ 信息自由是公民行使民主权利，参与政府决策的决定性前提条件。信息自由是防止腐败，建立透明政府的基石，是现代民主的重要支柱。⑤

2007 年 1 月《条例》经国务院第 165 次常务会议审议通过，经温家宝总理签发以国务院令第 492 号正式对外发布，自 2008 年 5 月 1 日起施行，这是我国正式颁布实施的第一部政府信息公开的基本行政法规。《条例》规定，三类机构负有政府信息公开义务，是政府信息公开的主体：一是行政机关。二是法律、法规授权的具有管理公共事务职能的组织。如地震局、气象局、银监会、证监会、保监会、电监会等。三是与群众利益密切相关的公共企事业单位。如教

---

① 段尧清、汪银霞：《政府信息公开机制研究》，高等教育出版社 2014 年版，第 1—3 页。

② 许婷婷：《高等院校财务信息公开研究》，安徽财经大学 2013 年硕士学位论文，第 8 页。

③ 董岩、张萌：《中外信息公开情况综述》，《人民日报》2005 年 4 月 13 日。

④ 张继明、吴智鹏：《高等教育信息不对称对策研究——高校信息公开的视角》，《教育学术月刊》2010 年第 11 期。

⑤ 赵正群、胡锦光等：《政府信息公开法制比较研究》，南开大学出版社 2013 年版，第 185 页。

育、医疗卫生、计划生育、供水电气热、环保、公共交通等行业。① 首次明确了我国政府信息公开义务主体的范围。

2015 年 4 月，国务院办公厅印发《2015 年政府信息公开工作要点》（以下简称《工作要点》），明确 2015 年要重点推进行政权力清单、财政资金、公共服务、国有企业、环境保护等 9 大领域的信息公开工作。②《工作要点》首次将一些领域纳入政府信息公开范围，如要求推进社会组织、中介机构信息公开，要求制定社会团体和民办非企业单位信息公开管理办法。可以看出，《工作要点》在《条例》的基础上，进一步扩大了我国政府信息公开义务主体的范围。

（三）高校信息公开

《办法》明确，高等学校在开展办学活动和提供社会公共服务过程中产生、制作、获取的以一定形式记录、保存的信息，应当按照有关规定公开。

根据《办法》第七条和第二十二条等条款，高校应当主动公开十二项信息，国务院教育行政部门开展对全国高校推进信息公开工作的监督检查。省级教育行政部门应当加强对本行政区域内高等学校信息公开工作的日常监督检查。高校主管部门应当将信息公开工作开展情况纳入高等学校领导干部考核内容。③《办法》中信息公开的主体仅仅指高校，同时赋予了教育行政部门的督查职责。

从“高校信息公开”的词的构成看，可以有两种理解：一种理解是主谓宾结构，即高校（主语）+公开（谓语）+信息（宾语），意思是指高校公开高校自己的信息，那么高校就是高校信息公开的单一公开义务主体，不涉及其他公开义务主体；另一种理解是动宾结构，即公开（谓语）+高校信息（宾语），“高校信息”的“公开”，未明确高校信息公开的公开义务主体，那么言外之义，高校信息公开的公开义务主体，就不单单仅指的是高校，还有可能涉及其他公开义务主体。

《条例》第二条和第十七条规定：政府信息是指行政机关在履行职责过程

① 《中华人民共和国政府信息公开条例》，《人民日报》2007 年 4 月 25 日。

② 《国务院办公厅关于印发 2015 年政府信息公开工作要点的通知》，中央人民政府网，http://www.gov.cn/zhengce/content/2015-04/21/content_9644.htm。

③ 《高等学校信息公开办法》，教育部网站，http://old.moe.gov.cn/publicfiles/business/htmlfiles/moe/moe_rule_more/201406/170528.html。

中制作或者获取的，以一定形式记录、保存的信息；行政机关从公民、法人或者其他组织获取的政府信息，由保存该政府信息的行政机关负责公开。[①] 根据高校隶属关系和高校财务制度要求，高校应定期向所属教育行政部门和高校主管部门，或者向各级财政部门、人大机构报送年度预算、决算报告，以及年度财务报告。也就是说，教育、财政、人大和高校主管部门在履行职责过程中，会获取大量的高校财务信息，应当按《条例》规定向社会公开。

二、高等学校

（一）高等学校

高等学校简称高校，泛指对公民进行高等教育的学校。我国《高等教育法》第六十八条规定，高校是指大学、独立设置的学院和高等专科学校，其中包括高等职业学校和成人高等学校。[②]《办法》中所指的高校与《高等教育法》所指的高校，范围一致。

本研究中的“高校”，与《高等教育法》和《办法》中高校的定义和范围完全相同，是“高等学校”的统一简称。

（二）高校分类

我国高校分类标准主要有办学类型、办学性质、办学层次、隶属关系等。高校按办学类型，分为普通高校和成人高校。

普通高校按办学性质分为公办高校、民办高校、中外合作办学高校；按办学层次分为本科高校和专科高职（以下统称专科高校）；按隶属关系分为中央直属高校、地方所属高校。中央直属高校又可分为教育部直属高校和其他中央直属高校。

教育部公布的 2016 年全国高校名单显示：截至 2016 年 5 月 30 日，全国高校共计 2879 所。其中，普通高校 2595 所（含独立学院 266 所），成人高校 284 所。[③] 本研究将 2016 年全国高校按办学类型、办学性质、办学层次和隶属

---

① 《中华人民共和国政府信息公开条例》，《人民日报》2007 年 4 月 25 日。

② 《中华人民共和国高等教育法》，《人民日报》2016 年 3 月 30 日。

③ 《2016 年全国高等学校名单》，教育部网站，http://www.moe.edu.cn/srcsite/A03/moe_634/201606/t20160603_248263.html。

关系进行分类数量统计(表0-3),以方便分类择取研究样本。

表0-3　教育部2016年全国高校分类统计表

<table>
<tr><th colspan="2">办学类型</th><th colspan="2">办学性质</th><th colspan="2">办学层次</th><th colspan="4">隶属关系</th><th rowspan="2">备注</th></tr>
<tr><th>分类</th><th>数量</th><th>分类</th><th>数量</th><th>分类</th><th>数量</th><th>分类</th><th>数量</th><th>分类</th><th>数量</th></tr>
<tr><td rowspan="9">普通高校</td><td rowspan="9">2595</td><td rowspan="6">公办</td><td rowspan="6">1854</td><td rowspan="3">本科</td><td rowspan="3">812</td><td rowspan="2">中央直属本科</td><td rowspan="2">113</td><td>教育部直属</td><td>75</td><td rowspan="9">普通本科高校1236
普通专科高校1359</td></tr>
<tr><td>其他中央直属</td><td>38</td></tr>
<tr><td colspan="3">地方公办本科</td><td>699</td></tr>
<tr><td rowspan="3">专科</td><td rowspan="3">1042</td><td rowspan="2">中央直属专科</td><td rowspan="2">5</td><td>教育部直属</td><td>0</td></tr>
<tr><td>其他中央直属</td><td>5</td></tr>
<tr><td colspan="3">地方公办专科</td><td>1037</td></tr>
<tr><td rowspan="2">民办</td><td rowspan="2">734</td><td>本科</td><td>417</td><td colspan="3">地方民办本科</td><td>417</td></tr>
<tr><td>专科</td><td>317</td><td colspan="3">地方民办专科</td><td>317</td></tr>
<tr><td>合作办学</td><td>7</td><td>本科</td><td>7</td><td colspan="3">地方本科高校</td><td>7</td></tr>
<tr><td rowspan="2">成人高校</td><td rowspan="2">284</td><td>公办</td><td>283</td><td colspan="2" rowspan="2">不区分办学层次</td><td colspan="5" rowspan="2">全部为地方高校</td></tr>
<tr><td>民办</td><td>1</td></tr>
</table>

三、财务信息

(一)财务报告

我国财务报告的历史悠久,源远流长,在两千多年发展历程中,财务报告先后经历簿记报告、会计报告、财务(会计)报告三种形式。① 从国际上看,"财务报告"是一个比较通用的术语,在我国现行法律、行政法规中,通常使用"财务会计报告"。因此,"财务会计报告"又称"财务报告"。②

行政事业单位的财务报告、报表目前主要有财务报告、财务会计报告、财务报表和会计报表等四种说法。《行政单位财务规则》和《事业单位财务规

① [美]加里·J.普雷维茨、[法]皮特·沃顿、[澳]皮特·沃尼泽:《世界会计史:财务报告与公共政策》亚洲与大洋洲卷,陈秧秧译,立信会计出版社2015年版,第82页。

② 李远慧、郝宇欣:《财务报告解读与分析》,清华大学出版社、北京交通大学出版社2011年版,第1页。

则》中采用“财务报告”,《事业单位会计准则》中采用“财务会计报告”,《行政单位会计制度》和《事业单位会计制度》中采用“财务报表”和“会计报表”。综合来看,两者实际上是一致的,常统称为财务报告。财务报告包括财务报表和财务情况说明书。① 基于对财务报告的普遍认识和比较,本研究中对财务会计报告、财务报告不作严格区分,作为同一含义词汇,统一使用“财务报告”。

财务报告是指财务会计通过确认、计量、记录等程序,对数据进行加工,最后形成以财务报表为核心、以其他财务报告为补充的财务报告体系。财务会计准则委员会(Financial Accounting Standard Board,FASB)第5号概念公告用图示方式阐述财务报告、财务报表和其他报告的界限(图0-4)。FASB强调,财务报表是财务报告的核心,其他形式的财务报告是财务报表信息的补充。②

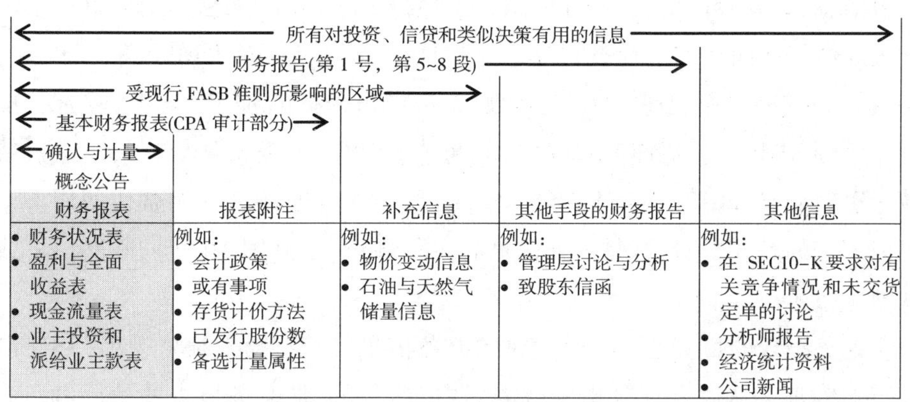

图0-4 FASB第5号概念公告确认的财务报告体系

资料来源:上海国家会计学院主编:《财务报告》,经济科学出版社2011年版。

(二)财务信息

会计的产品是信息(information),是一种非常有用且重要的商品。之所以这样说有两个原因:一是由于缺乏完善或真实的会计概念及准则,个体对于相同信息的反应就不一致;另一个原因是它不仅会影响到个人的决策,还会影

① 崔运政、何宪红等:《行政事业单位会计理论与实务》,立信会计出版社2015年版,第25—26页。

② 上海国家会计学院:《财务报告》,经济科学出版社2011年版,第51页。

响到市场的动作。① 会计的这种非常有用且重要的信息产品,就是财务信息,是指以货币形式的数据资料为主,主要用于显示经济主体的资金使用情况和运营状况的信息,包括各类财务报表和会计分录等,具有可计量性、相关性等质量特征。与财务信息相对应的,是非财务信息,指以非财务资料为主,与经济主体的运营活动有直接或间接联系的相关信息,具有延展性、预测性等特点。②

一般认为,以财务报表为核心的财务报告,是会计产品——财务信息——最主要的载体,是基于国家或行业公认的会计准则所编制的,因而对于投资者来说,财务报告应该是即时可用而且是易于理解的,是一个符合成本效益原则的信息来源。正是由于财务报告的核心是财务报表,财务报告又是会计的产品——财务信息的主要载体,因此,在我国会计法规和会计实务中就有了财务报告信息、财务会计信息、财务信息、会计信息等不同的表述。当然,这种不同的表述即使在国外的会计教材中,也不加严格区分。如在丁远,埃韦尔·施托洛韦,米歇尔·J.勒巴等(2013)的《财务报告与分析》,加里·J.普雷维茨,皮特·沃顿,皮特·沃尼泽等(2015)的《世界会计史:财务报告与公共政策》,威廉·R.斯科特(2012)的《财务会计理论》等著作中亦经常互相替代使用。但可以肯定的是,财务报告是财务信息的主要载体,谈到财务信息,断然不可或缺财务报告。

财务报告的目标之一就是提供的财务信息。若将财务报告视为一种"产品"的话,那么从供需理论出发就需明白:第一,谁是财务报告的使用者?第二,使用者需要什么信息?第三,财务会计能生产什么信息等问题。因此,财务报告的目标是向现在和潜在的投资者、贷款人和其他债权人提供有助于他们做出提供资源给哪些会计主体的决策的财务信息,这些决策包括买、卖、持有权益和债务工具,提供和清算贷款以及其他形式的债务。由于各个财务报告的主要使用者的信息需求和愿望各不相同,甚至可能会有冲突。会计准则

① [加]威廉·R.斯科特:《财务会计理论》,陈汉文等译,中国人民大学出版社 2012 年版,第 15 页。

② 罗策元:《我国部属高校财务信息公开问题与对策研究》,华南理工大学 2016 年硕士学位论文,第 9 页。

的制定者在开发财务报告准则时所追求的目标是最大化满足大多数主要使用者的需要。但是,注重通用信息需要并不阻止报告主体提供非常有用的其他信息给特定类型的主要使用者。[①] 言外之意,对财务报告进行加工,也是提供财务信息的重要渠道。

(三)高校财务报告

财政部2012年12月6日修订发布新的《事业单位会计准则》(财政部令第72号),自2013年1月1日起实施。第八章规定:财务会计报告是反映事业单位某一特定日期的财务状况和某一会计期间的事业成果、预算执行等会计信息的文件,包括财务报表和其他应当在财务会计报告中披露的相关信息和资料。进一步明确指出:财务报表是对事业单位财务状况、事业成果、预算执行情况等的结构性表述。财务报表由会计报表及其附注构成。会计报表至少应当包括:资产负债表、收入支出表或者收入费用表、财政补助收入支出表。[②] 我国普通高校属事业单位,这里采用“财务会计报告”的称谓。

2012年12月19日,财政部、教育部发布《高等学校财务制度》(财教〔2012〕488号),2013年1月1日起实施。第十二章规定:财务报告是反映高校一定时期财务状况和事业成果的总结性书面文件。高校应当定期向各有关主管部门和财政部门以及其他有关的报表使用者提供财务报告。高校财务报告包括资产负债表、收入支出表、财政拨款收入支出表、固定资产投资决算报表等主表,有关附表,以及财务情况说明书等。[③] 这里采用“财务报告”的称谓。

2015年10月23日,财政部令78号发布《政府会计准则——基本准则》,自2017年1月1日起实施。政府会计准则适用于政府会计主体,范围包括:各级政府、各部门、各单位。其中,各部门、各单位是指与本级政府财政部门直

---

① 上海国家会计学院:《财务报告》,经济科学出版社2011年版,第64—65页。

② 《高等学校会计制度》(中华人民共和国财政部制订),立信会计出版社2014年版,第178—179页。

③ 《高等学校会计制度》(中华人民共和国财政部制订),立信会计出版社2014年版,第91—92页。

接或者间接发生预算拨款关系的国家机关、军队、政党组织、社会团体、事业单位和其他单位。进一步明确:政府会计由预算会计和财务会计构成,政府会计主体应当编制决算报告和财务报告。其中,决算报告综合反映政府会计主体预算收支的年度执行结果,目标是向使用者提供与预算执行情况有关信息,有助于使用者进行监督和管理,并为编制后续年度预算提供参考和依据。决算报告使用者包括各级人民代表大会及其常务委员会、各级政府及其有关部门、政府会计主体自身、社会公众和其他利益相关者;财务报告反映政府会计主体公共受托责任履行情况,目标是向使用者提供与政府财务状况、运行情况和现金流量等有关信息,有助于使用者做出决策或者进行监督和管理。财务报告使用者包括各级人民代表大会常务委员会、债权人、各级政府及其有关部门、政府会计主体自身和其他利益相关者。① 我国普通高校属于事业单位类政府会计主体,这里使用“财务报告”和“决算报告”的称谓。

《政府会计准则——基本准则》《事业单位会计准则》《高等学校财务制度》是我国政府会计改革对高校财务会计活动的上位要求,明确了我国高校财务报告在未来一段时间内将实行双轨制。高校财务报告应当包括:(1)预算会计编制的决算报告,提供高校预算执行情况相关信息,综合反映高校预算收支的年度执行结果。(2)财务会计编制的财务报告,提供高校财务状况、运行情况(含运行成本)和现金流量等有关信息,综合反映高校公共受托责任的履行情况(图5)。

(四)高校财务信息公开

教育部《清单》将高校的信息公开事项划分为十大类50个具体事项,其中“财务、资产和收费”为第三大类,包括以下7个具体事项:

1.财务、资产管理制度

2.受捐赠财产的使用与管理情况

3.校办企业资产、负债、国有资产保值增值等信息

4.仪器设备、图书、药品等物资设备采购和重大基建工程的招投标

① 《政府会计准则——基本准则》,财政部网站,http://www.mof.gov.cn/mofhome/tfs/zhengwuxinxi/caizhengbuling/201511/t20151102_1536662.html。

5.收支预算总表、收入预算表、支出预算表、财政拨款支出预算表

6.收支决算总表、收入决算表、支出决算表、财政拨款支出决算表

7.收费项目、收费依据、收费标准及投诉方式①

<table>
<tr><td colspan="12">现行高校会计准则制度</td></tr>
<tr><td colspan="6">高校会计准则制度</td><td>预算法</td><td colspan="5">政府会计准则——基本准则</td></tr>
<tr><td>制度</td><td>颁布</td><td>实施</td><td colspan="3">报告体系</td><td>2015 年 1 月 1 日实施</td><td colspan="3">报告体系</td><td>实施</td><td>颁布</td></tr>
<tr><td rowspan="4">事业单位会计准则</td><td rowspan="4">2012 年 12 月 5 日</td><td rowspan="4">2013 年 1 月 1 日</td><td rowspan="12">财务（会计）报告</td><td rowspan="10">会计报表</td><td rowspan="6">收入支出表</td><td>收支预算总表</td><td rowspan="3">预算表</td><td rowspan="8">决算报告</td><td rowspan="8">预算会计</td><td rowspan="12">2017 年 1 月 1 日</td><td rowspan="12">2015 年 10 月 23 日</td></tr>
<tr><td>收入预算表</td></tr>
<tr><td>支出预算表</td></tr>
<tr><td>收支决算总表</td><td rowspan="3">决算表</td></tr>
<tr><td rowspan="4">高等学校财务制度</td><td rowspan="4">2012 年 12 月 19 日</td><td rowspan="4">2013 年 1 月 1 日</td><td>收入决算表</td></tr>
<tr><td>支出决算表</td></tr>
<tr><td rowspan="2">财政拨款补助收入支出表</td><td>财政拨款收支预算表</td><td>预算表</td></tr>
<tr><td>财政拨款收支决算表</td><td>决算表</td></tr>
<tr><td rowspan="4">高等学校会计制度</td><td rowspan="4">2013 年 12 月 29 日</td><td rowspan="4">2014 年 1 月 1 日</td><td colspan="2">资产负债表</td><td rowspan="2">会计报表</td><td rowspan="4">会计报告</td><td rowspan="4">财务会计</td></tr>
<tr><td colspan="2">国有资产投资决算报表</td></tr>
<tr><td rowspan="2">附注</td><td colspan="2">有关附表</td><td rowspan="2">附注</td></tr>
<tr><td colspan="2">财务情况说明书</td></tr>
<tr><td></td><td></td><td></td><td colspan="6">高等学校财务（会计）报告体系</td><td></td><td></td><td></td></tr>
</table>

图 0-5　现行高校会计准则制度与财务报告体系冲突与协调

《通知》中明确要求：当前高校主动公开的财务信息，原则上应当包括预算 4 表和决算 4 表。仅就公开的内容方面看，符合教育部发言人曾做出的特别说明：当前要求的高校财务信息公开还仅仅是“底限”的公开。

2017 年 1 月 1 日刚刚实施的《政府会计准则——基本准则》中规定，包括高校在内的政府会计主体应当编制决算报告和财务报告，即自 2017 年 1 月 1 日起应当编制双轨制报告——决算报告和财务报告，综合反映高校财务信息。

一方面，从实施时间方面看，我国现行高校会计准则制度分别于 2013 年、

① 《教育部关于公布〈高等学校信息公开事项清单〉的通知》，教育部网站，http://old.moe.gov.cn/publicfiles/business/htmlfiles/moe/s5972/201409/174685.html。

2014年和2017年开始实施，晚于教育部《办法》《通知》《清单》的发布时间；另一方面，从立法层级方面看，我国现行高校会计准则制度的立法层级，要明显高于《办法》《通知》和《清单》，后者应当受前者的约束。在居于上位的高校会计准则制度实施后，应当修订完善高校信息公开相关要求。

基于我国现行高校会计准则制度，可以做出基本判断：高校财务信息应当综合反映高校财务状况、运营成果和预算执行情况，高校财务信息的主要载体，不仅仅是教育部《通知》《清单》中要求公开的高校财务信息——预算4表和决算4表，而应当是更广泛的现行高校会计准则制度下的财务报告——资产负债表、及收入支出表（预算决算表）、现金流量表等报表及其附注。

综上所述，在本研究的现状考察部分，仅对教育部要求的预算4表和决算4表财务信息公开情况实施考察。而在本研究中其他部分，所指的则是新高校会计准则制度要求的财务信息。

四、公共物品

（一）公共物品属性与分类

公共物品是一类客观存在的经济物品，是社会公共利益的载体，是满足社会公共需要、实现社会共同利益的重要手段。

经济学理论以物品作为基本的研究切入点，但在很长一段时期内，经济学研究并没有明确区分公共物品和私人物品。自被奉为经济学鼻祖的亚当·斯密（Adam Smith）以来，经济学家们对私人物品的经济学研究范式才逐渐取得丰硕成就。

学界已有的文献研究表明，关于公共物品的思想，最早可以源流到古希腊哲学家亚里士多德（Aristotle）。他曾断言："凡是属于最多数人的公共事物，常常是最少受人照顾的事物。人们关怀着自己的所有，而忽视公共的事物；对于公共的一切，他至多只留心到其中对他个人多少有些相关的事物。"①18世纪中前叶，大卫·休谟（David Hume）在《人性论》中阐述了公共物品供给基本

① ［古希腊］亚里士多德：《政治学》，吴寿彭译，商务印书馆2007年版，第48—49页。

原理的思想,首开公共物品研究之先河。最早使用公共物品这一概念的是瑞典经济学家埃里克·罗伯特·林达尔(Erik Robert Lindahl),林达尔在1919年出版的《公正课税论》一书中首先提出了公共物品的概念,从而第一次把物品划分为公共物品和私人物品两大类别,这一划分在经济学上具有里程碑式的意义。①

公共物品理论是政府经济学的核心内容之一。保罗·A.萨缪尔森分别于1954年和1955年发表在《经济学与统计学评论》的经典文章“公共支出的纯理论”和“公共支出理论图释”两文,首先将物品划分为“集体消费品(collective consumption goods)”和“私人消费品(private consumption goods)”两类,对公共物品和私人物品给出了比较精确的分析性定义,后来经过马斯格雷夫、布坎南、奥尔森、曼昆、科斯、奥斯特罗姆夫妇、斯蒂格利茨等众多经济学家的研究发展,确立了公众物品具有的非竞争性和非排他性两大显明特征,为公共物品多元供给机制创新提供了基本理论依据。也有些学者认为公共物品具有三大鲜明特征,即消费的非竞争性、受益的非排他性和效用的不可分割性,认为同时满足以上三个条件的产品是严格意义上公共产品,即纯公共产品。②

现代经济学研究根据物品的竞争性和排他性强弱属性,将物品分为四类:私人物品(private goods)、俱乐部物品(club goods)、共同资源(common resources)和纯公共物品(pure public goods)四类(图0-6)。其中介于纯公共物品和私人物品之间的俱乐部物品、共同资源称为准公共物品(quasi-public goods),纯公共物品和准公共物品都属于公共物品(public goods)。

从图0-6中可以知道:如果一个物品同时具有排他性和竞争性,就属于私人物品;如果同时具有非排他性和非竞争性,就属于纯公共物品;如果具有非排他性同时又具有竞争性,就属于公同资源;如果具有排他性同时又具有非竞争性,就属于俱乐部物品。

公共物品的供给问题是公共物品理论的核心和本质问题。关于这个问

① 吕振宇:《公共物品供给与竞争嵌入》,经济科学出版社2010年版,第25—27页。

② 闵维方:《高等教育运行机制研究》,人民教育出版社2002年版,第23页。

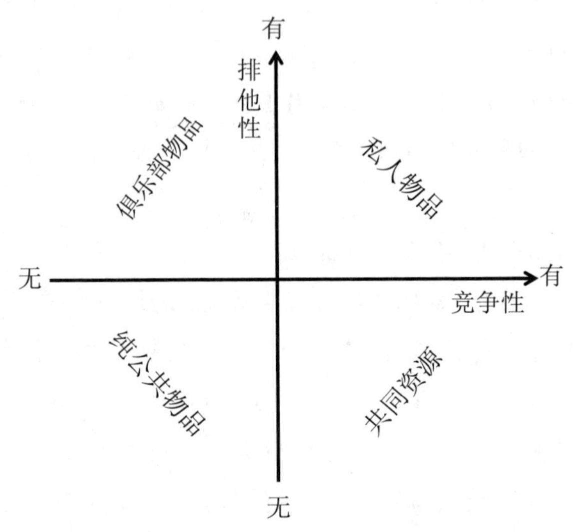

图 0-6　物品根据竞争性和排他性分类

资料来源:程万高:《政府信息资源增值服务供给机制研究》,科学出版社 2011 年版。

题,学术界一直存在着争议,主要表现在两个方面:一是关于公共物品的供给主体之争,即政府和市场的关系以及各自作用问题;二是关于公共物品供给模式之争,即什么样的供给模式是最优的公共物品供给模式。①

(二)信息具有公共物品的属性

物质和能源的利用表现为占有和消耗,在物质和能源的总量确定前提下,利用者之间存在明显的竞争关系,一方的占有增加必然表现为另一方占有的减少。而信息资源的利用则不同,因为信息的利用者之间不存在明显的竞争关系。

英国著名剧作家萧伯纳(George Bernard Shaw)有一句名言:如果你有一个苹果,我有一个苹果,交换之后我们仍然是一人一个苹果;如果你有一种思想,我有一种思想,交换之后我们就都有两种思想。事实上道出了信息的共享性特征。

随着社会经济的不断繁荣和发展,社会经济活动日益复杂化,需要从产

① 程万高:《政府信息资源增值服务供给机制研究》,科学出版社 2011 年版,第 64 页。

权、属性、使用目的和管理机制等角度对各类资源进行分类管理。但时至今日，对信息资源的分类却尚无统一的标准。一种分类是从信息资源的产权、属性和使用目的出发，将信息资源分为公共领域信息资源和私有领域信息资源（图7）。公共领域信息资源，又称公共信息资源，一般是指政府等公共部门为了维护公共利益和社会公平，向公众提供的信息资源，这种信息资源的产权，理论上是属于全体公众的；而私人领域信息资源，又称私人信息资源，一般是指由私人生产和提供，生产成本由私人承担，并采取市场交换供给方式，即"谁付费谁利用"的供给方式，生产和消费可分，可界定其产权并参与市场竞争。①

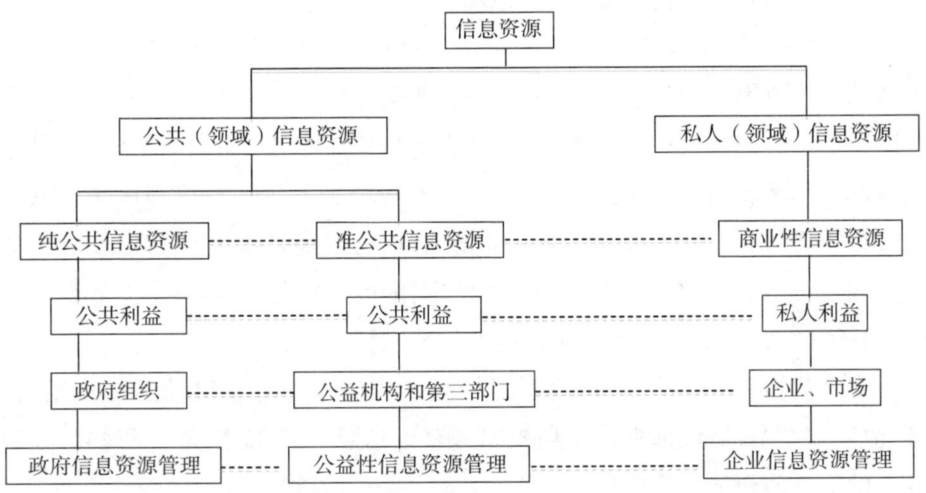

图0–7　从产权、属性、使用目的和管理机制角度对信息资源的分类

资料来源：傅荣校，叶鹰：《公共信息资源管理》，科学技术出版社2011年版。

另一种分类是从信息资源的运营机制和政策机制出发，将信息资源分为政府信息资源、商业性信息资源和公益性信息资源。政府信息资源是指政府拥有的信息资源，包括政府生产的信息和政府收集的信息，其中向社会公开的政府信息资源就成为公共信息资源；商业性信息资源是由商业机构或其他机构以市场化方式收集和生产的，以营利为目的的各种信息资源；公

① 傅荣校、叶鹰：《公共信息资源管理》，科学技术出版社2011年版，第7—8页。

益性信息资源是进入公共流通领域的，由公益性机构管理和向公众提供的信息资源，教育、科研、文化、娱乐、生活等领域的信息资源属于公益性信息资源。①

（三）公开的高校财务信息是公共物品

信息总是具有公共产品的纬度。② 向社会公开的政府信息资源在一定程度上具有公共物品的基本特征，具有一定的非竞争性和非排他性。但并非所有的政府信息资源具有严格意义上的完全非排他性和非竞争性，其中大部分的政府信息资源属于准公共物品。政府信息资源按增值情况可分为基础信息和增值信息，基础信息是政府在公务活动中所产生的基础信息，而增值信息是以基础信息为基础进行深度开发而形成的。③

根据《办法》《通知》《清单》要求，高校财务信息属于高校应主动向社会公开信息的范围。为便于开展研究，将这些向社会公开的、未经市场开发的高校财务信息称为高校财务基础信息，其属性为公共物品。此外，高校的公共利益属性和其承载的公共受托责任，决定了高校财务基础信息应当属于公共信息资源。任何一个社会公众都有权知情，有权免费获取和使用，而且一个人的获取和使用不会影响其他人的获取和使用，因此，公开的高校财务基础信息已经具备了公共物品非竞争性、非排他性的典型特征。

在公共物品视阈下，用信息系统模型研究高校财务基础信息的供给、公开、流动和共享，加快推进我国高校财务基础信息公开工作，提升我国高校财务基础信息公开工作的质量和水平。

（四）高校财务信息公开的市场化取向

信息资源具有绝对性，也有相对性。信息资源的绝对性，是指信息资源需要经过进一步开发，没有经过开发的信息资源很难被充分地加以利用；而信息资源的相对性，则指的是即使是经过开发的信息资源，对于不同的人群，信息资源的价值也不尽相同。经过开发的、结构化的信息资源，就成为

---

① 赖茂生：《信息资源管理教程》，清华大学出版社 2006 年版，第 6 页。

② ［英］安东尼·奥格斯：《规制：法律形式与经济学理论》，骆梅英译，中国人民大学出版社 2008 年版，第 40—41 页。

③ 程万高：《政府信息资源增值服务供给机制研究》，科学出版社 2011 年版，第 68 页。

信息产品，是走信息市场化道路、发展现代信息服务业的一个基本方向。[①] 美国学者理查德·H.莱特尔（Richard.H.Lytle）指出，信息作为一种资源，以及信息可以作为商品进入市场，这一观念的深入代表了消费者价值观的一次革命。[②]

随着经济在社会公共事务中的日趋重要性，经济学家在经济调查中对会计师报告的运用正日益增多。经济学家所关注的社会总是往往有一种特质，即这些问题的解决需要大量信息，相对于其他信息来源，会计师所提供的信息往往更为适宜。然而，即使是经济学家，通常会误读和误解会计师的工作，并非因为他们有失勤勉。会计文献的特殊格式，使得除了那些有机会对会计进行深入研究的人之外，大多数人很难理解会计报告的真正意义，而大多数经济学家是不具备这个条件的，更勿言一般社会公众。[③] 因此，受会计报告的特殊性影响，社会公众对财务信息的接受能力十分有限，这就需要对初次公开的高校财务信息——基础信息——进行再加工，产出便于信息使用者可理解、能使用的高校财务信息产品——增值信息，可以在市场上以一定的价格进行市场交易，实现高校财务信息的价值增值。

高校财务信息公开，不是为了“公开”而公开，而是为了“使用”而公开。但高校财务信息同其他信息资源一样，既有绝对性，又有相对性。一方面，高校财务信息具有专业性，比其他一般信息具有更加鲜明的技术性特征，一般社会公众面对高校财务信息存在技术障碍，很难直接充分理解和使用；另一方面，由于不同人群对高校财务信息的关注角度不同，即使同一条财务信息，不同人也会有不同的理解，又使得高校财务信息比一般信息具有更加明显的差异性特征。

高校财务信息的技术性和差异性特征，决定了高校财务基础信息必须经

---

① 周宏仁：《从信息资源到信息产品》，马费成：《信息管理与信息系统研究进展》，武汉大学出版社 2010 年版，第 1 页。

② Richard.H.Lytle.Information resources management：1981—1986[J].Annual Review of Information Science and Technology，1986，(21)：309-336。

③ [美]约翰·B.坎宁：《会计中的经济学》，宋小明、谢盛纹译，立信会计出版社 2014 年版，第 2—6 页。

过进一步开发加工,成为结构化的信息产品,才能更好地满足不同目标用户多样化的信息需求。这些信息产品,一部分可以通过政府购买服务,免费对社会公众开放,也可以通过商品交易市场,需要特定目标用户付费购买的信息产品。这些经过开发加工、结构化的高校财务信息产品,经过市场化交易,满足了特定目标用户的信息需求,便形成一条贯通的高校财务信息产品市场链条,完成高校财务信息从公共物品(基础信息)向非公共物品(信息产品)的属性转换,更充分地实现了高校财务信息产品的信息增值,同时促进了高校财务信息公开的市场价值。

高校财务信息从基础信息到市场开发,再到市场交易,完成了从公共物品到信息产品的属性转换,进一步满足高校财务信息使用者可获取、易理解、能使用的多样化的信息需求,深入推进高校财务信息公开从“有没有”,到“用没用”,再到“尽其用”,最终实现高校财务信息公开的两个“有助于”目标。

本研究中将公开的高校财务信息称为高校财务基础信息,而将经市场化开发后形成的高校财务信息则称为增值信息。这样,公开的高校财务基础信息,经过二次甚至多次开发,原来的公共物品属性就会发生转化,成为共同资源、俱乐部产品,甚至私人产品,通过市场交换满足不同利益相关者的多元需求,从而逐步形成高校财务信息的产品市场。

第四节 研究思路与方法

一、研究思路

本研究立足当前我国高校财务信息公开的鲜明法制背景和高校财务信息公开的实践现状,阐释高校财务信息公开的理论基础:知情权利理论、公共管理理论、委托代理理论和信息系统模型理论。通过文献综述与《办法》《清单》《通知》对我国高校财务信息公开明确要求的对比,探索从当前的“底限”要求至未来“目标”实现的路径,拓展高校财务信息公开的理论视阈,提出当前我国高校财务信息公开需要实现从公共物品到信息产品的视阈转换,拓展高校财务信息公开的理论逻辑。

本研究运用文本分析法、比较研究法和个案研究法，开展国内外857所高校的实践现状调查研究，进而分析当前我国高校财务信息公开在法律规制和实践现状中存在的突出问题和原因，为推进高校财务信息公开研究的视阈转换及下一步提出对策建议奠定制度和实践基础。最后通过两个视阈的递进研究，总结当前我国高校财务信息公开面临的四大困境，提出相应对策建议。

（一）立足时代背景，析出研究主题

立足世界各国政府信息公开和我国高校财务信息公开的法制背景和实践背景，突出问题导向，析出研究主题，并阐述开展我国高校财务信息公开研究的理论和现实意义。

（二）开展文献综述，界定核心概念

通过文献研究，综述总结当前我国高校财务信息公开研究和实践的不足之处。并针对当前我国推进高校财务信息公开工作中存在着的制度失调、概念模糊、认识不一等现象，对核心词汇进行概念界定。

（三）围绕三个维度，转换两个视阈

围绕理论基础、制度源流、现状考察三个维度，确立“理论基础—>制度源流—>现状考察—>比较分析—>基础信息公开—>信息产品市场”的研究主线。

本研究以我国高校为研究对象，择取中央直属高校、五省（市）属地方普通高校、全国成人高校、合作办学高校，共817所为研究样本，开展网站访问考察研究。同时以美、英、加、澳四国共40所大学为参照样本，借鉴国外大学财务信息公开的经验，开展个案研究和对比研究。

（四）瞄准公开目标，提出对策建议

瞄准高校财务信息公开的两个“有助于”目标，从基础信息公开和信息产品市场两个视域深入研究，提出推进高校财务信息公开的基本思路和对策策略。

基于信息系统模型，推进我国高校财务基础信息的公开、流动、共享；根据公共物品和信息经济学相关理论，构想未来我国高校财务信息产品的市场化取向。最后进行总结和讨论，得出结论、提出建议、凝练创新、说明不足。

二、研究方法

研究方法是开展研究的思维方式、行为方式的集合，涉及研究的计划、策略、手段、工具、步骤以及过程的总和。从研究问题的性质、研究对象的特点和本领域已有的研究看，本研究主要选用定性研究方法。

从研究问题的性质看，本研究主要目的在于对当前我国高校财务信息公开的现状、问题及其原因进行深度描述分析，进而提出解决问题的分析框架和路径方案，并不进行复杂的数据统计和预测。

从研究对象的特点看，本研究主要择取国内、外高校为研究样本，对其财务信息公开的实践现状与影响因素进行研究。高校财务信息公开深受一国历史、文化、政治、经济以及地区环境、发展水平等多种因素的综合影响，这些独特的影响因素对于定量研究而言是很难实现的。

从该领域已有研究看，国内外学者采用的主要研究方法也还是定性研究方法、规范研究方法。具体而言，本研究具体应用的定性研究方法如下：

（一）文献研究法

本研究中使用的文献主要自来：中外文数据库、互联网搜索站点、行业协会网站、政府部门网站，以及专著教材、研究报告、工具书等。

1.中外文数据库。如中国知网（CNKI），Elsevier、Emerald、Jstor、Springer、Willy 等。

2.互联网搜索站点。如百度、百度学术、Google、Ask.com 等。

3.行业协会网站。如 GASB、FASB、IASB、AICPA 等国内、外会计行业协会发布的法规、报告等。

4.政府部门网站。部分有关高校财务信息公开的法制规章，源自各级政府机关和教育、财政行政部门的门户网站。

在对文献检索和分类的基础上，有选择地对部分文献进行分析研究。

（二）内容分析法

内容分析法是 20 世纪才开始兴起的一种新的文献研究方法。[①] 内容分析法用于考察社会人为事实，即人类行为或人类行为的产物，主要指成文文

---

① 风笑天：《社会科学研究方法》，中国人民大学出版社 2013 年版，第 204 页。

件。内容分析法特别适用于传播媒介方面的研究,并回答传播媒介研究的一个经典问题:"谁说了什么、对谁说、为什么说、如何说,以及产生什么影响?"内容分析法作为观察法的一个模式,要求仔细地处理要关心的内容。和对人的研究一样,在对传播媒介的研究中,要直接观察所有的对象常常是不可能的,通常比较适当的方法就是抽样。①

本研究的研究内容,是对国内样本高校历年的财务信息公开情况进行跟踪式的网站访问考察,通过对国内样本高校门户网站公开的财务信息进行观察、收集、统计、分析,最终呈现国内高校财务信息公开情况发生、发展和变化的现象、趋势和结果,更接近于一种观察研究方法,在一定程度上有别于普通的文献研究,故将其单列出来。

首先,确定研究对象,选择研究样本。根据教育部公布的2016年度全国高校名单,对国内高校按办学性质、办学层次、隶属关系等进行分类,选择其中817所高校作为研究样本。

其次,设置考察项目,确定赋值规则。根据《办法》《通知》《清单》对高校财务信息公开的相关要求,设置考察栏目,确定赋值规则,设计网站访问考察情况统计表。

第三,开展内容分析,填列栏目得分。逐个访问817所样本高校门户网站,根据考察栏目对样本高校历年财务信息公开情况进行内容分析,按照赋值规则对各栏目逐一赋值,并填列各栏目得分。

最后,统计汇总得分,计算得分占比。根据填列的各高校、各栏目得分,分别进行横向和纵向统计汇总。横向统计汇总每所高校的三项得分,纵向统计汇总各类高校分类得分和总体得分,并计算得分占比。

(三)个案研究法

个案研究是指对一个个人、一件事件、一个社会集团或一个社区等所进行的深入全面的研究。它是特点是焦点特别集中,对现象的了解特别深入、详细。个案研究通过对事物深入的洞察,能够获得非常丰富、生动、具体、详细的

① [美]艾尔·巴比:《社会研究方法》(上),邱泽奇译,华夏出版社2000年版,第391—395页。

资料，能够较好地反映出事物或事件发生、发展及变化的过程，而且能为后来较大的总体研究提供理论假设，是社会科学中重要的一种研究方法。个案研究对于深入实地研究一个特定的单位，或者为比较的目的而研究几个单位来说特别有用。①

本研究中使用的个案研究法主要应用如下：

1.在制度源流部分，本研究分别对我国以及美、英、加、澳四国的信息公开制度演进情况进行较为全面系统地梳理。

2.在国内现状考察中，分别对教育部直属高校、其他中央直属高校、五个省(市)所属高校、全国成人高校、中外合作办学等国内高校财务信息公开的现状、趋势分别进行较为全面深入的分析研究。

3.在国外现状考察中，分别对美、英、加、澳四国 40 所大学的财务信息公开情况进行逐个研究。

4.在国内外高校财务信息公开的比较分析和推进我国高校财务基础信息公开部分，对北京大学和牛津大学财务信息公开分别进行解读和剖析。

(四)比较研究法

比较研究法是对研究对象之间的相似性或相异程度进行研究与判断的方法。认识一个事物常借助于通过与其他事物的比较来实现。只有比较，才有鉴别；只有鉴别，才有认识。在理论和实践研究中，比较是认识事物本质的最基本的也是最重要的方法之一。根据研究需要，本研究对不同隶属关系、不同办学层次，以及国内外高校间的财务信息公开情况进行总体比较和个案比较研究。

1.不同隶属关系高校间比较。开展教育部直属高校、其他中央部门直属高校、北京市属高校、上海市属高校、河南省属高校、陕西省属高校、福建省属高校之间的比较研究。

2.不同办学层次高校间比较。开展普通公办高校、普通民办高校、合作办学高校、成人高等学校之间的比较研究。

3.国内外高校间比较。开展国内、外高校总体和个体间的比较研究。

---

① 风笑天：《社会科学研究方法》，中国人民大学出版社 2013 年版，第 229 页。

三、思维导图

根据研究思路和研究方法,形成本研究的逻辑思维导图(图 0-8)。

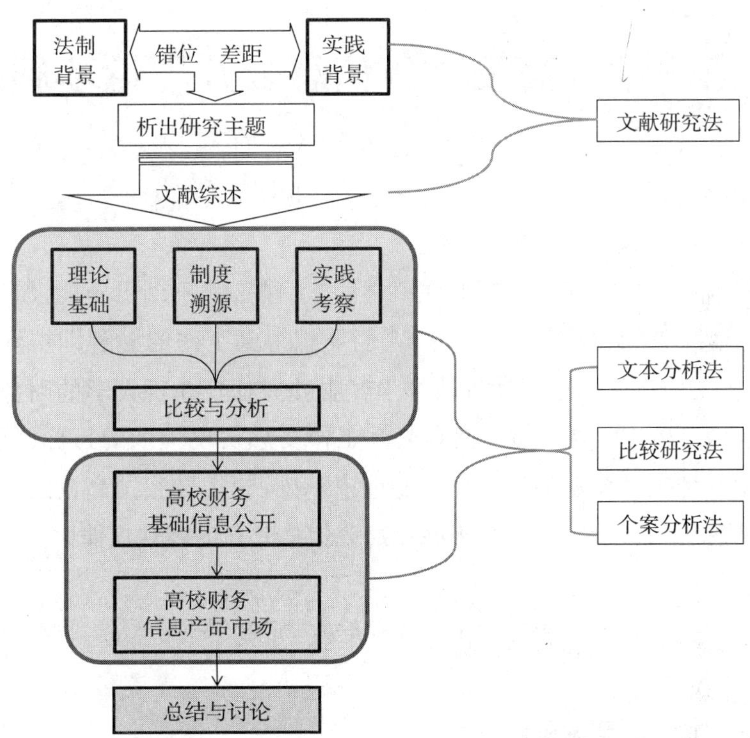

图 0-8　我国高校财务信息公开研究思维导图

第一章　高校财务信息公开理论基础

恩格斯说:“一个民族要想站在科学的最高峰,就一刻也不能没有理论思维。”①毛泽东在《实践论》中指出:“人们要想得到工作的胜利即得到预想的结果,一定要使自己的思想和行动合于客观外界的规律性,如果不合,就会在实践中失败。”②我国高校财务信息公开工作要想实现预期的目标,就必须要正确认识和把握高校财务信息公开的理论基础,使指导我国高校财务信息公开工作的思想和行动很好地合于高校财务信息公开的客观规律性。

第一节　知情权利理论

一、知情权利理论概述

知情权利,又称知情权,其产生根源于对人性的不信任。人既具有向善的禀赋,又具有向恶的禀赋,都是人的本性的可能性。人性与生俱来的幽暗意识一旦被邪恶所浸染,人先天的向恶的禀赋——堕落趋势和罪恶潜能就会被激发出来,就会产生对人性的不信任。

康德曾说:“自然的历史是由善开始的,因为它是上帝的成品,自由的历史是由恶开始的,因为它是人的成品”。③ 汉密尔顿在《联邦党人文集》中更清晰地指出:“如果人人都是天使,就不需要任何政府了。如果是天使统治

① 《马克思恩格斯全集》第3卷,人民出版社1971年版,第467页。

② 《毛泽东选集)第1卷,人民出版社1991年版,第284页。

③ [德]康德:《单纯理性限度内的宗教》,李秋零译,中国人民大学出版社2003年版,第10页。

人,就不需要对政府有任何外来的或内在的控制了”。① 梭伦也认为:“无人可以绝对信任”,他主张让一切掌权者皆处于他们所代表的那些人的谨慎控制之下。②

正是由于对人性的这种不信任,人与人之间、人与集团之间才会相互猜疑,甚至造成斗争,于是就产生了相互监督、扼制疑虑的“知情”主张,“知情”便成为必然要求。

知情权,英文为“right to know”,翻译过来就是“知的权利”、“得知权”、“知悉权”、“了解权”、“知晓权”等。1945 年,针对新闻工作者慑于战时的新闻管制而报道不实,美国美联社编辑肯特·库珀(Kent Cooper)提出了知情权的概念,后得到世界范围的广泛认同。③ 库珀所提出的知情权是指:“公民有权知道他应该知道的事情,国家应最大限度地保障公民获取所有信息的权利,尤其是获得政府信息的权利。”④2001 年的诺贝尔经济学奖获得者约瑟夫·斯蒂格利茨(Joseph E.Stiglitz)认为:“所谓知情权,就是公民对于国家的重要决策、政府的重要事务以及社会上当前发生的与公民权利和利益密切相关的重大事件,有及时、准确地了解和知悉的权利。”⑤

二、知情权与信息公开

被奉为英国行政法开山鼻祖的威廉·韦德爵士曾断言:权利依赖救济(Rights depends upon remedies)。⑥ 有权利必有救济,无救济则无权利。与知情权或信息权相伴而生的概念便是“信息自由”或“信息公开”。知情权利的救济就是信息自由,或称信息公开。知情权与信息公开是一个硬币的两个面。知情权是信息公开的理论依据,信息公开是知情权实现的救济途径。否定了

---

① [美]汉密尔顿、杰伊、麦迪逊:《联邦党人文集》,程逢如、在汉、舒逊译,商务印书馆 1980 年版,第 264 页。

② [美]阿克顿:《自由与权力》,侯健、范亚峰译,商务印书馆 2001 年版,第 35 页。

③ 王万华:《知情权与政府信息公开制度研究》,中国政法大学出版社 2013 年版,第 1 页。

④ 夏青青:《公民知情权的基本理论探研》,《通化师范学院学报》2010 年第 7 期。

⑤ [美]斯蒂格利茨:《自由、知情权和公共话语——透明化在公共生活中的作用》,宋华琳译,《环球法律评论》2002 年秋季号。

⑥ [英]威廉·韦德:《行政法》,徐炳等译,中国大百科全书出版社 1997 年版,第 233 页。

知情权利,就不会有信息公开;同样没有信息公开,就谈不上知情权利,知情权依赖于信息公开,二者相辅相成。因此,知情权又称“信息权”,知情权中“知(know)”的内容就是“信息或情报(information)”。基于知情权于公民权的重要性,联合国1946年12月14日通过的第59(1)号决议中宣示:“信息自由是一项基本人权,而且……是被联合国视为神圣的所有自由权力的试金石”。①

在社会现实中,确实普遍存在着信息不对称现象,而且无数事实证明——信息不会主动公开,知情权往往得不到有效的保障。因此,为了保障人们的知情权利,就需要有相应的信息公开立法来救济,这些为保障知情权而颁布的信息公开立法,统称为“信息公开制度”。② 一个国家或政府有无颁布信息公开制度,已成为当今国际社会判断一个国家或政府民主进程快慢及开放程度高低的基本标准。

政府信息公开的立法始于北欧的瑞典。至今公认的世界范围内最早的信息公开制度,可追溯至1766年瑞典所颁布的《出版自由法》,开了世界信息公开立法之先河。直到200年后的1966年,联合国才通过了《公民权利和政治权利国际公约》,以国际公约的形式要求世界各个国家(地区)应该保障公民的知情权利,有力地推动了20世纪后叶世界各国信息公开立法的进程。

然而,世界范围内的信息公开立法之路并非一帆风顺,截止到1990年,仅有13个国家通过了信息获取权的国家法律。进入21世纪,全球信息公开立法风起云涌,经历了一场名副其实的革命,越来越多的国家和地区通过了信息公开立法,建立起专门的知情权利保障法律制度,以国家法律的形式强制保障公民的知情权利。据世界信息自由倡议组织统计,时至今日,世界上已有117个国家和地区颁布了信息公开法律。2007年4月,我国由国务院发布《中华人民共和国政府信息公开条例》,使我国成为世界上第68个颁布信息公开立法的国家。

---

① [加]托比·曼德尔:《信息自由:多国法律比较》,龚文庠译,社会科学文献出版社2011年版,第7页。

② 王万华:《知情权与政府信息公开制度研究》,中国政法大学出版社2013年版,第2页。

三、知情权与高校财务信息公开

知情权是公民的固有权利之一，包括公民信息接受权和信息获取权，后者包括了不受公共权力干涉以妨碍其请求权的权利；政府信息公开是政府的一项基本义务，政府只有通过各种形式充分地公开信息，公民才能真正实现知情权。公民拥有了知情权，才能有效地监督和制约政府、防止腐败，才能真正地参政议政，行使宪法所赋予的管理国家的权力。没有政府信息公开就谈不上知情权。①

高等教育属于公共事务，高校信息公开是满足社会公众知情权利的必然要求，英美等世界高等教育强国早在 20 世纪 90 年代就已经开始探索和实践高校财务信息公开，为世界其他国家高校财务信息公开提供可资借鉴的宝贵经验。高校信息公开是政府信息公开在高等教育领域的自然延伸和必然要求，是世界高等教育强国和世界著名大学的广泛共识和普遍实践。

根据委托代理理论和知情权理论，委托人为具有知情权利的一方，为公开权利主体；受托人为负有公开信息责任的一方，为公开义务主体。在高等教育领域中，社会公众、政府、教育、财政部门、高校主管部门、高校之间，存在着复杂的多层面的委托代理关系，与之相对应，高校财务信息公开中应存在多元的公开权利主体和公开义务主体。公开义务主体相对于公开权利主体而言，由于负有信息公开的法定义务和责任，是信息系统模型的信息源，应当在法律中明确规定。

知情权决定了社会公众对所有高等学校（无论公办高校还是民办高校）的财务状况都具有知情权。仅就高等学校而言，不仅公办高校，而且民办高校亦应公开其财务信息，公办高校和民办高校都应是高校财务信息公开的公开义务主体。

第二节　委托代理理论

一、委托代理理论概述

委托代理理论（Principal-agent Theory）是制度经济学契约理论的主要内

① 1 段尧清、汪银霞：《政府信息公开机制研究》，高等教育出版社 2014 年版，第 43 页。

容之一,该理论建立在非对称信息博弈论的基础上,是针对私营部门的问题而产生的,旨在解释私营企业中股东(委托人或被代理人)和管理者(受托人或代理人)的目标为何经常出现差异,以及该如何构建企业的问责机制。① 委托代理关系中的所有者或授权者就是委托人,管理者或被授权者就是代理人。

美国经济学家阿道夫·A.伯利(Adolf.A.Berleh)和加德纳·C.米恩斯(Gardner.C.Means)洞悉到美国企业中所有权兼具经营权的做法存在极大的弊端,在创作的合著《公司治理:现代企业与私有制》(Corporate Governance: The Modern Corporation and Private Property,1932)中提出委托代理理论,倡导所有权和经营权分离,企业所有者保留剩余索取权,而将管理经营权让渡给职业经理人。而一般认为,现代委托代理关系由美国经济学家斯蒂芬·罗斯(Stephen A.Ross)提出,他认为委托代理关系是现代社会活动中最普遍的模式之一,当一方主体扮演、代表或代理另一主体行使某些决策权或做出某种决定时,则当事人双方之间的委托代理关系即产生。②

在现代委托代理关系中,非对称信息现象普遍存在。代理人代表委托人行动,掌握着信息优势,代理人为自身利益,会在设法完成契约责任的同时,可能以损害委托人的利益为代价而追求自身利益最大化;而委托人往往处于信息劣势,为了防止自己的利益受到损害,就会要求代理人尽可能地公开相关信息,以减少代理行为过程中的信息不对称,同时在一定程度上解除代理人的受托责任。

非对称性信息可从以下两个角度进行划分:一是非对称信息发生的时间,二是非对称信息的内容。信息时间和信息内容是实现信息对称的两个重要方面。在委托代理关系中,代理人负有公开信息的义务,是信息公开的公开义务主体;委托人享有获取信息的权利,是信息公开的公开权力主体。

---

① [澳]欧文·E.休斯:《公共管理导论》,张成福、马子博等译,中国人民大学出版社 2015 年版,第 10 页。

② Stephen A.Rose.The Economic Theory of Agency:The Principal's Problem[J].The American Economic Review,1973,(2):134-139。

二、公共受托责任

经济学的委托代理理论同样被运用于公共部门，受托人在公共部门委托代理关系中负有的责任称之为公共受托责任。因此，公共受托责任是受托责任在公共部门委托关系中的存在形式。所谓公共受托责任，就是指那些负责管理公共资源的政府、机构和人员，接受社会公众的委托所负有的履行社会公共事务管理、提供社会公共服务职能和责任，并向社会公众提交报告，以说明其职能和责任履行情况的义务。尽管在现实社会中存在着诸多层次的公共受托责任，但从根本上讲，不同层次的公共受托责任最终均来源于公众与政府之间的委托代理关系。①

公共受托责任产生于现代社会民主政治进程中的一种特殊的委托代理关系。美国政府责任署（General Accountability Office，GAO）认为：公共受托责任就是指受托管理并有权使用公共资源的机构，向社会公众说明其全部活动情况的义务。最高审计机关亚洲组织（Asian Organization of Supreme Audit Institutions，ASOSAI）认为：公共受托责任是指受托管理公共资源的机构报告管理这些资源及其有关的规划、控制、财务的责任。管理好受托公共资源，更好地为公众利益服务，是政府公共受托责任的核心要求。

从 GAO 和 ASOSAI 对公共受托责任的定义可以看出，公共受托责任应当包括行为和报告两个层面，而且行为和报告这两个层面紧密相连，相互促进，不可分割。一方面，政府及其相关部门和人员应当从人民的公共利益出发，管理好人民托付的公共财产，履行好国家和社会公共事务管理职责；另一方面，政府应当向公众及其代表（立法机构）报告其受托责任的履行情况，以解除自己的公共受托责任。因为不参与公共资源经营管理的委托人，没有办法也更不可能直接监视政府的全部行为，只能通过政府公开的信息间接了解，这就需要政府向公众提出报告，说明自己对公共资源的受托管理情况，从而产生了报告责任。从这个意义上说，政府的报告责任是由政府的行为责任衍生出来的，而报告责任也有助于强化行为责任。通过报告，委托人可以评价政府行为的效率、效果并发现其中存在的问题，从而促进政府努力提高业绩，更好地履行

---

① 刘笑霞：《我国政府绩效评价理论框架之构建》，厦门大学出版社 2011 年版，第 1 页。

其公共管理职责。①

从受托责任的角度而言，财务信息的作用，就是采用一系列专门的会计技术和方法，来计量和报告受托责任的履行情况。会计工作的目标，在于以适当的方式有效反映受托人的受托责任及其履行情况。② 几乎所有的单位——无论是营利组织的企业还是非营利组织（如政府、学校等）——都设有会计机构，这也间接印证了会计是一种比较有效的履约机制。任何一种方法，都有其相应的成本效益比。在经济全球化的今天，会计已成为世界各国间经济交流的一门通用的商业语言，是一种低成本、可以普遍应用的信任机制。会计的价值就在于它是维系自利经济人之间相互信任的、成本较低的手段。通过会计方式，将企业经营活动用货币量化表述，便于汇总、比较，是一种相对有效的方法，因此被广泛采用。③

三、委托代理与高校财务信息公开

联合国教科文组织（United Nations Educational，Scientific and Cultural Organization，UNESCO）在《21 世纪的高等教育：展望和行动世界宣言》中明确强调："高等学校应拥有管理其内部事务的自主权，但同时必须有明确和透明的责任制，向政府、议会、学生和整个社会负责"。④

在高校教育领域，高等学校各个利益相关者之间存在着多个层级的委托代理关系。社会公众，政府，教育、财政行政部门和高校主管部门，高校之间，存在着基于国民高等教育和高等教育资源配置的复杂的委托代理关系，共同形成多层面的委托代理多元主体（图 1-1）。

第一层面，社会公众与政府之间存在委托代理关系。由于政府管理的高等教育资源直接或间接来自于社会公众的纳税、缴费、捐赠等，社会公众与政府之间就形成委托代理关系。政府作为代理人，受社会公众委托管理高等教

① 刘笑霞：《我国政府绩效评价理论框架之构建》，厦门大学出版社 2011 年版，第 62 页。

② 刘笑霞：《我国政府绩效评价理论框架之构建》，厦门大学出版社 2011 年版，第 53 页。

③ 上海国家会计学院：《财务报告》，经济科学出版社 2011 年版，第 4 页。

④ 赵中建：《全球教育发展的研究热点——90 年代来自联合国教科文组织的报告》，教育科学出版社 1999 年版，第 424 页。

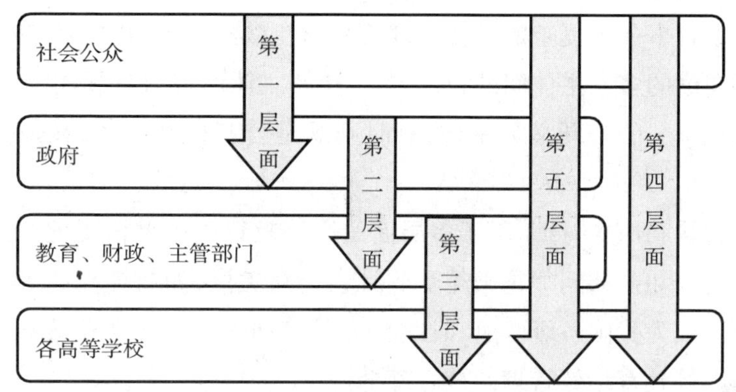

图 1-1 高等教育事务多元主体间的委托代理关系

育资源,政府就应向社会公众公开高等教育资源信息。社会公众是公共委托代理关系中享有知情权利的公开权利主体,政府是负有公共受托责任的公开义务主体。

第二层面,政府与教育、财政、高校主管部门之间存在公共委托代理关系。教育、财政和高校主管部门作为代理人,受政府的委托,具体负责高等教育资源配置,教育、财政和高校主管部门应向政府公开高等教育资源信息。政府成为公共委托代理关系中享有知情权利的公开权利主体,教育、财政和高校主管部门是负有公共受托责任的公开义务主体。

第三层面,教育、财政、高校主管部门与高校之间存在委托代理关系。高校作为代理人,受教育、财政和高校主管部门委托,直接消费高等教育资源,提供高等教育服务,高校应向教育、财政和高校主管部门提供高等教育资源信息。教育、财政和高校主管部门成为公共委托代理关系中享有知情权利的公开权利主体,高校成为负有公共受托责任的公开义务主体。

第四层面,社会公众与高校之间存在委托代理关系。社会公众直接向高校提供高等教育资源,高校直接消费社会高等教育资源、提供公共高等教育服务,高校应向社会公开高等教育资源使用信息。社会公众成为公共委托代理关系中享有知情权利的是公开权利主体,高校成为负有公共受托责任的公开义务主体;

第五层面,社会公众、政府、教育行政部门、高校之间同时存在委托代理关系。高等教育事务中复杂的委托代理关系,有时是单向度的两元主体间的,有时则是多向度的多元主体间的;具体某一单一主体而言,有时是单一的公开权利主体或是单一的公开义务主体,有时则既是公开权利主体,又是公开义务主体。

新的背景和历史时期,基于多层面的高等教育资源委托代理关系的高校财务信息公开和公共问责越来越受到社会公众关注,如何提高高等教育资源使用绩效已成为我国各级政府和社会公众关注的热点,质量和效益并重已经成为我国高等教育绩效管理的核心理念。①

2010 年国务院发布的《国家中长期教育改革和发展规划纲要(2010—2020 年)》中明确要求,要在高校中“引入竞争机制,实行绩效评估,进行动态管理”。2014 年教育部直属高校第 24 次工作咨询委员会主题“以‘评价’为切入点 全面深化高等教育综合改革”,并提出:“以科学评价为基础,通过绩效拨款引导高校内涵发展、提高质量”。

科学评价其实就是要进一步发挥市场在办学资源配置中的决定性作用,激发大学的改革动力和办学活力。从发展趋势看,引入高校绩效评价并且实行绩效拨款,在我国不仅仅只停留在理论研究层面,已经成为一种政策的现实诉求。② 由于会计在解除受托责任方面独特的不可替代的重要作用,作为高校会计工作成果的高校财务信息,必将在高校绩效评价中显现出天然的优势。高校财务信息公开,打破了之前社会公众无法自由获取高校财务信息的坚冰,使得学术团体、研究机构、专家学者和社会公众获取高校信息、评价高校绩效有了依据、成为可能。接下来的问题就是,如何通过高校财务信息公开,促进信息流动共享、开发加工,实现高校财务信息从“有没有”到“用没用”甚至“尽其用”价值增值。

---

① 谢梅、李强:《教育部直属高校绩效评价研究——基于产出滞后效应的分析》,《教育与经济》2015 年第 5 期。

② 张男星、王春春、姜朝晖:《高校绩效评价:实践探索的理论思考》,《教育研究》2015 年第 6 期。

第三节　公共管理理论

一、公共管理理论流派

公共管理理论滥觞于19世纪末的公共行政，其理论研究和实践探索始终伴随着世界各国政府公共服务管理的改革与发展，并逐步形成较为成熟的理论体系，倍受学术界关注和热议。尽管各国政府对公共管理理论各取所需，学术界亦尚存在学派争议，但不可否认的是，当前公共管理理论正被三种范式所主导——公共行政、新公共管理、新公共治理，并以势不可挡的趋势在各国政府公共服务管理中发挥着重要的理论基础和实践指引作用。

（一）公共行政

公共行政作为一个独立的研究和实践领域，始于19世纪末20世纪初。尽管不同国家、不同时期、不同的学者基于不同的视角，对于公共行政的基本特征仍存在认同差异，但公共行政仍有一些被普遍接受的主流观点：公共行政重在设计和执行政策，公共行政的目标由政治组织单方面所规定，目标相对集中单一；行政官员对由民主选举产生的政治领导人负责；公共项目得以实施的最佳途径是通过等级制组织，从该组织的顶部开始施加控制，逐步下移；公共组织作为一个封闭的系统，运转的效率最高，因此公民的参与比较有限。①

公共行政在1949—1979年英国福利国家时期达到顶峰，公民希望国家满足其“从摇篮到坟墓”的所有经济和社会需求，强调通过行政程序来确保公平，但公共需求远远超出了能够满足公民需求的公共资源，以至于后期遭到越来越多的批评，为后来新公共管理的兴起铺平了道路。②

（二）新公共管理

20世纪90年代，在欧美出现了“重塑政府”（Reinvented Government）运动，也称“新公共管理”（New Public Management，NPM）运动。改革的内容就

---

① ［美］登哈特：《新公共服务：服务，而不是掌舵》，丁煌译，中国人民大学出版社2016年版，第8页。

② ［英］斯蒂芬·奥斯本：《新公共治理——公共治理理论和实践方面的新观点》，包国宪、赵晓军等译，科学出版社2016年版，第3页。

是向公民承诺提供更好的服务，更好地利用税收，更热情地改进行政管理，在政府管理和公共服务中引入市场和竞争。

1991年，英国梅杰政府率先发动“公民宪章运动”，纠正过去“公共服务中服务提供者占主导地位的局面”；1992年，法国和比利时相继仿效英国的经验改革本国公共服务机构，并颁布“公民服务宪章”；1993年，美国负责行政改革的“戈尔委员会”提出“顾客第一”的原则和具体实施建议，在克林顿政府时期推行“政府业绩评价”（National Performance Review，NPR），目标是“让政府做得更多，花得更少……更聪明、更好、更快和更便宜（Smarter，better，faster and cheaper）”，并由国会通过了《政府业绩和效果法》；加拿大政府在1993年发表了白皮书《公共服务2000：加拿大公共服务的更新》，提出了在公共部门中注重业绩的改革方案和政府部门今后改善公共服务应当达到的基准。①

（三）新公共治理

20世纪的公共服务管理被公共行政和新公共管理两个范式所主导。20世纪90年代，治理理论在西方兴起。世界银行于1989年发布《撒哈拉以南的非洲：从危机到可持续增长》中针对非洲发展过程中反复出现的“治理危机”（crisis governance），认为该问题的解决首要应创造多元制度结构的政治革新，开始赋予“治理”新的话语意涵而成为一门显学，成为社会学、管理学、经济学研究的热点议题。② 全球治理委员会在1995年发布《我们的全球伙伴关系》中，首次总结性地对“治理”做出了明确的界定：所谓治理，是指由各种公共的或私人的个人和机构，管理其共同事务的诸多方式的总和，它是使相互冲突的或不同的利益得以调和，并且采取联合行动的持续的过程，这既包括有权迫使人们服从的正式制度和规则，也包括各种人们同意或符合其利益的非正式制度安排。③

进入21世纪后，随着国际社会越来越公开透明的民主化进程，各国政府所信奉的仅仅依靠政策制定实施，以及引进市场竞争提高组织效率等组织内

① 杨仕兵：《公共物品供给法律制度研究》，中国检察出版社2009年版，第19页。

② 于文明、卢伟：《治理理论的适用性及大学治理的中国实践方略》，《高等教育研究》2016年第10期。

③ 俞可平：《治理与善治》，社会科学文献出版社2000年版，第270页。

部的变革，已经远远不能满足社会公众对公共服务的开放需求，也与现代社会日益明显的多元化和网络化不相适应。社会公众参与公共服务提供和监督，不仅是政府改革和发展的政策基础，而且成为公共服务价值实现和效率提升的有效路径，这种路径被英国爱丁堡大学斯蒂芬·奥斯本（Stephen P. Osborne）教授定义为新公共治理。

相对于公共行政和新公共管理而言，新公共治理扎根于制度理论和网络理论，假定公共活动的参与者是多元的，大量相互依赖的行动主体共同致力于公共服务的提供；新公共治理同时也假定公共活动的决策制定过程是复杂的，政策制定系统由各种不同的过程共同组成。它特别关注制度及外部环境的压力，关注组织间的关系和对过程的控制管理，强调依赖公共服务组织与环境间的交互作用提高服务的效率和产出。①

公共行政、新公共管理和新公共治理的核心要素概括如下（表 1-1）：

表 1-1　公共行政、新公共管理和新公共治理的核心要素

要素 范式	发端	理论基础	公共组织的特点	焦点	强调重点	资源分配机制	服务系统的特点	价值基础
公共行政	19 世纪末	政治科学及公共政策	官僚单一集权型	政治集权	政策制定和实施	等级制	封闭	公共部门的精神
新公共管理	20 世纪 70 年代末	公共选择理论及管理科学	企业家式领导管制型	组织分权	组织资源和绩效管理	市场和古典主义或契约	开放理性	竞争效力和市场效率
新公共治理	21 世纪初	制度及网络理论	公共服务提供主体多元化	组织间关系	价值意义和关系协商	网络和关系契约	开放自然	价值分散与相互竞争

资料来源：[英] 斯蒂芬·奥斯本：《新公共治理——公共治理理论和实践方面的新观点》，包国宪、赵晓军等译，科学出版社 2016 年版。

二、公共管理与高校财务信息公开

新公共治理理论通过推进公共服务提供主体的多元化，形成开放自然、相互竞争的公共服务提供系统，强调基于网络和关系契约的组织间关系，与社会

① [英] 斯蒂芬·奥斯本：《新公共治理——公共治理理论和实践方面的新观点》，包国宪、赵晓军等译，科学出版社 2016 年版，第 8 页。

公众接受高等教育公共服务的现时代背景相契合。同时也为解决当前高校财务信息公开面临的问题和困境提供了有益的理论指导。

当前我国正加快推进教育领域综合改革，不断建立完善中国特色现代大学制度，逐步实现教育治理能力和治理体系现代化。建立完善现代大学制度的核心是大学的治理结构。就大学与政府的关系而言，其基本框架是大学自治、依法办学、政府管理；就大学与社会的关系而言，其基本框架是社会参与、中介协调、开放竞争。① 伴随着经济社会的发展，大学正从社会边缘走向中心，大学利益日趋多元化，大学逐步成为多元利益相关者共同控制的组织，大学之外的利益相关者参与高等教育事务已然成为广泛的社会共识。应该在大学和社会力量之间建立起一个直接的、畅通的信息沟通渠道，使社会力量能够直接参与大学治理，为社会提供和大学直接交流、反映其对大学需求意愿的机会，促进多元治理机制的形成。②

曾任哈佛大学文理学院院长的亨利·罗索夫斯基（Henry Rosovsky）将大学的利益相关者分四个层次：第一层次为教师、行政主管和学生，他们是学校的最重要的利益相关者；第二层次为董事、校友和捐赠者。"他们才是正式决定主要政策的人，他们出钱，因而非常关心'他们'学校的声誉，因此他们是学校的重要利益相关者"；第三层次为政府和议会，因为他们只是在特定条件下，譬如在提供经费资助并且制定规章制度和评审学术活动时，才与大学之间产生利害关系，是"部分拥有者"的利益相关者；第四层次则是大学利益相关者中最边缘的一部分，即市民、社区、媒体，相比较而言，他们是次要层次的利益相关者。③

李维安和王世权（2013）借鉴爱德华·弗里曼（Edward Freeman，1984）所提出的广义上的利益相关者范畴，将大学利益相关者的概念界定为"那些给予大学影响或被其影响的个人或集团"，同时结合罗伯特·布朗（Robert

① 张应强、蒋华林：《关于中国特色现代大学制度的理论认识》，《教育研究》2013 年第 11 期。

② 杨纳名：《大学治理的必要与可能：治理理论的大学实践》，《河南师范大学学报（哲学社会科学版）》2009 年第 6 期。

③ ［美］亨利·罗索夫斯基：《美国校园文化——学生.教授.管理》，谢宗仙等译，山东人民出版社 1996 年版，第 5—7 页。

Brown,2001)等国内外学者的研究,并综合考察大学运营的实践,总结出包括政府和教师在内的可能对大学产生影响或被大学影响的12类利益相关者(表1-2)。①

表1-2　大学利益相关者的利益访求及利益实现方式

利益相关者	主要利益诉求	利益实现方式	利益相关者	主要利益诉求	利益实现方式
政府	社会教育水平的提高 政治诉求的表达 人才的培养 科技创新	法律保障 政策动向 立法限制	校友	校友资源 母校支持	校友会协作 对母校捐赠
教师	工资福利的提高 学术观点的表达 学术声誉的提升 职称晋升	法律法规 沟通调解 罢工、辞职	债权人	债权安全 与学校关系融洽	沟通协调 法律法规
行政人员	工资福利的提高 职位晋升 控制权扩大	法律法规 优先求偿	其他大学	校际合作 校际交流	沟通协调 校际联盟
学生/家长	良好的学业前景 良好的学习环境 雄厚的师资力量	法律法规 沟通协调 学生组织	捐赠者	与大学的良好互动 捐赠物的合理使用	法律监督 舆论监督 沟通协调
用人单位	高质量毕业生 产学研合作	社会舆论 用人反馈 法律法规	社区	拉动消费 社会形象提升	沟通协调 社会舆论 法律法规
利益团体	各利益团体创立的主旨	代表这个团体的力量	科研经费提供者或学术机构	高水平科研成果经费合理支出	合同要求 法律法规 资助额度 社会监督

资料来源:李维安、王世权:《大学治理》,机械工业出版社2013年版。

美国高等教育研究协会(Association for the Study of Higher Education,

① 李维安、王世权:《大学治理》,机械工业出版社2013年版,第29页。

ASHE)发布的关于21世纪大学治理的研究报告中,将大学治理定义为:大学内外部利益相关者参与大学重大事务决策的结构和过程。① 大学内外部利益相关者参与大学重大事务决策的重要前提条件,就是知情大学事务必要的、重要的信息。

高校财务信息是各级政府教育和财政部门、各高校主管部门和各高校管理和配置高等教育资源最基础、最重要的信息之一,也是检视各级政府教育和财政部门、各高校主管部门和各高校履行高等教育公共受托责任的重要依据。近年来,高校财务信息公开已成为高等教育事务公共管理中倍受利益相关者关注的敏感内容,也是高校信息公开工作的重点内容和关键事项。随着我国社会公众知情、参与、表达、监督社会公共事务意识的日益增强,社会公众对高等教育资源的配置、管理决策等公共事务会愈加关注,高校财务信息亦将会在未来的高等教育资源配置、管理决策中发挥更加重要的作用。

第四节 信息系统模型

信息论的创始人是美国麻省理工学院的数学家和物理学家克劳德·艾尔伍德·申农(Claude Elwood Shannon)。信息系统模型是信息论的主要理论贡献之一。信息论是研究信息的本质,并用数学的方法研究信息的计量、传递、变换和储存的科学。

一、信息的本质特征

信息是信息论研究的主要对象,也是信息论最基本的概念。在本研究第一章中已经对信息的概念作过阐述。尽管时至今日对信息的概念仍众说纷纭,但关于信息的本质,则有一个基本判断:信息是客观事物的存在形式或运动状态的反映和表述,是事物运动状态的表征。信息不同于消息之处在于,信息是包裹在消息之中的,是对消息接受者有用的、有意义的情报。信息有其不

① Dennis John Gayle, Bhoendradatt Tewarie, A. Quinton White Jr. Governance in the Twenty-First-Century University: Approaches to Effective Leadership and Strategic Management: ASHE-ERIC Higher Education Report[M].San Francisco: Wiley Subscription Services, 2003:153。

同于消息的一些本质特征。信息的本质特征主要有：

1.可用性，即信息作为一种资源，其效用依赖于特定的目标及使用的时间。

2.寄载性，即信息必须用某种材料或能量作为载体才能表示与传递。

3.滞后性，即取得信息的时间总是落后于对它提出需求的时间，因此在工作中应尽量减少信息滞后性的制约和影响。

4.可处理性，即信息可以识别和提取，其形式可以转换，而且可以被多环节加工。

5.传递性，即信息从信息源发出经过一定的载体运动与传播，而为接收者接收。这种传递不是事物在位置上的变动，而是反映事物特征或属性的信息在传递。除了空间上的传递外还有时间上的传递，这就是信息的贮存。

6.共享性，即信息可以被多个接收者所利用，不会因接收者的增加而使每个接收者获得的信息减少。这是信息不同于物质和能量的一个根本之处。

7.无限性，这主要表现为信息在人们认识和改造客观世界的活动中会不断地产生出来，因此在任何条件下，人都不可能百分之百地获得事物的信息。

信息的最大用途，就是能够帮助人们提高对事物的本质和运动状态的认识，从而减少活动的盲目性。①

二、信息系统模型

信息论的重要理论贡献之一，就是提出了信息系统的模型。信息系统也称为通信系统，即把信息从一处传递到另一处的传输系统。只有通过信息系统才能进行信息的传递和交换。信息系统的基本模式由五个环节组成（图 1-2）。

1.信源：也称信息源，顾名思义就是信息的发源地。

2.编码：即把信息变成适合在信道上传输的信号的过程或措施。其具体运用手段是编码器和发信机。编码过程实际就是将某种信息用规定的一组代码（字母或数字符号的排列组合）来表示，以便使信息能更好、更简单地装载

① 司晓宏：《教育管理学论纲》，高等教育出版社 2009 年版，第 71—72 页。

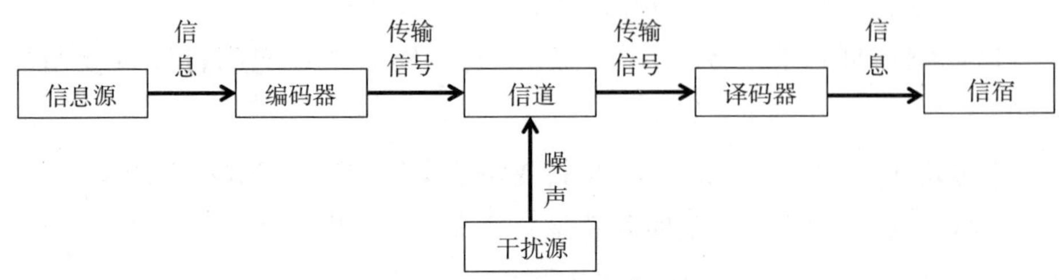

图 1-2 信息系统模型

资料来源：司晓宏：《教育管理学论纲》，高等教育出版社 2009 年版。

在通信工具上。

3.信道：也称信路，即信息传递的路径或通道。它是连接发信机（编码器）和接收器（解码器）的媒介。信息通过信道传输。信息在信道上传递时总会遇到一些干扰因素，此称之为噪声源或干扰源。

4.译码：也称解码，即通过与编码相反的过程，把通过信道传递来的信号变换成编码前的形式，以便接收者理解和使用。其运用的具体手段是译码器和收信器。

5.信宿：即信息的归宿，是信息的接收者。信宿是一定的信量在信息系统中一次循环的终点，同时，它又是下一次循环和完整循环信息总反馈的起点。

在信息传递过程中，衡量信息"效率"和"可靠性"有三个重要标志：一是信息传输容量，包括各种信息数据、收集量、传递人员的数量及信息通路条数，它直接影响到信息传递过程的速度快慢和容量大小；二是信息传递的损失，即信源发出的信息减去接收者接到的信息；三是信息传递的及时性，即从信息发出到信息接收之间的时间差。由上述可见，一个高效率的信息传输过程必须具备信道容量大、传输损失率小和传输及时性高的特性。①

信息系统模型是将原本复杂的信息系统归纳为一个简洁直观、便于理解的模型，目的就是为了便于找出信息传输过程中的内在规律和最佳处理方法，以提高信息传输的有效性和可靠性，从而使信息系统得到优化。

① 司晓宏：《教育管理学论纲》，高等教育出版社 2009 年版，第 74 页。

三、高校财务信息的基本属性

高校财务信息具有信息的基本属性和本质特征。高校财务部门是高校财务信息的主要发源地,是高校财务信息的主要信息源。高校的各项财务活动,经过高校财务人员的收集、加工、编码,最终呈现为承载着财务信息的财务报告。这些财务报告按现行高校会计准则制度的相关要求,定期向教育、财政、高校主管部门报送并向社会公开。这样,高校财务信息经过编码成财务报告,便从信息源出发,经过一定的信息传递路径或通道,传递至高校财务信息的使用者——信宿,经过信息使用者的阅读理解,成为信息使用者决策的有价值信息,完成高校财务信息从信源到信宿的一次循环。

具体而言,从信息源到信宿完成信息的一次循环,中间需要经过编码、信道和译码三个环节。在高校财务信息传递中:编码是指高校财务人员根据国家现行的高校会计准则制度,将高校财务活动编制成承载高校财务信息的财务报告;信道是高校财务报告经过报送、公开、出版、宣传等多种渠道,实现向高校内、外部信息使用者之间的信息传递;译码是指高校财务信息与其他一般信息不同,由于其高度专业技术性,一般信息使用者很难直接、完整地阅读、理解和使用,需要经过再次加工开发,才能转换成信息使用者易理解、可使用、能决策的有用信息,完成高校财务信息的一次循环。

根据信息系统模型,高校财务信息传递应该是一个完整的、多次往复的循环过程,一次性、单向度的信息传递,无法保证信息传输的效率和可靠性;根据高校财务报告双重目标,高校财务信息还要能解除公共受托责任和供管理决策使用,高等教育资源的公共受托人需要通过高校财务信息告知社会公众,不仅完成了公共教育和公共服务的公共受托责任,而且实现了高等教育资源的优化配置,促进了高等教育资源使用效益的有效提升。这样,通过高校财务信息公开,从而吸引更多、更优质的社会资源投入到高等教育领域,形成政府、高校、社会共同关注、共享、利用、反馈高校财务信息的良性信息循环。

用信息系统模型理论观照我国的高校财务信息公开,在信息源和信息循环方面看,都仍停留在追求“有没有”公开的“底限”阶段。一方面,高校仍是单一的公开义务主体,然而事实上高校并不是高校财务信息的唯一持有者,却无相关法制法规对其他高校财务信息持有者提出法定的公开要求。另一方面，公开的高校财务信息关注度低，对高等教育资源的配置决策尚未形成有效的回应和反馈。因此，当前的高校财务信息公开，仍处于一次性、单向度的传递阶段，尚未形成多向度的信息往复循环，从而影响了高校财务信息公开两个“有助于”目标实现。

综上所述，本研究以公共管理理论、委托代理理论、信息系统模型、知情权理论为主要理论基础。其中，知情权理论为高校信息公开奠定了最广泛的理论基础；公共管理理论是构建现代大学制度、促进大学民主决策的理论内涵；委托代理理论为阐释高校财务信息公开的多元义务主体，以及重视发挥财务信息在解除公共受托责任和高等教育资源配置中的重要作用奠定理论基础；信息系统模型为研究高校财务基础信息的公开、供给、流动与共享实践路径提供了理论框架。信息经济时代的到来，随着高校财务信息的结构化开发加工，财务信息产品市场水到渠成，在信息市场中实现高校财务信息由基础信息公共物品，向增值信息产品的属性转换。本研究的理论逻辑思维导图（图1–3）。

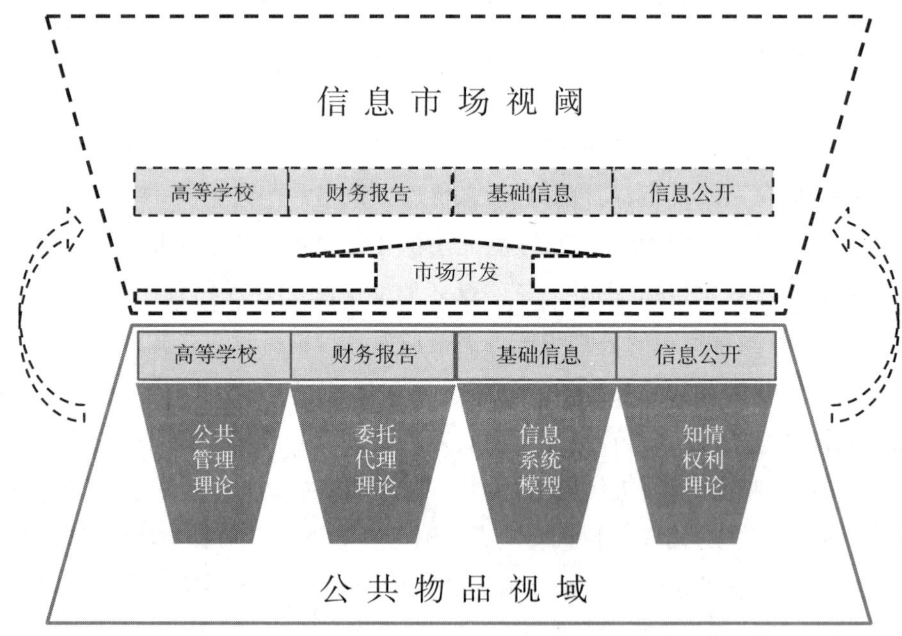

图1–3　高校财务信息公开理论逻辑思维导图

第二章　高校财务信息公开制度源流

社会发展趋势是，人们尽可能地把原来属于非正式制度的社会规范转化为正式制度的法律规范，使其在规范人们的行为方面具有更明确的遵循和更大的强制力。因而相对于市场调节而言，制度干预是社会发展的内生性变量，制度对社会现象、社会行为和社会关系起着重要的影响、支配和约束作用。

1982 年诺贝尔经济学奖获得者乔治·斯蒂格勒(George Stigler)被公认为是信息经济学和管制经济学的创始人，他在 1961 年发表的《信息经济学》(The Economics of Information)中指出，信息作为一种重要的经济资源商品，对于想要获得信息的一方而言，搜寻的成本非常高，以至于人们强烈地渴望对交易的地域进行限制，并以此作为确定潜在交易双方的一种手段。① 出于人们这样一种强烈的信息需求，对信息资源的管制迟早必然产生，信息公开制度就是对降低信息搜寻成本的一种有效的管制手段。只是这种制度的进程，因思想意识、文化观念、经济发展、民主政治等因素，在各国间表现出明显的差异。

第一节　国内信息公开制度源流

一、政务公开制度

我国信息公开的历史源远流长，古代的城门告示就是政府信息公开的一种常见形式。新中国成立初期，信息公开首先由政府层面的办事公开滥觞，党

---

① George Stigler. The economics of information[J]. The Journal of Political Economy, 1961, (3):213-225。

和国家先后颁布了一系列政务公开的政策指令，不同程度地体现了政务公开的理念，为之后建立健全我国政府信息公开制度体系奠定了实践基础。

改革开放以来，特别是从1987年党的十三大报告开始，历届党和政府都不断强调政务公开的重要性，强化对政务公开的认识，政务公开的思想逐步在政府领域得到广泛认可。1997年党的十五大报告中对推进政府体制改革和民主法制建设提出明确要求："坚持公平、公正、公开原则，直接涉及群众切身利益的部门要实行公开办事制度。"①此时的政务公开，还只是作为一种理念、一种措施停留在工作实施层面，尚未形成正式的制度文本。

直到2000年12月，中共中央办公厅、国务院办公厅下发《关于在全国乡镇政权机关全面推行政务公开制度的通知》（中办发〔2000〕25号），标志着我国政府信息公开制度建设迈出了关键的一步。这一制度对乡（镇）全面推行政务公开做出明确部署，并对县（市）级以上政府的政务公开提出了明确要求。② 此后，政务公开推行的范围不断扩大，推行的层级不断延伸。

2004年3月，国务院印发《全面推进依法行政实施纲要》（国发〔2004〕10号），明确提出要把行政决策、行政管理和政府信息公开作为推进依法行政的重要内容。这是我国在国家层面第一次正式提出"政府信息公开"并强调其重要性。2005年3月，中共中央办公厅、国务院办公厅下发《关于进一步推行政务公开的意见》，对全国政务公开工作进行总体部署。政务公开从乡镇一级全面推广开来，开始成为各级政府施政的一项基本制度，在乡镇和县级政府日渐规范，在市（地）级政府全面推行，在省部级行政机关逐步推开。同时强调："要加强制度建设，严格按制度办事，保障政务公开规范运行。要积极探索和推进政务公开的立法工作，抓紧制定《政府信息公开条例》。条件成熟的地区和部门要研究制定地方性法规或规章，逐步把政务公开纳入法制化轨道。"③我国政府信息公开立法首次得到中央层面的确认，正式开启了政府信

① 《江泽民文选》第2卷，人民出版社2006年版，第31页。

② 《中共中央办公厅国务院办公厅〈关于在全国乡镇政权机关全面推行政务公开制度的通知〉》，中央人民政府网站，http://www.gov.cn/gongbao/content/2001/content_60849.htm。

③ 《中共中央办公厅国务院办公厅印发〈关于进一步推行政务公开的意见〉》，中央人民政府网站，http://www.gov.cn/fuwu/2016-02/17/content_5042791.htm。

息公开法制化建设的新时代。

2007 年 4 月 5 日，温家宝总理签发国务院第 492 号令《中华人民共和国政府信息公开条例》(《条例》)，要求自 2008 年 5 月 1 日起在全国范围内施行。同时，我国政府信息公开得到了全球信息公开倡议组织的认可，被确定为世界上第 68 个颁布信息公开立法的国家。此后，我国政府信息公开无论从制度建设，还是实践推进方面，得到了社会各领域的广泛认同和普遍实践，并且取得了巨大的成就。遗憾的是，《条例》实施 10 年来，我国政府信息公开的立法仍处于从属于法律的行政法规层级，而且仅于 2017 年 6 月经历过一次修订草案征求意见，①尚未制订颁布更高位阶、更具强制约束力的《信息公开法》。

二、校务公开制度

校务公开是在政务公开的基础上，根据学校开展国民教育的公共责任属性，而衍生的一项行业领域制度要求，是政务公开在教育领域的自然延伸。因此，校务公开从时间上晚于政务公开。

早在 2005 年中央办公厅、国务院办公厅下发《关于进一步推行政务公开的意见》之前，2002 年 2 月，教育部和全国总工会就联合发布《关于全面推进校务公开工作的意见》(教监〔2002〕1 号)，要求各级各类学校全面推进校务公开工作，建立学校党委领导下的校务公开领导小组，有组织、有领导、有计划、积极稳妥地推进校务公开工作，形成党委统一领导、学校行政执行，纪检、监察、工会协调、监督，业务部门各负其责，教职工群众积极参与的工作格局。关于校务公开的内容，除按规定必须保密的事项外，学校的发展规划、改革方案、教职工聘任办法、教职工奖惩办法、经费预算决算、教职工购(建)房方案、住房公积金、养老金、医疗保险和其他社会保障基金等涉及教职工切身利益的重大问题，都应通过多种形式让教职工参与和知道。② 第一次明确提出学校

---

① 《国务院法制办公室关于〈中华人民共和国政府信息公开条例(修订草案征求意见稿)〉公开征求意见的通知》，中央人民政府网站，http://www.gov.cn/hudong/2017-06/06/content_5200287.htm。

② 《教育部、中华全国总工会关于全面推进校务公开工作的意见》，教育部网站，http://www.moe.gov.cn/jyb_xxgk/gk_gbgg/moe_0/moe_8/moe_23/tnull_262.html。

的经费预算决算要向教职工公开，但公开的范围对象仅为学校教职工，未提及向社会公众公开。

2003年，教育部发布《关于加强依法治校工作的若干意见》（教政法〔2003〕3号），要求全面实行校务公开制度，学校改革与发展的重大决策、学校财务收支情况、福利待遇以及涉及教职工权益的其他事项，要及时向教职工公布；学校的招生规定、收费项目与标准等事项，要向学生、家长和社会公开。[①]这比之前的校务公开要求，增加了财务收费项目与标准事项，并要求向社会公开。

这一阶段的校务公开工作，是在基本参照政府政务公开的基础上，结合教育法律法规逐步完善，学校法律地位发生变化，学校与教育行政部门、举办者、教师、受教育者之间法律关系的新特点，明确了学校校务公开的基本内容，但公开的范围基本上仍局限于向校内教职工公开。

三、高校信息公开制度

《条例》于2008年5月1日正式施行后，教育部按照《条例》有关要求，加快推进教育领域信息公开工作。根据国务院办公厅《关于做好施行<中华人民共和国政府信息公开条例>准备工作的通知》（国办发〔2007〕54号）和国务院办公厅《关于施行<中华人民共和国政府信息公开条例>若干问题的意见》（国办发〔2008〕36号）文件精神和明确要求，教育部专门针对高等学校，于2010年3月发布了《高等学校信息公开办法》（《办法》），自2010年9月1日起施行，我国高校信息公开第一次以国务院部门规章形式得到明确确认。

《办法》中明确信息公开的适用高校范围、公开对象范围、公开义务主体，以及高校信息公开的领导、监督等条款。《办法》适用高校包括大学、独立设置的学院和高等专科学校，其中包括高等职业学校和成人高校；公开的对象范围扩大到向公民、法人和其他组织公开；公开的义务主体是高校；国务院教育行政部门负责指导、监督全国高等学校信息公开工作，省级教育行政部门负责

---

① 《教育部关于加强依法治校工作的若干意见》，教育部网站，http://old.moe.gov.cn//publicfiles/business/htmlfiles/moe/moe_623/200501/5145.html。

统筹推进、协调、监督本行政区域内高校的信息公开工作；高校校长领导学校的信息公开工作，校长（学校）办公室为信息公开工作机构，负责学校信息公开的日常工作。①

《办法》的颁布实施，使我国高校信息公开工作有了统一明确的部门规章，正式开启了我国高校信息公开有章可依的新篇章。

四、高校财务信息公开制度

（一）《办法》《通知》《清单》

财务和招生是高等教育领域最受社会关注的两个重要事项。2010 年 9 月 1 日《办法》开始实施，将财务信息列入高校信息公开的重要内容。之后，教育部于 2012 年 11 月 16 日针对财务信息公开专门发布《通知》，要求做好高校财务信息公开工作，彰显财务信息公开工作在高校信息公开工作中的重要地位，同时也对我国高校财务信息公开工作提出了具体要求和部署，《通知》也成为我国首次专门针对高校财务信息公开发布的部门规章。

《通知》对公开的高校财务信息进行了初步界定：中央部门所属高校主动公开的财务信息，原则上应包括收支预算总表、收入预算表、支出预算表、财政拨款支出预算表等预算 4 表，以及收支决算总表、收入决算表、支出决算表和财政拨款支出决算表等决算 4 表；地方高校主动公开的财务信息，由省级教育行政部门参考中央部门所属高校财务信息公开，结合当地信息公开的有关规定提出具体要求，报教育部政务信息公开办公室备案；在此基础上，各高校可根据实际情况，自主公开有关财务信息。②

2013 年 8 月 19 日教育部再次发出《关于进一步做好高等学校财务信息公开工作的通知》，重申了高校财务信息公开工作的重要性和强调高校应向社会公开的预算 4 表和决算 4 表等财务信息；③2014 年 7 月 25 日教育部公布

---

① 《高等学校信息公开办法》，教育部网站，http://old.moe.gov.cn/publicfiles/business/htmlfiles/moe/moe_rule_more/201406/170528.html。

② 《高等学校信息公开办法》，教育部网站，http://old.moe.gov.cn/publicfiles/business/htmlfiles/moe/moe_rule_more/201406/170528.html。

③ 《教育部关于进一步做好高等学校财务信息公开工作的通知》，教育部网站，http://www.moe.edu.cn/srcsite/A05/s7052/201308/t20130820_156128.html。

《高等学校信息公开事项清单》,以清单的形式进一步明确了高校信息公开的内容,其中将高校财务信息与资产和收费信息合并,列为十大类公开事项中的第三项。

《通知》《清单》中对高校财务信息在中央部门所属高校和地方所属高校进行了区分,将当前高校财务信息公开的内容原则限定为预算 4 表和决算 4 表,以及对高校财务信息与资产和收费信息合并列示的做法,一方面局限了高校财务信息公开的范围,另一方面造成了高校财务信息与资产和收费信息的界限模糊不清。这为之后我国高校财务信息公开存在的问题埋下了伏笔。

(二)财政预算信息公开制度

财政预算信息是公共财政领域政务公开的重要信息内容,包括预算管理制度和预算信息管理。前者包括预算管理体制、预算分配政策、预算编制程序等;后者包括预算收支安排、预算执行、预算调整和决算等。财政预算信息公开是政府信息公开工作的重要组成部分,是我国政府信息公开的重要内容之一。

《条例》2008 年 5 月 1 日施行后,财政部 2008 年 9 月 10 日发布《关于进一步推进财政预算信息公开的指导意见》(财预〔2008〕390 号),要求省级和地市级财政 2009 年报送人大审查的部门预算要基本涵盖政府组成部门及直属机构,并逐步扩大到一级预算单位;2010 年 3 月 1 日,财政部发布《关于进一步做好预算信息公开工作的指导意见》(财预〔2010〕31 号),明确要求:已向社会主动公开预算信息的地区和部门,要继续按照《条例》要求,进一步做好预算信息主动公开工作;还没有向社会主动公开预算信息的地区和部门,要认真按照《条例》要求,抓紧做好预算信息主动公开工作。并进一步要求,公开的预算、决算,一要完整,二要真实,三要细化。① 根据财政部要求,财政预算信息公开的适用范围包括政府组成部门及直属机构。各省市教育行政部门属于政府组成部门,各省市属高校是教育行政部门管理的直属机构,根据要求应当向社会公开预算、决算信息。

---

① 《财政部关于进一步推进财政预算信息公开的指导意见》,财政部网站,http://yss.mof.gov.cn/zhengwuxinxi/zhengceguizhang/200809/t20080917_75533.html。

（三）高校财务、内控制度

1.高校财务制度

2013 年 1 月 1 日，财政部、教育部联合颁布实施新修订的《高等学校财务制度》，对高校财务信息公开制度及高校财务信息内容提出了明确要求。

首先：高校应当建立健全内部控制制度、经济责任制度、财务信息披露制度等监督制度，依法公开财务信息。明确了财务信息披露制度和公开财务信息。

其次：高校财务报告是反映高校一定时期财务状况和事业成果的总结性书面文件，高校应当定期向各有关主管部门和财政部门以及其他有关的报表使用者提供财务报告，包括资产负债表、收入支出表、财政拨款收入支出表、固定资产投资决算报表等主表，有关附表以及财务情况说明书等。[①] 明确了高校财务信息公开的主要载体——财务报告及其报告体系。

2.高校内部控制

2012 年 11 月 29 日，财政部发布《行政事业单位内部控制规范（试行）》（以下简称《规范》），自 2014 年 1 月 1 日起实施。

《规范》强调其适用于各级党政机关、各民主党派机关、人民团体和事业单位经济活动的内部控制，我国普通高等学校按事业单位应适用并实施。

《规范》要求根据国家有关规定和单位的实际情况，确定信息内部公开的内容、范围、方式和程序；对财务信息的要求包括：是否按照国家统一的会计制度对经济业务事项进行账务处理，是否按照国家统一的会计制度编制财务会计报告；同时要求单位应加强预算绩效管理，建立“预算编制有目标、预算执行有监控、预算完成有评价、评价结果有反馈、反馈结果有应用”的全过程预算绩效管理机制。[②]《规范》不仅明确了财务信息的主要载体是财务会计报告，同时对财务信息公开和预算绩效管理也提出了明确的要求。

---

① 《高等学校会计制度》（中华人民共和国财政部制订），立信会计出版社 2014 年版，第 92 页。

② 《关于印发〈行政事业单位内部控制规范（试行）〉的通知》，财政部网站，http://kjs.mof.gov.cn/zhengwuxinxi/zhengcefabu/201212/t20121212_713530.html。

第二节 国外信息公开制度源流

1766 年瑞典颁布的《信息自由法》，被公认为世界上最早的信息公开立法。但之后漫长的时间内，关于信息公开的立法和实践并没有得到世界各国的普遍重视和广泛推进。直到第二次世界大战后，现代信息公开立法的潮头才开始从美国席卷而来，经过 20 年的艰苦博弈，美国终于在 1966 年颁布《信息自由法》（Freedom of Information Act，FOIA），成为颁布较早、体系较完备的政府信息公开立法。

自美国《信息自由法》颁布后的 20 世纪后半叶，世界各国颁布信息公开立法的进程明显加快，掀起了信息公开法制化的世界潮流。北美和西欧发达国家颁布信息公开立法的时间领先于世界其他国家和地区，并在实践过程中逐步得以完善。如芬兰于 1951 年、法国于 1978 年、澳大利亚于 1982 年、加拿大于 1983 年先后颁布了本国的《信息自由法》。

美、英、加、澳等国并未颁布专门针对大学财务信息公开的立法，大学财务信息公开遵循联邦和地方政府关于信息公开的法律规定。对国外大学财务信息公开进行网站访问考察的内容分析也印证了这一事实，大学在公开其财务信息时，明确说明其财务信息公开法律遵循以联邦和州信息公开法为依据。如美国公立大学加州大学伯克利分校在其财务报告公开（Reporting Transparency）时说明：支持加州政府采取的类似的透明度努力（in support of similar transparency efforts undertaken by the state of California），其中还特别指出：大学所获得的联邦资金支出（expenditures of Federal funds），还须根据美国白宫行政管理和预算办公室（Office of Management and Budget，OMB）发布的美国联邦法规（Code of Federal Regulations，CFR）200 号统一指引（Uniform Guidance 2 CFR. 200）要求，向社会公开编制和审计的（prepared and audited）财务报告。① 鉴于美、英、加、澳四国联邦政府信息公开立法的特点，在域外制度源流部分，

① University of California. Reporting Transparency[EB/OL]. http://reportingtransparency.Universityofcalifornia.edu/。

主要梳理介绍域外国家信息公开立法的演进过程。

一、信息公开立法

(一)美国信息公开立法

美国联邦信息公开制度的先进性和完备性为世界各国所公认。关于美国联邦信息公开制度起源,历史学界存在不同的看法,代表性的观点主要有:1787 年《美利坚合众国宪法》(Constitution of the United States),1798 年的《管家法》(Housekeeping Act),1946 年的《行政程序法》(Administrative Procedure Act)以及 1966 年的《信息自由法》(Freedom of Information Act,FOIA)。后向东(2014)认为,无论从法律体例结构角度、法律实体内容角度,还是从历史缘由和事实出发,美国信息公开制度的历史源头,应当以 1946 年的《行政程序法》为起点。后来美国颁布的《隐私权法》《阳光下的政府法》等都依然只是《行政程序法》的一个组成部分。①

1.《行政程序法》

1946 年 6 月 11 日,美国总统杜鲁门签署了国会参议院通过的《行政程序法》(S. 7 号法案),编入美国法典,代码为 5 U.S.C. 1002。此时的《行政程序法》虽然内容相对简单,条款较少,但已经初步包含了一项法律应具备的基本要义。从内容看共分 12 节:(1)标题;(2)定义;(3)公共信息;(4)规则制定;(5)裁定;(6)附属事项;(7)听证;(8)决定;(9)处罚和权力;(10)司法审查;(11)检查人员;(12)结构和生效条款。其中第(3)节"公共信息",即为后来美国联邦《信息自由法》的最初内容。

《行政程序法》确立了信息公开重要的立论基础——关于行政的信息应当成为公共的财产,而不应当仅为少数人所了解。从结构看,《行政程序法》第(3)节基本涵盖了美国联邦《信息自由法》的五个主要方面:(1)公开的内容;(2)免于公开内容的认定原则;(3)公开的方式;(4)公开义务履行的保障机制;(5)依申请公开的程序。

《行政程序法》在美国信息公开制度发展历程上的开创意义不容忽视。

---

① 后向东:《美国联邦信息公开制度研究》,中国法制出版社 2014 年版,第 146—149 页。

首先,它确立了信息公开的分类思路和标准。在对行政信息进行功能分类基础上,分别确立不同的公开要求,使得此后对行政信息公开进行规范、统一的要求变得可行。其次,明确了信息公开的范围和方式。关于公开范围:(1)基于制定规则的职能而产生的规则信息;(2)基于裁决职能产生的意见和命令信息;(3)依申请向特定当事人单独公开的官方记录。关于公开方式:(1)在联邦登记簿上公告;(2)公开出版;(3)供公众查询3种方式。再次,确立公共记录对当事人公开的一般性要求,为未来针对不特定公共记录信息的依申请公开留下发展空间。①

尽管《行政程序法》首次以法律形式明确了公民的知情权,然而在实践中,《行政程序法》第(3)条款中仍存在许多问题和漏洞。如行政机关可"基于正当理由保密","为了公共利益需要保密",信息申请人和被申请信息之间应存在"适当的和直接的关系"等规定,赋予了政府拒绝信息公开的相当大的自由裁量权,使联邦政府可以经常利用这些漏洞阻止公众获取政府信息。

2.《信息自由法》

针对《行政程序法》在实践中存在的限制性条款,经过美国新闻界、律师界、学术界进步人士如詹姆斯·蒲柏(James S.Pobe)、哈罗德·克劳斯(Harold Cross)、约翰·莫斯(John E.Moss)、托马斯·亨宁斯(Thomas Hennings)、爱德华·郎(Edward V.Long)等人长达十余年的不懈努力,与政府行政部门和官员进行了艰苦的斗争,最终争取到美国国会参、众两院的支持,加快了美国联邦《信息自由法》的诞生。

1963年,雅各布·谢尔(Jacob Scher)为主要负责人起草参议院S. 1666法案——《信息自由法》的前身法案。该法案在1964年获参议院通过,于1966年6月20日获众议院批准,最终在1966年7月4日美国国庆日当天,由约翰逊总统发表总统声明签署批准生效。1967年,美国国会将S. 1666法案的体例和内容稍作调整,编入《美国法典》(United States Code),位置由原《行政程序法》第3节,调整为《美国法典》第5卷政府组织和雇员(Government Organization and Employees)第5章(Chapter)行政程序(Administrative Procedure)第

---

① 后向东:《美国联邦信息公开制度研究》,中国法制出版社2014年版,第159—172页。

552 节（Section），编号为 Pub.Law 90—23，命名为公共信息法（Public Information；Agency rules, opinions, orders, redords, and proceeding），即《信息自由法》。[①] 至此，美国联邦信息公开制度中关于主动信息公开的部分基本发展成熟。

美国《信息自由法》的出台，伴随着国会与行政机关之间的信息公开与保密权利之争，因此在执行过程中显性和隐性的障碍无处不在。《信息自由法》后来屡经修订，总的趋势表现为《信息自由法》对行政机关的约束力度愈加严格。

1972 年的“水门事件”，大大加快了对 1967 年《信息自由法》实施以来的第一次修订——1974 年修订案（Pub.L. 93-502）。修法过程中福特总统对法案的否决，以及国会对总统否决权的否决，更彰显了《信息自由法》的权威，进一步明确了严格的责任追究制度、信息公开年度报告制度等；1974 年修订案对行政机关施加了过度的信息公开义务，甚至超出了客观实际的限度，特别是对联邦调查局和禁药取缔机构的行政执法能力造成了极大削弱。

里根总统期间启动了《信息自由法》的第二次大的修订——1986 年修订案（Pub.L. 99-570），确认了行政机关承担信息公开责任的有限性，但也为后续的法案修订埋下了伏笔；随着计算机的广泛应用和信息时代的到来，催生了《信息自由法》1996 年修订案——《1996 电子化的信息自由法修订案》（Pub. L. 104-231）。克林顿政府以主动提升行政透明度为目标，着力推动美国全方位抢占信息社会的制高点，进一步增强了《信息自由法》的强制效力，解决了行政机关在信息公开方面的消极、拖延等内在顽疾。几乎是在同时，伴随着美国《文书消减法》（Paperwork Reduction Act of 1995），行政机关信息公开年度报告向社会公开、行政机关制作信息索引和信息公开指南的义务得以确认。

受 2001 年“911”事件影响，小布什总统任期对信息公开工作持保守立场，行政机关态度消极、申请积压严重等现象重新出现。针对这种情况，国会于 2007 年重启了修订案（Pub.L. 110-175），小布什总统于 2007 年 12 月 31 日

---

① Office of the Law Revision Counsel.Public information：agency rules，opinions，orders，records，and proceedings [EB/OL]. http://uscode. house. gov/browse/prelim @ title5/part1/chapter5/subchapter2&edition=prelim。

签署了《公开政府法》(Open Government Act),实施一系列措施,如进度查询机制、替代性纠纷解决机制、逾期办理约束机制等,设立统一的“政府信息服务办公室”、各机关“首席信息公开官”及信息公开公众联络官,构建起一套自上而下无缝覆盖的工作体系,为美国联邦信息公开工作的开展提供了完备的组织体系保障。① 同时确立了“强烈推定有利于公开原则”,“公开、不保密是该法的主要目标”。②

根据美国法典法律修订委员会办公室的公告,美国联邦《信息自由法》的最后一次修订是 2016 年 6 月 30 日的修订案(Pub.L. 114-185),增加了公众查询和复制电子信息的权利,进一步扩大了联邦机构的信息公开范围。

(二)英国信息公开立法

英国是西方发达国家中的深受根深蒂固的保密文化传统影响的国家,英国信息公开的立法进程,是一部反映公众知情权利与国家保密文化传统之间漫长艰难斗争的历史,这是导致英国信息公开立法相对其他西方发达国家较晚的主要原因。即使如此,英国也于 2000 年通过了《信息自由法》(Freedom of Information Act),成为世界上第 36 个通过信息公开立法的国家。③

1.《官方保密法》

英国信息公开立法的主要障碍,除了英国根深蒂固的保密文化传统外,还有颁布于 1911 年的《官方保密法》(Official Secrets Act)。该法规定所有公职人员未经授权而传播和外泄任何官方信息都是犯罪,该罪的构成不以故意为必要,并且犯罪的主体还包括所有以违反该法的方式获得未经授权信息的个体。《官方保密法》在继承英国保密文化传统的同时将其法制化,严重限制了英国政府信息公开的法制化进程。④

2.从《行政公开条例》到《信息自由法》

20 世纪 70 代,受国际组织和国外政府信息公开立法趋势等多种因素的

---

① 后向东:《美国联邦信息公开制度研究》,中国法制出版社 2014 年版,第 345 页。

② 杨建生:《美国政府信息公开司法审查研究》,法律出版社 2014 年版,第 29 页。

③ freedominfo.org.Chronological and Alphabetical lists of countries with FOI regimes[EB/ OL]. http://www.freedominfo.org/? p=1822.

④ 李云驰:《美国、英国政府信息公开立法的比较与借鉴》,《国家行政学院学报》2012 年第 3 期。

影响,英国政府开始为信息公开立法而努力。从 80 年代起,先后出台一系列专门法律,保障在特定情况下对特定人群公开特定信息。1991 年,《公民宪章》将行政公开列为政府工作的六项原则之一,从而迈出了英国信息公开关键性一步。1993 年出版的《行政公开》白皮书和次年颁布的《行政公开条例》,迫使政府公开许多不情愿公开的信息。① 可见,英国政府信息公开的破冰是先从颁布条例开始试行的。

1997 年工党执政,托尼·布莱尔(Tony Blair)政府开始制定《信息自由法案》草案并进行论证,2000 年 11 月 30 日,议会艰难了通过《信息自由法》,于 2002 年得到女王伊利莎白二世批准,自 2005 年 1 月 1 日起全面实施,标志着英国政府信息公开进入了全新发展时期。英国《信息自由法》明确规定:任何人,不管是否拥有英国国籍,也不管是否居住在英国,也无须说明理由,都有权利了解包括中央和地方各级政府机构、警察、国家医疗保健系统和教育机构在内的约 10 万个英国公共机构的信息,被咨询机构必须在 20 个工作日之内予以答复。②

英国《信息自由法》从通过到批准再到实施历经 5 年,为英国信息公开的贯彻落实做了充分的准备,提升了实施效果。2001 年 11 月 13 日,大法官公布《信息自由法》实施时间表,要求 2005 年 1 月底前全面落实,分成若干个阶段:(1)2002 年 11 月,中央政府机构(皇家诉讼局、严重欺诈局除外)、议会、威尔斯、非政府公共机构(已经执行“使用政府信息行为规范”的部门)开始实施;(2)2003 年 2 月,地方政府机构(警察除外)开始实施;(3)2003 年 6 月,警察局、皇家诉讼局、严重欺诈局、武装力量等开始实施;(4)2003 年 10 月,医疗卫生机构开始实施;(5)2004 年 2 月,学校、大学、其他非政府公共机构开始实施;(6)2004 年 6 月,其他剩余公共机构开始实施;(7)2005 年 1 月,所有公共机构全面实施信息公开立法。

尽管英国政府信息公开立法相对欧盟其他国家比较晚,而且立法经历了一个比较漫长的发展过程,但英国在《信息自由法》立法过程中,不仅吸收了

---

① 王万华:《知情权与政府信息公开制度研究》,中国政法大学出版社 2013 年版,第 52 页。

② 王芳、王小丽:《基于电子政务的信息公开服务》,《图书情报工作》2006 年第 8 期。

欧盟各成员国信息公开立法的成功经验，而且立法实施伴随着英国国民信息公开意识的提升，实施进程充分考虑到英国的实际和形势发展需要，因此英国《信息自由法》的内容更加具体，更加适应英国社会的需要。此外，以下工作也为英国信息公开法的有效实施打下了良好基础：(1)通过培训储备开展政府信息公开所需人才；(2)通过法律宣传，迫使政府机构尽可能多地发布信息，减少处理大量申请的负担；(3)详细解释法律条文含义和实施细则，更便于实践操作；(4)建立起政府信息公开的执行机制和执行立法。①

英国《信息自由法》有以下显著特点：(1)覆盖机构和信息公开范围广泛。美国《信息自由法》只对联邦政府机构有效，但英国《信息自由法》几乎对所有公共机构(public authorities)有效。在信息公开范围方面，以公开为前提，以不公开为例外；(2)赋予公民两个基本权利：依法知道某种政府信息是否存在，并获得该信息。公共机构有责任主动公开信息，并处理公民的信息请求。公民没有责任回答"为什么要使用"，但公共机构有责任解释"为什么不公开"；(3)建立保密与公开的"通关检验"均衡：通过回答6个"是否"判断保密信息能否通过"通关检验"；(4)强制公开：在信息服务过程中发生争执可以通过行政或法律程序处理；(5)分步实施：信息自由法区分不同的政府和公共部门，分6个阶段全面实施；(6)重视公共机构信息开放对知识经济的促进作用。②

3."数据权"

早期的信息公开中缺乏数据，而没有数据的信息是不充分、不全面的信息。从信息公开到数据公开，突出体现了数据在信息中的独特地位和作用。

2009年3月，"万维网之父"蒂姆·伯纳斯·李(Tim Berners-Lee)利用一次科学年会上演讲的机会，呼吁政府公开数据，并带领台下的听众一起喊口号"原始数据！现在就要！"。后来，伯纳斯·李借一次颁奖典礼之机与时任首相戈登·布朗(James Gordon Brown)进行了一次卓有成效的谈话，并取得布朗首相的支持，之后被任命为内阁的高级顾问。然而几乎每一个部门对公布数

① 石国亮：《国外政府信息公开探索与借鉴》，中国言实出版社2011年版，第26—27页。

② 王正兴、刘闯：《英国的信息自由法与政府信息共享》，《科学学研究》2006年第5期。

据都疑虑重重，拒绝公开的理由可谓五花八门、举不胜举，但最重要的还是担心公众对数据会有和政府不一样的解读、分析和结论。伯纳斯·李的数据权之争很快遭遇了政府的铜墙铁壁，四处碰钉，他甚至无奈地说：这项改革涉及官僚文化的改变，难！

2009年夏天，伯纳斯·李决定在英国白金汉宫为全体内阁部长举行一次公共数据开发应用大赛，以彰显全民数据共享的效果，这个竞赛成了转折点。伯纳斯·李带着普通人开发的若干小程序做了一次展示，最终赢得了内阁部长们的背书。2010年1月，英国的政府数据开放网站（Data.gov.uk）开始运行，除去地理信息之外，该网站公布了2,500多项民生数据，包罗万象。截至2016年8月，该网站已拥有37,427项数据集资源，可涵盖政府、社会、财政支出、教育、经济等多外领域。①

2010年5月11日英国首相卡梅伦（Donald Cameron）上任，面对经济危机和政治丑闻，正式提出"数据权"（Right to Data）的概念，指出"数据权"是信息社会公民基本权利。5月25日，英国女王在议会发表演讲，强调要全面保障公众的"数据权"。数据民主已然成为英国新政府的前进方向。②

2013年11月1日，英国公司注册处（Companies House）发布了免费账户数据产品，此举旨在开放公司财务数据，提升透明度，同时提高数据的分析效率，使社会公众第一次有机会访问数据格式的法定账目。英国商务部长迈克尔·法伦（Michael Fallon）指出："英国处于数据革命的最前沿，我们在提高数据的可得性和透明度方面做了大量的工作，Companies House今日发布的免费公司账户数据就是一个很好的例证。"同时认为通过开放公司数据，可以惠及包括企业家、纳税人、企业或公共部门在内的每一个人。开放质量更好、更有效的数据能够推动创新，提供更好的公共服务，开辟新的收入来源并刺激经济增长。③

---

① 赵蓉英、梁志森、段培培：《英国政府数据开放共享的元数据标准——对Data.gov.uk的调研与启示》，《图书情报工作》2016年第19期。

② 涂子沛：《数据民主也要争》，腾讯评论，http://view.news.qq.com/a/20100710/000009.htm。

③ 张翔：《英国将免费公开XBRL数据》，XBRL中国，http://www.xbrl-cn.org/2013/1116/96804.shtml。

（三）加拿大信息公开立法

1.双重文化传统

加拿大是英联邦国家，成立于 1867 年。在 1763 年成为英国殖民地之前曾长期为英法殖民地。1926 年英国承认加拿大获得与英国“平等地位”和内政、外交独立权，并于 1931 年由英国《威斯敏斯特法案》得以确认，而直到 1982 年 4 月才事实上从英国独立。因此，加拿大历史上长期受英国保密文化的影响。

然而在近现代历史上，加拿大的政治、经济、文化等方面又深受美国的影响。因此在发达国家中，加拿大文化兼具保守和开放的双重属性，导致加拿大在信息公开立法方面显得比较特殊。20 世纪初，英国制定《官方保密法》（Official Secrets Act 1911），当时作为英国殖民地，加拿大也随即采用此法。虽然之后英国对该法作了修订，但加拿大却仍然沿用旧法，保密程度有过之而无不及，保守主义文化仍占据上风。加拿大信息公开制度的松动，始于 20 世纪 60 年代国内民主意识的日益高涨和政坛上一批倡导知情权思想的民主人士的崛起。主要原因是自 20 世纪 60 年代开始，美国与加拿大在经济、贸易、外交、军事等方面的关系日益紧密，受美国的影响，更加自由开放的文化日渐强盛，其表现之一就是一部分议员和民众强烈要求将不涉及隐私、机密的政府信息逐步公之于众。①

2.漫长艰难博弈

首次提案：1965 年 4 月，加拿大进步民主党议员巴里·马瑟（Barry Mather）首先在议会上提出信息公开立法的议案。由于当时加拿大议会中保守势力占绝对优势，马瑟的提案最终被否决，但这一提案在加拿大信息公开立法进程中留下了弥足珍贵的历史印迹。当时仍是联邦政府情报专门小组成员、后来成为加拿大总理的皮尔·特鲁多（Pierre Trudeau），亦曾积极在议会宣传信息公开的主张，支持信息公开立法。

立法审查：1969 年，加拿大信息公开运动的先驱、加拿大“知情权之父”、进步保守党议员杰拉德·鲍德温（Gerald Baldwin）向国会下院提出一份草拟

---

① 黄欣：《加拿大情报公开法及其启示》，《上海政法学院学报》2003 年第 5 期。

的信息公开法案，得到刚刚执政的皮埃尔·特鲁多总理的支持，并在1970年正式设立信息公开的政府协调机构——“Information Canada”。同年，联邦议会通过了《联邦法院法》(Federal Court Act)，扩大了法院对行政文书强制公开的权限。1971年，加拿大颁布《法定文书法》(Statutory Instruments Act)，规定除因涉及国家安全理由的信息不得公开以外，其余信息原则上均应予以公开。1973年至1976年，信息公开立法提案先后得到上、下议院反复审议并最终得到承认，政府启动制定《信息公开法》终于完成了法定的审查程序。

《C-15法案》：1976年10月，特鲁多执掌的自由党政府启动《信息公开法》的起草工作，很快于1977年6月发表了《政府文书公开立法》(Legislation on Public Access to Government Documents)的绿皮书(Green paper)，供议会和公众广泛讨论，成为加拿大《信息公开法》的前导性立法，信息公开立法的进程进一步加快。但并非一帆风顺，1979年6月，由乔·克拉克(Joe Clark)领导的保守党接替自由党组成了新政府，继续推进信息公开立法进程，并在下院的第一次议员会议上就提出美国立法模式的信息公开议案——C-15法案。该法案明确，对于享有情报公开的主体上，除加拿大籍的公民以外，其他具有合法居留权的外国人及社团法人等，亦享有提出要求行政记录公开的权利。但遗憾的是，《C-15法案》终因克拉克保守党政府突然倒台而最终成为废案。①

3.联邦《信息公开法》

1980年初，皮埃尔.特鲁多重新组建新政府，声明重新起草《信息公开法》草案，但新政府当时面临更重要的挑战是加拿大修宪问题。1980年7月，自由党抢先向国会提出了由该党草拟的信息公开议案——C-43法案。

该法案于1981年1月29日得到国会审查委员会的承认，并交由下院的司法和法律委员会审议。司法和法律委员会于1981年3月3日—4月15日举行了由20多个团体参加的听证会进行审议和修订。1982年5月18日，《C-43法案》经联邦政府调整和修订后，再交由加拿大司法和法律委员会审

---

① 杨春荣：《加拿大政府信息公开制度研究》，西南政法大学2012年硕士学位论文，第4页。

议，终于在 1982 年 6 月 28 日，以信息公开为主要宗旨的《C－43 法案》在下院接受并通过第三次审议。1982 年 7 月 7 日，历经数届政府、历时十余年的加拿大联邦信息公开法案终于获得一致通过，加拿大联邦政府《信息公开法》终于在这一天正式诞生。①

4.地方信息公开立法

在加拿大联邦政府《信息公开法》于 1982 年颁布生效之前，加拿大的一些地方政府以条例的形式先行探索实践地方信息公开立法，如新斯科舍(Nova Scotia，1977 年)、新不伦瑞克(NewBrunswick，1978 年)、纽芬兰(Newfoundland，1981 年)和魁北克(Quebec，1982 年)等。先由地方政府先行立法，在地方政府取得经验后，再逐渐推广并进而形成国家立法的做法，源于英国的影响并与该国继承英国保守文化传统不无关系。② 这一模式在保守文化传统国家成为经验借鉴。

安大略省信息公开立法相对较晚，而且地方政府将信息公开与隐私保护共同立法。1990 年，安大略省颁布了经修订的成文法(Revised Statutes of Ontario，R.S.O.)——《信息自由和隐私保护法》(Freedom of Information and Protection of Privacy Act，FIPPA)，编号为 R.S.O. 1990，CHAPTER F. 31，经由安大略省 182 个公共机构负责人共同签署，以 460 号条例形式执行(Revised Regulations of Ontario，R.R.O. 1990，Regulation 460：General)，共同签署这一法案的公共机构负责人，其中就包括多伦多大学、渥太华大学、滑铁卢大学等在内的安大略省 17 所大学。③

(四)澳大利亚信息公开立法

1.保密文化传统

澳大利亚与加拿大一样，作为英国的前殖民地和现今的英联邦国家，于 1931 年获英国议会《威斯敏斯特法案》批准承认在内政、外交都获得完全独立

---

① 黄欣：《加拿大情报公开法的制定过程及特点——兼论对我国相关立法的启示》，《华东师范大学学报(哲学社会科学版)》2004 年第 2 期。

② 黄欣：《加拿大情报公开法的制定过程及特点——兼论对我国相关立法的启示》，《华东师范大学学报(哲学社会科学版)》2004 年第 2 期。

③ Government of Ontario. Freedom of Information and Protection of Privacy Act［EB/OL］. https：//www.ontario.ca/laws/regulation/900460.

的主权。在威斯敏斯特制度的影响下,澳大利亚政府的保密文化观念同样根深蒂固。直到二战后,受国际环境影响,澳大利亚政府部门的开放文化才逐步占据上风并得到迅速发展。

2.联邦《信息自由法》

1972年,澳大利亚工党领袖爱德华.高夫.惠特拉姆(Edward Gough Whitlam)在大选之际做出一系列竞选承诺,其中包括许诺公众建立美国式的信息自由法,为日后取得政权赢得了民意。惠特拉姆总理取得政权后不久,即开始兑现竞选时的承诺进行一系列改革,设置跨部门的专门委员会着手信息自由立法事宜。

1975年澳大利亚发生"宪政危机",随后约翰.马尔科姆.弗雷泽(John Malcolm Fraser)成为新任总理,继续推进信息自由立法,跨部门的信息自由立法委员会于1976年就信息自由法问题提出一项报告,该报告导致1978年国会信息自由权法案的出现。

1979年澳大利亚参议院提出信息自由立法的三原则:第一,明确公众拥有获知政府信息的权利;第二,在提升公众监督水平的基础上,强化对政府的问责机制;第三,提升公众在政府决策中的参与度。这三个立法原则,明确了应从法律上承认社会公众知情政府信息权利的正当性,从法律准则、法律内容和法律意义上进行了充分的诠释,为澳大利亚联邦《信息自由法》出台奠定了基础。①

1982年3月9日,澳大利亚联邦政府颁布了《信息自由法》(Freedom of Information Act 1982)并于同年12月1日生效。截至2017年7月24日,澳大利亚联邦信息自由法共经过89次修订。② 在联邦信息公开立法之后,联邦政府(Commonwealth)于1988年颁布了《隐私法案》(Privacy Act 1988),对个人信息进行立法保护。明确受保护的个人信息范围包括姓名、地址、电话号码、出生日期、性别、种族、护照和信用卡号等17项信息。如澳大利亚西澳大学明

---

① 孙旭培、王释云:《澳大利亚《信息自由法》评析》,《河北大学学报(哲学社会科学版)》2016年第2期。

② Federal Register of Legislation.Freedom of Information Act[EB/OL].https://www.legislation.gov.au/Series/C2004A02562.

确承诺,大学在大学事务处理过程中除遵循联邦和州政府的《信息自由法》外,还同时遵循《隐私法》确立的个人信息保护原则,并致力于保护个人信息。①

3.地方信息自由立法

继澳大利亚联邦《信息自由法》之后,澳大利亚6个州和2个领地的地方政府陆续颁布本地区的《信息自由法》,建立起从联邦政府到各地方政府的较为完备的信息自由法律体系。

维多利亚州于1982年颁布了州《信息公开法》(Victorian Freedom of Information Act 1982),明确适用于大学(Universities)、职业技术学院(TAFE colleges and schools)和公立医院(Public hospitals)②。

昆士兰于1992年颁布《信息自由法》(Freedom of Information Act 1992),而后修订为《信息权利法》(Right to Information Act 2009,RIT ACT)和《信息隐私法》(Information Privacy Act 2009, IP ACT 2009),州政府(local governments)、公共机构(public authorities)和国有公司(certain government-owned corporations)于2009年7月1日起实施。③

塔斯马尼亚州于1991年颁布《信息自由法》(Freedom of Information Act 1991),2009年修订为《信息权利法》(Right to Information Act 2009,RTI Act),并于2010年7月1日起实施,由州监察专员负责监察本地区该法的实施。④

此外,南澳大利亚州于1991年颁布了《信息自由法》(Freedom of Information Act 1991(SA));⑤新南威尔士州2009年颁布《政府信息公共获取

① The University of Western Australia.University Policy on:Privacy[EB/OL].http://www.governance. uwa. edu. au/procedures/policies/policies-and-procedures? method = document&id = UP14%2F10.

② Victoria State Government. Freedom of Information [EB/OL]. http://www. foi. vic. gov. au/home/foi/.

③ Queensland Government.Right to Information Act[EB/OL].http://www.rti.qld.gov.au/right-to-informa-tion-act.

④ Office of the Ombudsman and Health Complaints Commissioner.Right to Information Process [EB/ OL].http://www.ombudsman.tas.gov.au/right_to_information/process.

⑤ Government of South Australia.Freedom of Information Act 1991[EB/OL].https://www.legislation.sa.gov.au/LZ/C/A/FREEDOM%20OF%20INFORMATION%20ACT%201991.aspx.

法》(Government Information(Public Access) Act 2009(GIPA Act))。①

综上所述,美、英、加、澳四国的信息公开立法有以下共同的特点:

1.立法进程艰难。立法之前都经历了漫长艰难的博弈过程。美国从1946年的《行政程序法》到1966年颁布《信息自由法》,经历了20年;加拿大从1971年颁布《法定文书法案》到1982年颁布《信息公开法》,经历了11年;澳大利亚从1975年成立信息自由权委员会到1982年颁布《信息公开法》,经历了7年;英国1993年《行政公开》白皮书到2000年颁布《信息自由法》,经历了5年,又经过5年的准备才于2005年正式实施。

2.立法位阶最高。无论是联邦政府的信息公开法,还是地方政府的信息公开法,都最终以成文法案的形式得到立法机关批准生效。联邦政府信息公开法规制联邦政府机构,地方政府信息公开法规制地方政府机构。其中英国和加拿大的政府信息公开立法中明确要求大学公开财务信息。从美、英、加、澳四国大学公开的财务信息看,都强调遵循联邦和地方信息公开立法。可见四国大学财务信息公开遵循的法律均为联邦和地方政府信息公开立法,法律遵循的位阶最高。

3.立法修订频繁。即使四国的信息公开立法尽管经历了漫长的立法进程,但在信息公开法生效后,各国都结合实际情况,一方面不断制定与信息公开立法相关的隐私法等其他法律,建立完善的法律体系;另一方面也对信息公开立法进行频繁的修订完善。如美国对信息自由法大的修订已达10余次,澳大利亚对信息自由法修订目前达79次之多。

二、财务信息公开制度

(一)美国财务信息公开制度

1.《A-130通告》和《公共部门信息准则》

除《信息自由法》等联邦层级的信息公开立法外,美国联邦公共部门的财务信息资源管理还受联邦《A-130通告》和《公共信息准则》等规制。

---

① Information and Privacy Commission of New South Wales.Information Access Laws [EB/OL]. https://www.ipc.nsw.gov.au/information-access-laws.

1985 年 12 月 24 日,美国白宫管理和预算办公室(OMB)发布《联邦信息资源管理》(Management of Federal Information Resource,Circular No.A-130),称为《A-130 公告》。该公告为联邦信息资源管理规定了一个总的政策框架,使得政府信息在得到充分利用的同时,降低了政府信息活动的费用。《A-130 通告》首次从政府角度将信息资源管理定义为“与政府信息相关的规划、预算、组织、指挥、培训和控制”,并将信息资源的范围扩展到信息本身以及与信息相关的人员、设备、资金和技术等方面。之后,《A-130 通告》分别于 1994 年、1996 年和 2000 年进行了三次修订,形成了全面的联邦政府信息资源管理政策。

《A-130 通告》适用于所有美国联邦政府部门和机构,成为联邦政府信息资源管理和信息安全的政策大纲。主要包括信息管理政策,以及信息系统和信息技术管理。其中,信息管理政策包括信息管理规划、信息收集、电子化信息收集、档案管理、向公众提供信息、信息传播管理系统、避免不恰当的限制、电子化信息传播、安全保卫等政策;信息系统和信息技术管理包括战略性信息资源管理规划、信息系统的管理和监督、信息资源的利用、信息技术的采购、监督、职责等。通过实施《A-130 公告》,使得《信息自由法》在执行过程中有了进一步明确的政策依据,显得更加务实,更加具有可操作性,从而为美国联邦信息资源管理提供了实践层面的具体政策指导。

1990 年由美国政府常设的行政机构——美国全国图书馆和情报科学委员会(National Commission on Libraries and Information Science,NCLIS)发布了《公共部门信息准则》。该准则强调美国联邦政府生产、编辑或维护的信息为公众所信赖的政府所拥有,但同时也属于公众,政府有义务在法律允许的范围内公开这些信息,让公众共享。

《公共部门信息准则》为公共部门信息资源开发与利用提供了重要的法律基础,进一步明确和规范了联邦政府提供公共部门信息的标准。共 8 条准则。其中第(1)条明确公众的信息获取权:有从公共部门获取公共信息的权利;其他(2)~(7)条则全部针对联邦政府,规定联邦政府在信息公开中的义务。如第(2)条强调确保公共信息在任何形式下的完整性和良好的保存环境;第(3)条确保公共信息的传播、再生产和再分配;第(4)条保护使用或要求提供信息人员的隐私权,也应保护那些在政府记录中有关个人信息的人的隐私权;第(5)条确保获取公共信息渠道的多样性;第(6)条确保不允许随意乱收费;第(7)条确保公开的公共信息容易使用;第(8)条确保公众通过全国信息网络和像出借政府出版物的图书馆那样的程序获取公共信息,无论信息利用者居住在何地及在何地工作。①《公共部门信息准则》赋予了公众获取公共信息的极大权力,明确规定了联邦政府部门提供公共部门信息的义务和标准,并对信息的有用性、易获得性予以明确要求,极大地推动了公共部门信息公开及信息再利用业务的开展。

2.《A-133 报告》和《总指引》

1958 年,美国白宫行政管理和预算办公室(OMB)发布《A-21 通告》,建立起适用于教育机构的财政补助、合同款及其他协议款资助项目的成本确定指南;1993 年颁布《A-110 通告》,为高等教育机构获得联邦政府资助与协议款资助制定统一管理规范;2007 年颁布《A-133 通告》,旨在建立确保联邦政府机构对高等教育机构使用科研基金情况进行审计的一致性和统一性的一系列标准,要求凡接受政府资助的高等教育机构,必须公开年度《A-133 报告》。②

2013 年 12 月 26 日,OMB 对之前的颁布的 A-21、A-110、A-133 等一系列纷繁复杂的通告予以替代和简化,发布联邦资助统一指引,又称《总指引》(Uniform Administrative Requirements, Cost Principles, and Audit Requirements for Federal Awards,简称 Final Gudiance),要求接受联邦拨款资金的机构须按统一指引要求编制财务报告、接受审计并向社会公开,旨在通过创新和有效使用拨款模式、绩效指标和评估,强化项目成效,以减少非联邦部门获取联邦拨款的行政负担,同时减少浪费、腐败和滥用风险。总指引(Final Gudiance)还明确指出,该指引并未扩大其适用范围,仍广泛适用于:州和当地政府等联邦机构,高等教育机构、非营利组织等非联邦部门,以及部分适用于特定环境下的营利性机构、外国机构等。③ 换言之,美国大学应按 OMB 发布统一指引的

---

① 冉从敬:《美国公共部门信息再利用的制度体系研究》,《图书与情报》2010 年第 4 期。

② 刘爱东、周琼:《中美高校国有固定资产管理比较研究》,《财务研究》2015 年第 3 期。

③ OMB. Uniform Administrative Requirements, Cost Principles, and Audit Requirements for Federal Awards [EB/OL]. https://www.federalregister.gov/documents/2013/12/26/2013-30465/uniform-administrative-requirements-cost-principles-and-audit-requirements-for-federal-awards#print.

要求编制财务报告，同时接受审计机构审计，并对外公开 A-133 报告和审计报告。

3.《开放政府指令》《数据法》与《财政透明度法》

早在 2006 年，当奥巴马还在担任美国国会参议员时，与另一名参议员科伯恩联署推出《联邦资金责任透明法案》（Federal Funding Accountability and Transparency Act，FFATA），也被称为《科伯恩——奥巴马法案》。根据这一法案，来自美国民间机构“OMB 监督”——一家专门监督 OMB 的公益组织，于 2007 年推出美国首个公共支出数据开放网站——USAspending.gov，后来成为美国联邦政府发布公共支出信息的门户网站，用于统一公布联邦政府开支数据。这一创举当时被《洛杉矶时报》盛赞为美国“财政透明的起点”。①

奥巴马总统任期除继续推动《信息自由法》实施外，更在增强财政透明度方面持续发力。他上任伊始就立即发布专门针对《信息自由法》的总统备忘录，强调“行政机关是公众的服务员”，“所有的机关都要以公开为前提假设”，“公开的前提假设应当贯穿在所有信息公开决定中”，要求“总检察长发布新的《信息自由法》指引，重申对责任政府和透明政府的承诺，并在联邦登记簿上刊登”。②

2009 年，美联邦发布《开放政府指令》（The Open Government Directive），作为大数据的前奏推出“Data.gov”政府数据开放网站。《开放政府指令》要求政府应采取措施达到创建开放政府的目标，包括在线出版政府信息、提高政府信息质量和创建“公开政府”文化等方面；强调及时出版信息是增强透明度的必要因素，要求政府在线出版的信息必须能被检索、下载、索引以及用 Web 搜索工具查询，还应以开放形式在“Data.gov”出版《年度信息自由法报告》。③

2010 年美国国会启动对 FFATA 的修订工作，提出建立《数据问责和透明度法案》（Digital Accountability and Transparency Act，DATA Act），简称《数据法》，该法案先后经参、众两院通过，于 2014 年 5 月 9 日由奥巴马总统签署生

---

① 黄河：《从信息公开运动到数据技术演化》，凤凰网资讯，http://news.ifeng.com/gundong/detail_2012_08/12/16742117_0.shtml.

② 后向东：《美国联邦信息公开制度研究》，中国法制出版社 2014 年版，第 350—351 页。

③ 朱作鑫：《大数据视野下的政府信息公开制度建设》，《中国发展观察》2015 年第 9 期。

效，是美国首个关于数据透明度的法律授权。《数据法》旨在实现更多数据、更优决策、更好治理（Better Data，Better Decision，Better Government），它要求美国财政部及 OMB 须将与联邦支出相关的非链接文件转换成开放的、标准化的数据，并在网上公布。① 《数据法》是继 1996 年美国《信息自由法》以来最有效地开放政府立法，具有里程碑性质。根据《数据法》要求，联邦资助和合同的摘要、从拨款到账户再到经费的每一笔联邦资金流都必须在 USAspending.gov 上以机器可读的格式公开可用，实现联邦支出数据的标准化和透明度，促进信息数据共享，有利于政府做出更及时准确的管理决策；通过对政府监管和资本市场运行等重要数据的透明、合理分析，创造一种通用数据格式，为企业家、投资者、分析师以及大众查询、分析联邦数据提供方便并从中获益。②

2015 年，奥巴马政府宣布推出《财务透明度法案》（Financial Transparency Act of 2015），旨在改变美国的财务监管报告，使这些互不相关的文件向开放和可搜索的数据转变。该法案将要求联邦金融监管机构采用一致的数据标准来收集证券、商品和银行相关法规所要求的信息。③

奥巴马政府促成并加速了 data.org、Recovery.gov、USAspending.gov、FOIA.gov、Grants.gov 等网站的建立和运行，成为美国联邦政府信息公开的资源库。Data.gov 可提供国家基本数据、环境、健康、经济等 400 多种统计数据供公众免费查询、研究和利用，网站还同时提供数据分析工具与应用程序。其中 Recovery.gov 专门针对 2009 年美国《复苏和再投资法》计划而设立，网站使用大量图表分门别类说明经济刺激计划资金流向；USAspending.gov 则专项公开联邦政府采购数据和补贴数据等普通财政数据，对 2000 年以来联邦政府高达 3 万亿的政府资金使用情况，以及 30 多万个政府合同商所承包的项目进行跟

---

① 曹磊：《美国最新〈数据法〉浅析》，上海情报服务平台，http://www.istis.sh.cn/list/list.aspx? id=8563。

② 李培培：《美国〈数据法案〉对我国财政支出公开及审计工作的启示》，审计署网站，http://www.audit.gov.cn/n6/n39/n63/c77142/content.html。

③ Date Coalition.Financial Transparency Act of 2015 Introduced，Promising Open Data Across Financial Regulation [EB/OL]. https://www.datacoalition.org/financial-transparency-act-of-2015-introduced/.

踪、搜索、排序、分析和对比,其数据每两周更新一次,以方便民众监督。①

此外,为了促进对这些网站公开数据的全面使用,OMB 和美国财政部根据《数据法》要求,发布了《加强联邦开支的透明度——实现联邦开支数据的可访问性、可检索性和可靠性》《DATA 法案实施手册》等信息公开指引,推出了发布信息的数据标准和数据交换格式,包含被广泛接受的、非专有的、可检索的、独立于平台的、计算机可读的格式,如可扩展标记语言(XML)或可扩展商业报告语言(XBRL)等。

(二)英国财务信息公开制度

英国政府作为资源供给者,在撒切尔政府之前,充分相信各大学的自我管理能力,将教学和科研等核心事务均交由给大学自主管理。政府通过高等教育拨款委员会(Higher Education Funding Council for England,HEFCE)作为缓冲器,为各大学自主发展提供相对充足的资源,大学与政府之间保持着适当的距离,双方相对独立、相互尊重和信任。1979 年撒切尔政府掌权后推行新公共管理改革,将私营机构的经营理念及成功的管理工具和技术运用到高等教育领域,使得政府与大学的关系从信任走向问责,政府通过质量保障、审计、绩效评价和拨款等方式遥控大学,以达成高等教育经济、效率和效能的目标。②

90 年代初,英国颁布《高等教育:一个新框架》和《1992 年继续教育和高等教育法》(Further and Higher Education Act1992),将多科技术学院纳入统一的大学体系中,逐步在高等教育领域建立起公平竞争的市场规则,将大学进一步推向市场,③公平竞争市场的公开特性成为英国大学信息公开的助推器。

英国政府对大学的外部监管,主要通过由高等教育拨款委员会(HEFCE)、政府部门及其设立的研究委员会(Research Councils)向大学拨付公共资金时提出要求来实现。这些要求主要围绕高等教育机构治理、质量评

---

① 《美国应用 XBRL 的最新进展——XBRL 正式成为美国政府支出信息披露标准》,财政部网站,http://kjs.mof.gov.cn/zhengwuxinxi/guojidongtai/201506/t20150604_1252437.html。

② 王思懿:《迈向"混合法"规制结构:新公共治理范式下高等教育系统的变革趋势——基于美国、英国、新加坡三国的分析》,《中国人民大学教育学刊》2017 年第 2 期。

③ 张红霞:《英国世界一流大学发展漫谈》,《华东师范大学学报(教育科学版)》2016 年第 3 期。

估、信息提供和财政可持续性发展，其提出的法律依据是《1992 年继续教育和高等教育法》、英格兰高等教育机构《保障问责备忘录》（Memorandum of Assurance and Accountability）和英格兰高等教育拨款委员会（HEFCE）颁布的条例。英国《信息自由法》（Freedom of Information Act 2000）要求，公立高等教育机构需将其治理结构和程序清楚地告知学生和社会。尽管对于私立高等教育机构的治理没有上述类似的外部监管，也没有关于信息公开的明确要求，但对私立高等教育机构的治理监督还是能通过多种手段来实现，如学生贷款体系、大学名称的授予等。在机构内部治理体系不完善的情况下，外部监管能促进机构的健康持续发展。①

继 2000 年英国《信息自由法》颁布后和实践前，英国继续和高等教育机构下设的会计报表推荐实务委员会（Statement of Recommended Practice Board，简称 HE/FE SORP Board）遵循最新的会计法律准则和会计实践要求，包括会计实务报告准则（Statements of Standard Accounting Practice，简称 SSAPs）、财务报告准则（Financial Reporting Standards，简称 FRSs）、英国会计准则紧急工作组（Urgent Issue Task Force，简称 UITF）的报告、英国基金机构的要求、《公司法》的会计条款等，于 2003 年发布《会计报表推荐实务：继续和高等教育会计》（SORP：Accounting for Further and Higher Education，AFHE SORP）。SORP 后经多次修订，成为大学和多科技术学院编制财务报告的管理指引和最佳典范，并要求大学和多科技术学院财务报告应向社会公众和利益相关团体进行公开。这些社会公众和利益相关团体包括：大学治理机构、基金机构、政府部门、议会、大学职员和学生（包括过去的、现在的和将来的）、债权债务关系人、其他组织、学校和行业、拨款机构、捐赠者和捐助者，以及一般社会公众。② SORP 成为英国大学财务报告信息公开重要的实践依据。

牛津大学首次公开的 2007—2008 学年财务报告指出：大学遵循全国高等教育组织等慈善组织（英国把“慈善组织”定义成为：为了广泛的公共利益而

---

① 刘绪、匡建江、沈阳：《英国高等教育监管新趋势》，《世界教育信息》2016 年第 9 期。

② HE/FE SORP Board. Statement of recommended practice: accounting for further and higher education [EB/OL]. http://www.cass.city.ac.uk/_data/assets/pdf_file/0004/142186/Statement_of_Recommended_Practice-2007.pdf.

设立,非营利、非政府、从事各种慈善性公益活动的组织)应广泛接受推荐实务公告(SORP)的要求,向社会公开出版会计报告。①

剑桥大学在其财务信息公开时声明:根据2000年信息自由法(FOI Act)规定,信息自由法适用于“公共机构”,赋予了人们对剑桥大学所有信息的获取权利,制定了豁免权利,明确定义了大学许多的责任义务,其中主要有两个:一是编制公众可用的信息指引;二是处理个人的书面信息请求,并提供未出版或豁免的信息。同时,法律要求大学根据政府信息专员办公室(Information Commissioner's Office(ICO))对大学和高等教育组织的要求,采用信息公开出版方案(Publication Scheme,PS)。②

(三)澳大利亚财政预算信息公开制度

财政预算信息公开是指负有管理国家财政义务的机关,将国家基本财政收支情况的相关信息及时、准确地公开发布。财政透明度是近年来世界各国财政体制改革的重要内容,财政预算信息公开是政府信息公开和财政透明度改革的重要组成部分。

澳大利亚于1998年3月25日由议会通过《预算诚信章程法》(Charter of Budget Honesty Act 1998),规定财政部应定期制定和公布财政预算报告及预算执行报告,明确财政预算报告的内容、编制程序、编制原则、公布时间等。随着《预算诚信章程法》《总审计长法》《档案法》《公共服务法》《财政管理和责任法》等法律的颁布,澳大利亚建立起了较为完善的财政预算信息公开制度,包括财政预算报告制度、权责发生制、预算信息审计制度等。预算编制从每年10月开始到次年5月由议会批准,历时约8个月,整个过程都在议会及民众的参与监督下进行,预算草案在议会通过后便在互联网上公布,便于公众查阅和监督。

国库部、财政部和支出审查委员会是澳大利亚财政预算信息公开的主要

---

① Oxford Colleges. Financial Statements of the Oxford Colleges (2007－08) [EB/OL]. https://www.ox.ac.uk/about/organisation/finance-and-funding/financial-statements-of-the-Oxford-Colleges-2007-08? wssl=1.

② University of Cambridge. Information Compliance [EB/OL]. https://www.information-compliance.admin.cam.ac.uk/foi.

行政机关。国库部主要负责宏观经济政策的制定和税收征管，编制政府收入预算，并将收入预算连同经支出审查委员会审核通过的部门和政府支出预算一并报内阁审查；财政部在初步审定各部门支出预算的基础上，汇编政府支出预算，有关事务由专设的预算司承担；支出审查委员会是政府财政收支预算的审批机关，由总理、财政部长、国库部长、国库部长助理、基础工业和能源部长、卫生与老年关怀部长组成，负责审核部门预算及财政部门所编制的政府支出预算。

《预算诚信章程法》规定政府应在合理财政原则指导下，实现财政预算信息公开的制度化、规范化和标准化。政府应向公众公开的信息包括：

1.政府年度报告（Annual Government Reporting）。其中包括：（1）经济和财政展望预算报告（Budget Economic and Fiscal Outlook Report）；（2）经济和财政展望年中报告（Mid-year Economic and Fiscal Outlook Report）；（3）预算支出决算报告（Final Budget Outcome Report）。

2.中期报告（Intergenerational Report）。中期报告每五年发布一次，通过充分考虑财政影响和人口变化，对现行财政政策未来40年内的持续影响做出全面准确的评估。

3.经济和财政展望选举前报告（Pre-election Economic and Fiscal Outlook Report）。要求在选举前发布经济和财政展望报告，应由国库部和财政部责任大臣于大选前10天内联合发布，报告大选前政府的经济和财政状况，并由国库部长、财政部长和两部责任大臣共同签署，以示对报告中数据的真实性和有效性负责的声明。①

① Australian Government Federal Register of Legislation.Charter of Budget Honesty Act 1998, Act No. 22 of 1998 as amended［EB/OL］. https://www.legislation.gov.au/Details/C2012C00230/Html/Text.

第三章　高校财务信息公开实践现状

实践是认识的目的。马克思说:“人的思维是否具有客观的真理性,这并不是一个理论的问题,而是一个实践的问题。人应该在实践中证明自己思维的真理性,即自己思维的现实性和力量,亦即自己思维的此岸性。”①认识活动的目的并不在于认识活动本身,而在于更好地改造客体,更有效地指导实践。

实践也是认识的反映,对认识具有重要作用。正确的认识会使实践顺利进行,达到预期的效果;反之,错误的认识会对实践产生消极、破坏作用,阻碍实践甚至使实践失败。实践离不开认识的指导,实践受认识的支配,是认识指导下的行动结果。认识指导实践、为实践服务的过程,即是认识价值的实现过程。因此,主体的认识会在实践中真实地反映出来,通过实践实现对主体对自身的认识,并自觉调整自己的行动,以适应改造客体的需要。

高校财务信息公开,是高校财务信息公开的多元主体,特别是公开义务主体,在对高校财务信息公开的认识指导下的实践活动,是高校财务信息公开主体对高校财务信息公开的认识的真实反映。通过对高校财务信息公开的网站访问考察,用真实的考察结果反映多元主体对高校财务信息公开的认识的深刻程度和行动力量,从而使高校财务信息公开的多元主体实现对自身的正确认识,发现自身在高校财务信息公开的认识和行动中存在的问题,进而有意识地自觉调整自己的认识和行动,以适应高校财务信息公开工作的需要。

---

① 文大稷、秦在东:《实践的观点是马克思主义哲学的理论基石——再读马克思〈关于费尔巴哈的提纲〉》,《社会主义研究》2010 年第 3 期。

第一节 国内高校财务信息公开实践现状

一、国内高校研究样本选择

教育部2016年6月3日公布，截至2016年5月30日，全国高校共计2879所，其中，普通高校2595所（含独立学院266所），成人高校284所。① 为便于研究样本的选择与开展分类比较研究，根据办学类型、办学性质、办学层次、隶属关系等，将全国2879所高校分成中央直属高校、地方高校两大类别，其中，中央直属高校分为教育部直属高校和其他中央直属高校；地方高校分为地方普通高校、中外合作办学、地方成人高校。

在网站访问考察时，本研究选择817所高校为考察样本，占2016年全国高校总数量的28.4%。其中，1.中央直属普通高校共118所，包括75所教育部直属普通高校、43所其他中央部属普通高校；2.地方直属普通高校共408所，包括北京市、上海市、河南省、陕西省、福建省五个省（市）所属全部普通高校；3.全国284所成人高校；4.全国7所中外合作办学高校（表3-1）。

五个省（市）分别代表我国北、东、中、西、南部五个区域，考察样本数量为699所。其中，普通高校408所，1.从地域分布看：北京市属普通高校54所，上海市属普通高校53所，河南省属普通高校128所，陕西省属普通高校87所，福建省属普通高校86所。2.从办学性质看：公办高校270所，其中公办本科129所，公办专科141所；民办高校138所，其中民办本科66所，民办专科72所。3.从办学层次看：本科高校195所，专科高校213所。

表3-1 研究对象与考察样本分类数量统计表

分类	研究对象及数量			考察样本及数量	占比
1	直属高校	教育部直属	75	75	100%
2		其他中央直属	43	43	100%

① 《2016年全国高等学校名单》，教育部网站，http://www.moe.edu.cn/srcsite/A03/moe_634/201606/t20160603_248263.html。

续表

<table>
<tr><th>分类</th><th colspan="3">研究对象及数量</th><th colspan="6">考察样本及数量</th><th>占比</th></tr>
<tr><td rowspan="24">3</td><td rowspan="26">地方高校</td><td rowspan="19">普通高校</td><td rowspan="19">2477</td><td rowspan="4">北京市属</td><td rowspan="4">54</td><td rowspan="2">公办</td><td rowspan="2">38</td><td>本科</td><td>22</td><td rowspan="4">100%</td></tr>
<tr><td>专科高职</td><td>16</td></tr>
<tr><td rowspan="2">民办</td><td rowspan="2">16</td><td>本科</td><td>7</td></tr>
<tr><td>专科高职</td><td>9</td></tr>
<tr><td rowspan="4">上海市属</td><td rowspan="4">53</td><td rowspan="2">公办</td><td rowspan="2">34</td><td>本科</td><td>22</td><td rowspan="4">100%</td></tr>
<tr><td>专科高职</td><td>12</td></tr>
<tr><td rowspan="2">民办</td><td rowspan="2">19</td><td>本科</td><td>6</td></tr>
<tr><td>专科高职</td><td>13</td></tr>
<tr><td rowspan="4">河南省属</td><td rowspan="4">128</td><td rowspan="2">公办</td><td rowspan="2">91</td><td>本科</td><td>37</td><td rowspan="4">100%</td></tr>
<tr><td>专科高职</td><td>54</td></tr>
<tr><td rowspan="2">民办</td><td rowspan="2">37</td><td>本科</td><td>17</td></tr>
<tr><td>专科高职</td><td>20</td></tr>
<tr><td rowspan="4">陕西省属</td><td rowspan="4">87</td><td rowspan="2">公办</td><td rowspan="2">57</td><td>本科</td><td>28</td><td rowspan="4">100%</td></tr>
<tr><td>专科高职</td><td>29</td></tr>
<tr><td rowspan="2">民办</td><td rowspan="2">30</td><td>本科</td><td>21</td></tr>
<tr><td>专科高职</td><td>9</td></tr>
<tr><td rowspan="4">福建省属</td><td rowspan="4">86</td><td rowspan="2">公办</td><td rowspan="2">50</td><td>本科</td><td>20</td><td rowspan="4">100%</td></tr>
<tr><td>专科高职</td><td>30</td></tr>
<tr><td rowspan="2">民办</td><td rowspan="2">36</td><td>本科</td><td>15</td></tr>
<tr><td>其中：</td><td></td><td>专科高职</td><td>21</td></tr>
<tr><td>①公办本科：</td><td>699</td><td rowspan="4">小计</td><td rowspan="4">408</td><td rowspan="2">公办</td><td rowspan="2">270</td><td>本科</td><td>129</td><td>18.5%</td></tr>
<tr><td>②公办专科高职：</td><td>1037</td><td>专科高职</td><td>141</td><td>13.6%</td></tr>
<tr><td>③民办本科：</td><td>417</td><td rowspan="2">民办</td><td rowspan="2">138</td><td>本科</td><td>66</td><td>15.8%</td></tr>
<tr><td>民办专科高职：</td><td>317</td><td>专科高职</td><td>72</td><td>22.7%</td></tr>
<tr><td>4</td><td>④中外合作办学</td><td>7</td><td colspan="6">7</td><td>100%</td></tr>
<tr><td>5</td><td>成人高校</td><td>284</td><td colspan="6">284</td><td>100%</td></tr>
<tr><td colspan="3">合计</td><td>2879</td><td colspan="6">817</td><td>28.4%</td></tr>
</table>

二、国内高校研究统计设计

（一）栏目设置与赋值规则

根据高校财务信息公开事项的相关性、重要性、时效性原则，对样本高校实施网站访问考察时，选择《办法》《通知》《清单》要求的6项主要内容，对应设置6个调查栏目：公开专栏、清单、预算公开、决算公开、点击量、工作年报。

1.公开专栏栏目及赋值规则

（1）设置依据：《清单》明确要求，各高校至少应于2014年10月底前在学校门户网站开设“信息公开”专栏，统一公布清单事项，高校财务信息也应在此专栏公开。通过此栏目考察高校是否按要求在门户网站开设信息公开专栏。

（2）赋值规则：被考察高校在学校门户网站开设有信息公开专栏或能在学校门户网站中找到信息公开专栏的，该栏目得1分；没有开辟信息公开专栏或找不到信息公开专栏的，该栏目得0分。

2.清单栏目及赋值规则

（1）设置依据：《清单》将高校信息公开划分10类信息共50个具体事项。其中第3类为“财务、资产和收费”信息，细分7个事项。网站访问考察时，在“清单”栏目下，设置“财务栏目”和“财务清单”2个子项，其中，“财务栏目”考察高校是否单独设置有“财务”或“财务、资产和收费”栏目；“财务清单”考察高校是否按《清单》要求将财务公开事项细分为7个事项。

（2）赋值规则：被考察高校按《清单》要求，设置有“财务”或“财务、资产和收费”栏目的，“财务栏目”得1分，否则得0分；将财务公开事项按《清单》细分为7个事项的，“财务清单”得1分，否则得0分。

3.预算公开/决算公开栏目及赋值规则

（1）设置依据：根据《办法》《通知》要求，各高校至少应主动公开自2013年度开始的历年预算4表（收支预算总表、收入预算表、支出预算表、财政拨款支出预算表）以及自2012年度开始的历年决算4表（收支决算总表、收入决算表、支出决算表、财政拨款支出决算表）。同时，关于公开的时间，《办法》《通知》《清单》也提出了明确的要求，其中，《通知》与《办法》《清单》对信息公开的时间要求有所不同，《通知》要求各高校应于年度预算、决算制作完成或获取之日起 10 个工作日内对外公开①。

为便于比较分析，将预算信息和决算信息分设为两个主栏目：预算公开、决算公开。在两个主栏目下，分别按年度设置 5 个预算年度（2013～2017）和 5 个决算年度（2012～2016）共 10 个年度栏目。此外，根据《办法》《通知》《清单》的发布日期和公开内容要求，在 10 个年度栏目下，须考察历年预算报告、决算报告的公开日期和公开内容，因此在 10 个年度栏目下再分别设置“生成”、“发布”和“文本”3 个子项，分别对应考察各高校历年预算、决算的生成（日期）、发布（日期）和文本（公开）的公开情况。

（2）赋值规则：根据惯例，我国各高校每年部门预算一般于当年 4 月份前后批复，每年的部门决算一般于次年 8 月份前后批复。

“预算公开”主栏目下 5 个预算年度子栏目，各高校公开的预算 4 表：1）生成日期在 3～5 月份之间，且生成日期明确的，“生成”子项得 1 分，否则得 0 分；2）发布日期在 3～5 月份之间，且在生成日期 20 个工作日内的，“发布”子项得 1 分，否则得 0 分；如果没有明确的生成日期，仅有发布日期，但发布日期在 3～5 月份的，“发布”子项得 1 分，否则得 0 分；3）直接公开预算 4 表文本，或公开的预算报告中含预算 4 表文本的，“文本”子项得 1 分，否则得 0 分。

“决算公开”主栏目下 5 个决算年度子栏目，各高校公开的决算 4 表：1）生成日期在 7～9 月份之间，且生成日期明确的，“生成”子项得 1 分，否则得 0 分；2）发布日期在 7～9 月份之间，且在生成日期 20 个工作日内的，“发布”子项得 1 分，否则得 0 分；如果没有明确的生成日期，仅有发布日期，且发布日期在 7～9 月份的，“发布”子项得 1 分，否则得 0 分；3）直接公开决算 4 表文本，或公开的决算报告中含决算 4 表文本的，“文本”子项得 1 分，否则得 0 分。

4.点击量栏目及赋值规则

（1）设置依据：点击量或下载次数是反映信息受关注程度的重要指标。

---

①　关于公开的时间，《通知》与《办法》、《清单》规定不同。《通知》规定各高校应在预算、决算批复后 10 个工作日内，主动向社会公开上述信息。《办法》规定高校应当自信息制作完成或者获取之日起 20 个工作日内予以公开；《清单》规定，各高校应当在清单信息制作完成或获取后 20 个工作日内公开。鉴于当前对高校信息公开的底限要求，在现状考察中，取期限较长的 20 个工作日为赋值标准。

如果高校在预算、决算信息公开时，同时在公开页面增设有点击量或下载次数统计模块，就可以实时统计、显示该校预算、决算信息的点击或下载次数，以此反映预算/决算信息公开的受关注程度。

(2)赋值规则：在各高校预算或决算信息公开页面能看到预算、决算信息点击量或下载次数的，该栏目得 1 分，否则得 0 分。

5.工作年报栏目及赋值规则

(1)设置依据：根据《办法》《清单》要求，各高校应于每年 10 月底前向教育行政部门报送并向社会公开每学年学校信息公开工作年度报告(以下简称工作年报)。据此设置“工作年报”栏目。该栏目考察各高校按《办法》《清单》要求公开信息公开工作年报情况，据此可了解到各高校财务信息的公开规则。

(2)赋值规则：由于《办法》自 2010 年 9 月 1 日起实施，而《清单》于 2014 年 7 月 25 日发布，因此根据《清单》要求，各高校至少应自 2014 年 10 月底前，报送并向社会公开 2014 学年工作年报。截至本研究最后一轮实施网站访问考察结束时间(2017 年 9 月 30 日)，各高校至少应向教育行政部门报送并向社会公开 2014、2015、2016 年 3 个学年度的工作年报。考虑到当前高校信息公开的底限要求，考察中各高校公开有近 3 学年信息公开工作年报的，无论内容如何，每份工作年报可得 1 分，每所高校该栏目最高得分为满分 3 分，最低得 0 分。

(二)统计设计

对各类样本高校逐个进行门户网站访问，根据各高校财务信息公开的实际情况和赋值规则，对考察各栏目逐个赋值。统计设计分横向统计和纵向统计两个纬度，根据考察需要再对横向统计和纵向统计进行适当细分。

1.横向统计

根据各栏目与财务信息的相关性和重要程度，将横向统计分三个栏目，分别反映每所高校财务信息公开的三项得分情况：(1)文本公开情况。仅统计各高校财务预算、决算公开的“文本”子项得分，用于考察各高校历年财务信息的核心——预算、决算文本的公开情况，对应横向统计的“文本”栏目；(2)财务信息公开情况。统计各高校财务预算、决算公开的生成、发布、文本 3 个子项得分,用于考察各高校历年财务信息的综合公开情况,对应横向统计的“综合”栏目;(3)总体公开情况。全面统计各高校网站访问考察所有赋值栏目的总和得分,用于考察各高校历年财务信息和相关信息的公开情况,对应横向统计的“总分”栏目。横向统计三项得分反映每所高校财务信息公开情况由细至总。

(1)文本:每所高校“预算公开”和“决算公开”两个主栏目下共10个“文本”子栏目。根据赋值规则,该项最高得分为满分10分,最低分为0分。

(2)综合:每所高校“预算公开”和“决算公开”两个主栏目下的所有“生成”、“发布”、“文本”共30个子项。根据赋值规则,该项最高得分为满分30分,最低分为0分。

(3)总分:每所高校网站访问考察6个主栏目下共35个子项。根据赋值规则,该项统最高得分为满分37分,最低分为0分。

2.纵向统计

纵向统计对各类样本高校分别按办学性质和办学层次进行分类统计汇总,同时对横向统计三项得分进行纵向统计汇总。其中,

(1)网站访问考察各栏目的纵向统计。按各纵向栏目分别反映各类样本高校该栏目的得分情况。其中,“工作年报”栏目纵向统计汇总满分为该类样本高校数量3倍数(每所高校3个学年工作年报最高可得3分)、最低得分0分;其余各栏目纵向统计汇总满分均等于该类样本高校数量,最低得分0分。

(2)横向统计的三个栏目的纵向统计。按各横向统计栏目分别反映各类样本高校在该横向统计栏目的得分情况。其中,“文本”项汇总满分为该类样本高校数量的10倍数(每所高校横向统计“文本”最高可得10分)、最低得分0分;“综合”项汇总满分为该类样本高校数量的30倍数(每所高校横向统计“综合”最高可得30分)、最低得分0分;“总分”项汇总满分为该类样本高校数量的37倍数(每所高校横向统计“总分”最高可得37分)、最低得分为0分。

3.绘制统计表

表格设计:根据本研究现状考察的样本分类、栏目设置、赋值规则及统计设计,绘制出各类高校财务信息公开网站访问考察情况统计表(表3-2),横

向栏目数量为 40 个，其中，除序号和学校名称栏目外，共有 35 个赋值栏目和 3 个横向统计栏目；纵向栏目数量根据各类样本高校数量和纵向汇总统计需要绘制。

图案和颜色标识：公办学校名称用▥覆盖，民办学校名称用▩覆盖；预算公开、决算公开两个主栏目下，各子项按项目公开情况，分别标识为不同背景色：浅绿背景□表示该栏目按要求公开；白色背景□表示该栏目应按要求公开而未公开；黄色背景□表示该栏目虽然有公开，但不符合公开要求；橙色背景■表示该项目虽然有公开，但不符合常规，如发布日期早于生成日期等；深灰背景■表示公开的链接无效，红色背景■表示可供借鉴的公开经验。

表 3-2　我国高校财务信息公开网站访问考察情况统计表

<table>
<tr><td></td><td>公办高校</td><td rowspan="2">清单栏目赋值原则—实质重于形式</td><td rowspan="2">预算/决算公开栏目颜色标识</td><td></td><td>应有未有项目</td><td></td><td>未按要求项目</td><td></td><td>已按要求项目</td><td rowspan="2">注：表中黄、红两色越多的高校，其得分越低越觉之可惜</td></tr>
<tr><td></td><td>民办高校</td><td></td><td>链接无效项目</td><td></td><td>不合常规项目</td><td></td><td>可以借鉴项目</td></tr>
</table>

表 3-32　福建省属普通高校财务信息公开网站访问考察情况统计表

<table>
<tr><td rowspan="3">序号</td><td rowspan="3">学校名称</td><td rowspan="3">公开专栏</td><td colspan="2">清单</td><td colspan="15">预算公开</td><td colspan="15">决算公开</td><td rowspan="3">点击量</td><td rowspan="3">工作年报</td><td colspan="3">横向统计</td></tr>
<tr><td rowspan="2">财务栏目</td><td rowspan="2">财务清单</td><td colspan="3">2013</td><td colspan="3">2014</td><td colspan="3">2015</td><td colspan="3">2016</td><td colspan="3">2017</td><td colspan="3">2012</td><td colspan="3">2013</td><td colspan="3">2014</td><td colspan="3">2015</td><td colspan="3">2016</td><td rowspan="2">文本(10)</td><td rowspan="2">综合(30)</td><td rowspan="2">总分(37)</td></tr>
<tr><td>生成</td><td>发布</td><td>文本</td><td>生成</td><td>发布</td><td>文本</td><td>生成</td><td>发布</td><td>文本</td><td>生成</td><td>发布</td><td>文本</td><td>生成</td><td>发布</td><td>文本</td><td>生成</td><td>发布</td><td>文本</td><td>生成</td><td>发布</td><td>文本</td><td>生成</td><td>发布</td><td>文本</td><td>生成</td><td>发布</td><td>文本</td><td>生成</td><td>发布</td><td>文本</td></tr>
<tr><td>1</td><td></td><td></td><td></td><td></td><td></td><td></td><td></td><td></td><td></td><td></td><td></td><td></td><td></td><td></td><td></td><td></td><td></td><td></td><td></td><td></td><td></td><td></td><td></td><td></td><td></td><td></td><td></td><td></td><td></td><td></td><td></td><td></td><td></td><td></td><td></td><td></td><td></td><td></td><td></td></tr>
<tr><td>2</td><td></td><td></td><td></td><td></td><td></td><td></td><td></td><td></td><td></td><td></td><td></td><td></td><td></td><td></td><td></td><td></td><td></td><td></td><td></td><td></td><td></td><td></td><td></td><td></td><td></td><td></td><td></td><td></td><td></td><td></td><td></td><td></td><td></td><td></td><td></td><td></td><td></td><td></td><td></td></tr>
<tr><td>…</td><td></td><td></td><td></td><td></td><td></td><td></td><td></td><td></td><td></td><td></td><td></td><td></td><td></td><td></td><td></td><td></td><td></td><td></td><td></td><td></td><td></td><td></td><td></td><td></td><td></td><td></td><td></td><td></td><td></td><td></td><td></td><td></td><td></td><td></td><td></td><td></td><td></td><td></td><td></td></tr>
<tr><td colspan="2">汇总</td><td></td><td></td><td></td><td></td><td></td><td></td><td></td><td></td><td></td><td></td><td></td><td></td><td></td><td></td><td></td><td></td><td></td><td></td><td></td><td></td><td></td><td></td><td></td><td></td><td></td><td></td><td></td><td></td><td></td><td></td><td></td><td></td><td></td><td></td><td></td><td></td><td></td></tr>
<tr><td colspan="2">占比%</td><td></td><td></td><td></td><td></td><td></td><td></td><td></td><td></td><td></td><td></td><td></td><td></td><td></td><td></td><td></td><td></td><td></td><td></td><td></td><td></td><td></td><td></td><td></td><td></td><td></td><td></td><td></td><td></td><td></td><td></td><td></td><td></td><td></td><td></td><td></td><td></td><td></td></tr>
</table>

在考察过程中，考虑到中外合作办学高校和成人高校财务信息公开的实际情况和统计需要，对该两类高校的考察情况统计表进行了必要的简化。

三、中央直属高校财务信息公开现状

截至 2016 年 5 月 30 日，教育部公布的中央直属普通高校 118 所。其中，教育部直属普通高校 75 所,其他中央直属普通高校 43 所。选择全部 118 所中央直属普通高校为样本,分别对教育部直属高校和其他中央直属高校进行考察。

(一)教育部直属高校

1.考察概况

教育部直属高校是由我国教育部直属管理的高等学校,共 75 所,是教育部部门机构的组成部分。在教育部门户网站的“教育部机构”栏目下,“直属高校”栏目显示教育部直属高校共 75 所。75 所教育部直属高校中,入选“985 工程”高校 32 所,占全部 39 所“985 工程”高校数量的 85%;入选“211 工程”高校 73 所,占全部 112 所“211 工程”高校数量的 64%;入选“双一流”建设高校 72 所,占全部 173 所“双一流”建设高校总数的 54%。教育部直属高校是我国高水平大学的重要代表,教育部直属高校财务信息公开情况,对我国其他高校的财务信息公开起着重要的榜样引领和示范带动作用。

截至 2017 年 10 月 25 日,通过对 75 所教育部直属高校门户网站逐个访问考察,根据各高校财务信息公开的实际情况和赋值规则,对考察各栏目分别赋值,并进行横向和纵向统计,教育部直属各高校横向统计三项得分和纵向汇总得分和得分占比(表 3-3)。

表 3-3　教育部直属高校财务信息公开网站访问考察情况统计表

<table>
<tr><th rowspan="3">序号</th><th rowspan="3">学校名称</th><th rowspan="3">公开专栏</th><th colspan="2">清单</th><th colspan="15">预算公开</th><th colspan="15">决算公开</th><th rowspan="3">点击量栏目</th><th rowspan="3">工作年报</th><th colspan="3">横向统计</th></tr>
<tr><th rowspan="2">财务栏目</th><th rowspan="2">财务清单</th><th colspan="3">2013 年</th><th colspan="3">2014</th><th colspan="3">2015</th><th colspan="3">2016</th><th colspan="3">2017</th><th colspan="3">2012</th><th colspan="3">2013</th><th colspan="3">2014</th><th colspan="3">2015</th><th colspan="3">2016</th><th rowspan="2">文本(10)</th><th rowspan="2">综合(30)</th><th rowspan="2">总分(37)</th></tr>
<tr><th>生成</th><th>发布</th><th>文本</th><th>生成</th><th>发布</th><th>文本</th><th>生成</th><th>发布</th><th>文本</th><th>生成</th><th>发布</th><th>文本</th><th>生成</th><th>发布</th><th>文本</th><th>生成</th><th>发布</th><th>文本</th><th>生成</th><th>发布</th><th>文本</th><th>生成</th><th>发布</th><th>文本</th><th>生成</th><th>发布</th><th>文本</th><th>生成</th><th>发布</th><th>文本</th></tr>
<tr><td colspan="2">汇总</td><td>75</td><td>74</td><td>53</td><td>3</td><td>22</td><td>44</td><td>7</td><td>23</td><td>63</td><td>5</td><td>52</td><td>68</td><td>6</td><td>55</td><td>72</td><td>7</td><td>58</td><td>69</td><td>3</td><td>18</td><td>35</td><td>3</td><td>26</td><td>65</td><td>3</td><td>52</td><td>70</td><td>1</td><td>55</td><td>69</td><td>1</td><td>54</td><td>66</td><td>34</td><td>217</td><td>621</td><td>1075</td><td>1528</td></tr>
<tr><td colspan="2">占比%</td><td>100</td><td>99</td><td>71</td><td>4</td><td>29</td><td>59</td><td>9</td><td>31</td><td>84</td><td>7</td><td>69</td><td>91</td><td>8</td><td>73</td><td>96</td><td>9</td><td>77</td><td>92</td><td>4</td><td>24</td><td>47</td><td>4</td><td>35</td><td>87</td><td>4</td><td>69</td><td>93</td><td>1</td><td>73</td><td>92</td><td>1</td><td>72</td><td>88</td><td>45</td><td>96</td><td>83</td><td>48</td><td>55</td></tr>
</table>

2.纵向统计分析

(1)公开专栏。该栏目满分 75 分,汇总得分 75 分,得分占比 100%,表示 75 所教育部直属高校均能按要求开设“信息公开”专栏,总体执行情况很好。

考察发现,个别高校的“信息公开”专栏,不是直接开设于高校门户网站首页，而是隐潜在门户网站的其他菜单下，不方便查找发现。如天津大学在学校门户网站中查不到“信息公开”专栏，只能依次打开菜单“天大概况”——>“统计数据”后，在页面“相关链接”栏目中才能看到“天津大学信息公开网”，对社会公众获取公开造成了一定困难。

（2）清单栏目。该栏目下分设“财务栏目”和“财务清单”两个子项。其中，1）财务栏目满分 75 分，汇总得分 74 分，表示在 75 所教育部直属高校中，有 74 所高校单独开设了财务信息公开栏目，得分占比 99%；2）财务清单栏目满分 75 分，汇总得分 53 分，表示在 75 所直属高校中，有 53 所高校完全按《清单》要求，将财务、资产和收费大类划分为 7 个具体子项，得分占比 71%，尚有 21 所高校未划分财务清单 7 个具体子项，占比 29%。

（3）预算公开/决算公开栏目。（1）生成（日期）子项：全部 75 所教育部直属高校历年得分均比较低，得分占比均不超过 10%。（2）发布（日期）子项：5 个预算年度得分占比分别为 29%、31%、69%、73%、77%，5 个决算年度得分占比分别为 24%、35%、69%、73%、72%。从趋势看，发布（日期）得分占比逐年升高，表现总体向好，但比值不高，最高未达到 80%。（3）文本（公开）子项：5 个预算年度得分占比分别为 59%、84%、91%、96%、92%；5 个决算年度得分占比分别为 47%、87%、93%、92%、88%。从趋势看，文本（公开）子项同样总体表现出向好趋势，得分占比逐年升高，特别是近 3 年均保持在 90%左右。但需要引起注意的是，2017 年度预算文本和决算文本的得分占比，均比 2016 年度下降了 4 个百分点，得分占比有回落趋势。

分别用实线连接教育部直属高校 5 个年预算年度的生成、发布、文本 3 个子项汇总得分占比，用虚线连接 5 个决算年度的生成、发布、文本 3 个子项汇总得分占比，用不同节点图案进行年度、预算、决算区分，绘制出教育部直属高校历年预决算公开趋势图（图 3-1）。

（4）点击量栏目。统计结果显示，75 所教育部直属高校中，有 34 所高校在预算/决算公开页面嵌入设计有点击量统计模块，数量占比 45%。

（5）工作年报栏目。近 3 年 75 所教育部直属高校应公开的工作年报总数量应为 225 份。统计结果显示，实际公开工作年报 217 份，占比 96%。表明仍有部分高校未公开工作年报，部分高校的工作年报公开不够 3 份，公开不完整。

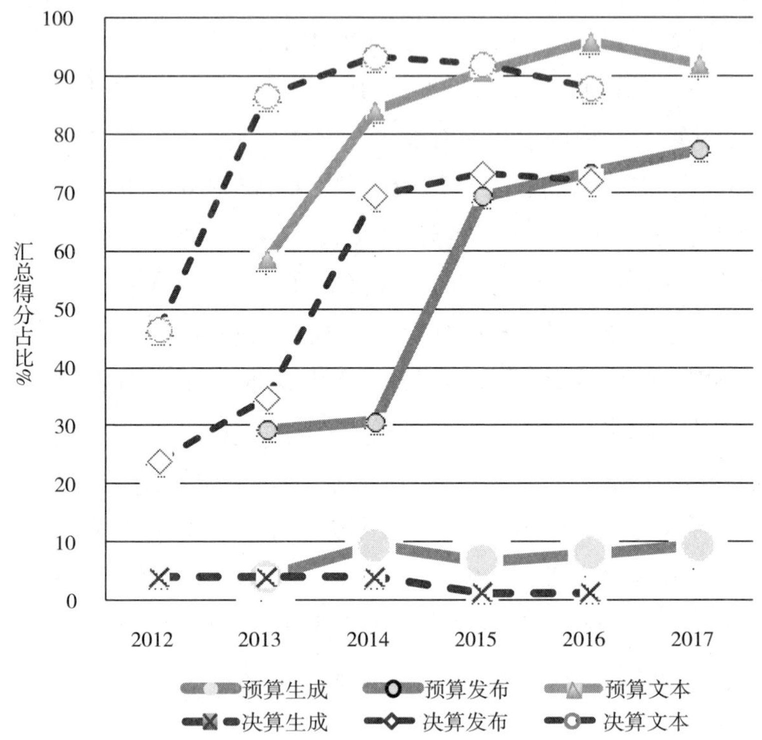

图 3-1　教育部直属高校历年预决算公开趋势

3.横向统计分析

(1)文本得分。文本得分考量各高校 5 个预算年度的预算 4 表和 5 个决算年度的决算 4 表的文本公开情况。统计结果显示:教育直属高校间文本子项得分存在明显差异,其中有 28 所文本得分为满分 10 分,有 4 所高校文本得分不到 5 分。为便于比较,将文本得分原 10 分制转换为百分制,并对文本得分按 50 分、70 分节点进行分段统计(表 3-4)。

文本得分按百分制统计结果显示,75 所教育部直属高校在预算、决算公开的文本得分统计中,整体表现较好。其中有 63 所高校文本得分在 70 分以上,占比 84%;有 8 所高校文本分在 50 至 69 分之间,占比 11%;有 4 所高校文本得分低于 50 分,占比 5%(图 3-2)。

表 3-4　教育部直属高校文本得分分布

文本得分	10 分制	0~4 分	5~6 分	7~10 分
	百分制	0~49 分	50~69 分	70~100 分
	数量(75)	4	8	63
	数量占比	5%	11%	84%

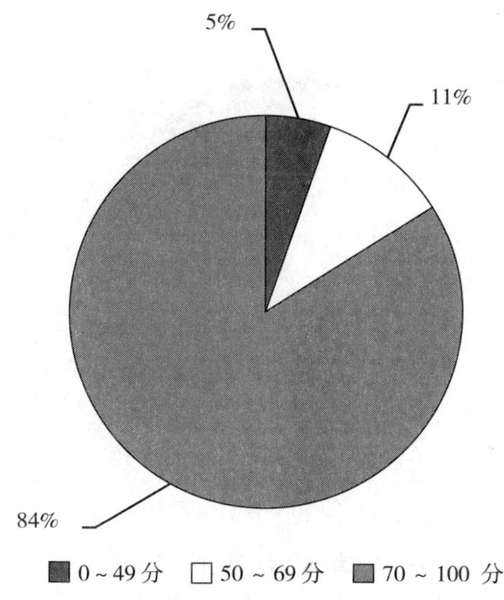

图 3-2　教育部直属高校文本得分分布

(2)综合得分。综合得分考量各高校在预算/决算信息制作完成或获取后 20 个工作日内,按生成(日期)、发布(日期)和文本(公开)要求公开的综合情况。统计结果显示,各高校间综合得分存在明显差异,有些高校得分接近满分,而有些高校仅得 1 分。为便于比较,将综合得分原 30 分制转换为百分制,并对综合得分按 50 分、70 分节点进行分段统计(表 3-5)。

综合得分按百分制统计结果显示,75 所教育部直属高校在预算决算公开考察的综合得分统计中,有 33 所高校综合得分在 50 分以下,得分占比 44%;有 39 所高校综合得分在 50 至 69 分之间,得分占比 52%;仅有 3 所高校综合得分在 70 分以上,得分占比 4%(图 3-3)。

表 3-5 教育部直属高校综合得分分布

综合得分	30 分制	0~14 分	15~20 分	21~30 分
	百分制	0~49 分	50~69 分	70~100 分
	数量(75)	33	39	3
	数量占比	44%	52%	4%

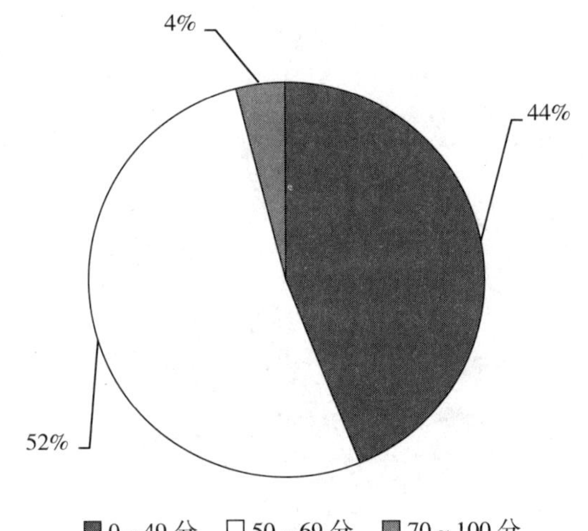

图 3-3 教育部直属高校综合得分分布

由此可见,教育部直属高校在预算/决算公开的生成(日期)、发布(日期)和文本(公开)3 个子项的综合得分方面的表现,整体上不容乐观。主要原因在时间子项,特别是生成(日期)子项得分普遍较低。绝大多数高校没有公开预算/决算的生成(日期),影响了预算/决算公开的综合得分。

考察时发现,教育部在公开其部门预算信息时,明确显示教育部年度预算生成日期(图 3-4),教育部直属高校在预算、决算信息公开时可予借鉴。

(3)总分得分。总分得分考量现状考察各高校全部 6 个主栏目 35 个子栏目的总体公开情况。统计结果显示,各高校间总分得分同样存在明显差异。少数高校总分得分接近满分 37 分,而同时也有少数高校总分得分尚不足 10 分。为便于比较,将总分得分原 37 分制换算为百分制,并按 50 分、70 分两个

信息名称：教育部2017年部门预算
信息索引：360A05-11-2017-0003-1　生成日期：2017-04-07　发文机构：中华人民共和国教育部
发文字号：　信息类别：财务与审计
内容概述：教育部2017年部门预算。

教育部2017年部门预算

图 3-4　教育部 2017 年部门预算

资料来源：教育部门户网站信息公开专栏。

节点进行分段统计（表 3-6）。

按百分制分段统计结果显示，75 所教育部直属高校现状考察全部栏目中，有 24 所高校总分得分在 50 分以下，占比 32%；有 43 所高校总分得分在 50 至 69 分之间，占比 57%；有 8 所高校总分得分超过 70 分，占比 11%（图 3-5）。

表 3-6　教育部直属高校总分得分分布

总分得分	37 分制	0～18 分	19～25 分	26～37 分
	百分制	0～49 分	50～69 分	70～100 分
	数量（75）	24	43	8
	数量占比	32%	57%	11%

教育部直属高校是我国高水平大学的主要代表，对我国高等教育改革和发展起着重要的榜样引领和示范带动作用。通过对教育部直属高校财务信息公开现状的网站访问考察，结果表明，经过 5 年高校财务信息公开工作推进，教育部直属高校在现状考察全部 6 个主栏目 35 个子栏目得分的表现较好，总体趋

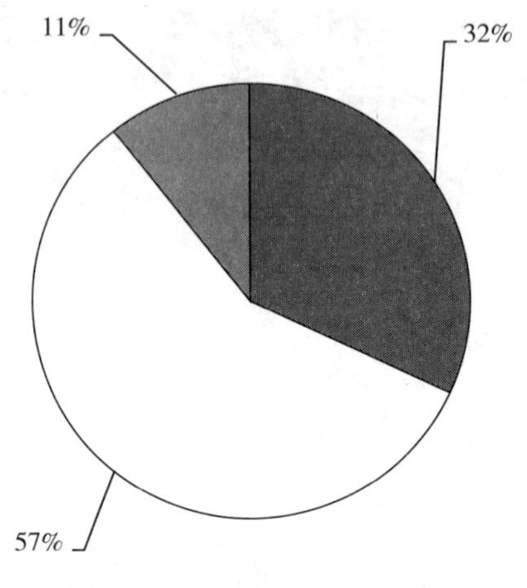

图3-5　教育部直属高校总分得分分布

势向好，特别是近年来财务信息文本公开率达到90%以上，为全国其他高校财务信息公开树立了榜样。但是也应该看到，教育部直属高校在财务信息生成（日期）、发布（日期）公开方面，与《办法》《通知》《清单》要求还有较大差距。

（二）其他中央直属高校

1.考察概况

截至2017年10月25日，通过对43所其他中央直属高校门户网站进行逐个访问考察，根据各高校财务信息公开实际情况和赋值规则，对考察各栏目逐一赋值，并分别进行横向和纵向统计，反映其他中央直属各高校横向统计的三项统计得分、纵向汇总得分和得分占比（表3-7）。

表3-7　其他直属高校财务信息公开网站访问考察情况统计表

序号	学校名称	公开专栏	清单		预算公开															决算公开															点击量栏目	工作年报	横向统计		
			财务栏目	财务清单	2013年			2014			2015			2016			2017			2012			2013			2014			2015			2016					文本(10)	综合(30)	总分(37)
					生成	发布	文本	生成	发布	文本	生成	发布	文本	生成	发布	文本	生成	发布	文本	生成	发布	文本	生成	发布	文本	生成	发布	文本	生成	发布	文本	生成	发布	文本					
汇总		34	25	12	0	0	5	0	0	6	1	2	10	1	5	13	0	6	8	0	0	4	0	1	7	0	4	11	0	4	10	1	7	11	8	56	85	117	252
占比%		79	58	28	0	0	12	0	0	14	2	5	23	2	12	30	0	14	19	0	0	9	0	2	16	0	9	26	0	9	23	2	16	26	19	43	20	9	16

2.纵向统计分析

(1)公开专栏。该栏目满分为43分,汇总得分34分。表明43所其他中央直属高校中,有34所在其门户网站开设有“信息公开”专栏,占比79%;仍有9所未按要求开辟“信息公开”专栏,占比21%。

(2)清单栏目。该项目下分设“财务栏目”和“财务清单”两个子项。其中,1)财务栏目子项满分43分,汇总得分25分,表示有25所其他中央直属高校在信息公开专栏中专门开设有财务事项公开栏目,占比58%,仍有42%的其他中央直属高校未开设财务事项公开栏目;2)财务清单子项满分43分,汇总得分12分,表示仅有12所其他中央直属高校按《清单》要求,将“财务、资产和收费”大类公开时细分为7个具体子项,得分占比28%,未细分财务清单事项的其他中央直属高校有31所,得分占比72%。

考察发现,其他中央直属高校在栏目设置方面有两个规律:1)公开专栏、财务栏目、财务清单3个子项得分占比趋势降低明显;2)一些其他中央直属高校在财务栏目和财务清单2个子项得分均为0分。说明其他中央直属高校在公开栏目设置方面表现不佳,按要求设置信息公开专栏、对公开信息进行分类的比例不高,降低了财务信息获取效率。

(3)预算公开/决算公开。1)生成(日期):全部43所其他中央直属高校该子项汇总得分均比较低,其中有3个预算年度、4个决算年度该子项汇总得分均为0分,2个预算年度、1个决算年度该子项汇总得分均为1分。2)发布(日期):5个预算年度该子项汇总得分占比分别为0%、0%、5%、12%、14%,5个决算年度该子项汇总得分占比分别为0%、2%、9%、9%、16%。从趋势看,得分占比逐年有些许升高,但比值均比较低,最高在16%。3)文本(公开):5个预算年度该子项汇总得分占比分别为12%、14%、23%、30%、19%;5个决算年度该子项汇总得分占比分别为9%、16%、26%、23%、26%,从趋势看,同样得分占比逐年升高,但比值亦均比较低。更需要引起注意的是,其他中央直属高校历年预算和决算的文本公开得分占比并未持续上升,而是有所回落。

为便于后续开展比较,参照教育部直属高校历年预决算公开趋势图,绘制其他中央直属普通高校历年预决算公开趋势图(图3-6)。

(4)点击量栏目。统计结果显示,43所其他中央直属高校中,有8所高校

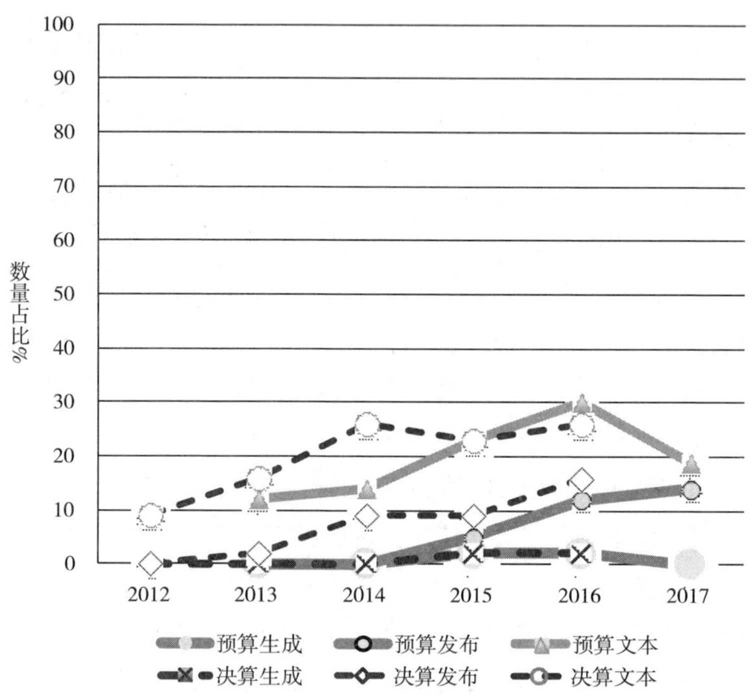

图 3-6　其他中央直属普通高校历年预决算公开趋势

在设计预算和决算报告公开时嵌入了点击量统计模块，数量占比 19%。

（5）工作年报栏目。43 所其他中央直属高校中，3 年应公开的信息公开工作年报底限数量为 129 份。统计结果显示，公开工作年报数为 56 份，总数占比 43%，尚未过半数。

3.横向统计分析

（1）文本得分。统计结果显示，其他中央直属高校文本得分普遍较低，各高校之间文本得分存在明显差异：有 2 所其他中央直属高校文本得分为满分 10 分，而有 29 所高校文本得分为 0 分，文本得分为 0 分的高校占所有 43 所其他中央直属高校总数的 67%。为便于直观比较，将文本得分原 10 分制转换为百分制，并按 50 分、70 分为节点对文本得分进行分段统计（表 3-8）。

按百分制分段统计结果显示，43 所其他中央直属高校中，仅有 5 所高校文本（公开）得分在 70 分以上，占比 12%；有 6 所高校得分在 50 至 70 分之间，占比 14%；有 32 所高校得分低于 50 分，数量占比 74%（图 3-7）。

表 3-8　其他中央直属高校文本得分分布

文本得分	10 分制	0~4 分	5~6 分	7~10 分
	百分制	0~49 分	50~69 分	70~100 分
	数量(43)	32	6	5
	数量占比	74%	14%	12%

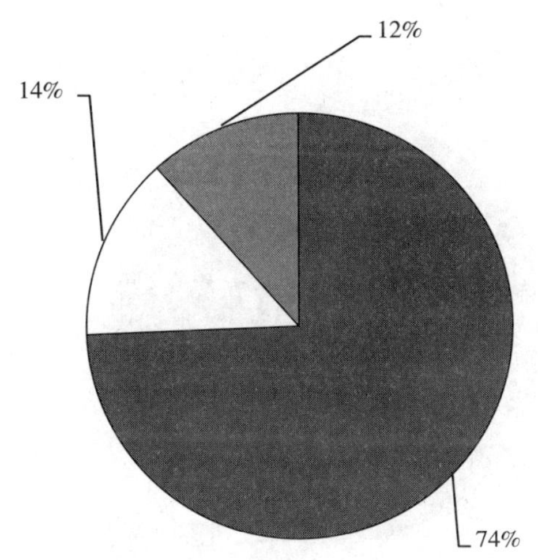

图 3-7　其他中央直属高校文本得分分布

(2)综合得分。综合得分考量各高校历年预算/决算公开栏目下生成(日期)、发布(日期)和文本(公开)3 个子项的公开情况。统计结果显示,其他中央直属高校综合得分普遍较低,并存在明显差异。为便于直观比较,将原 30 分制的综合得分转换百分制,并按 50 分、70 分两个节点对该综合得分进行分段统计(表 3-9)。

按百分制分段统计结果显示,43 所其他直属高校中有 40 所高校综合分在 50 分以下,数量占比 93%;仅有 3 所高校综合分在 50 至 70 分之间,数量占比 7%;无一所高校综合得分超过 70 分(图 3-8)。

表 3-9　其他中央直属高校综合得分分布

综合得分	30 分制	0~14 分	15~20 分	21~30 分
	百分制	0~49 分	50~69 分	70~100 分
	数量(43)	40	3	0
	数量占比	93%	7%	0%

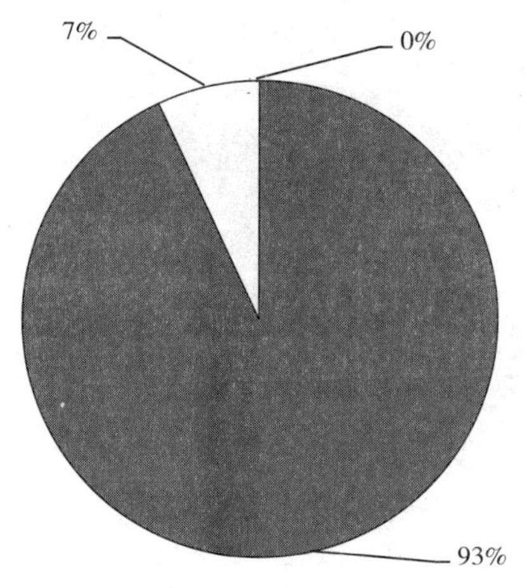

图 3-8　其他中央直属高校综合得分分布图

(3)总分得分。总分得分考量各高校全部 6 个主栏目 35 个子项目的总体公开情况。统计结果显示,其他中央直属高校总分得分普遍较低。为便于直观比较,将原总分得分 37 分制换算为百分制,并按 50 分、70 分为节点对总分得分进行分段统计(表 3-10)。

按百分制分段统计结果显示,43 所其他直属高校中,有 39 所高校总分在 50 分以下,数量占比 91%;仅有 4 所高校总分在 50 至 70 分之间,数量占比 9%;无一所高校总分超过 70 分(图 3-9)。

表 3-10　其他中央直属高校总分得分分布

总分得分	37 分制	0~18 分	19~25 分	26~37 分
	百分制	0~49 分	50~69 分	70~100 分
	数量(43)	39	4	0
	数量占比	91%	9%	0%

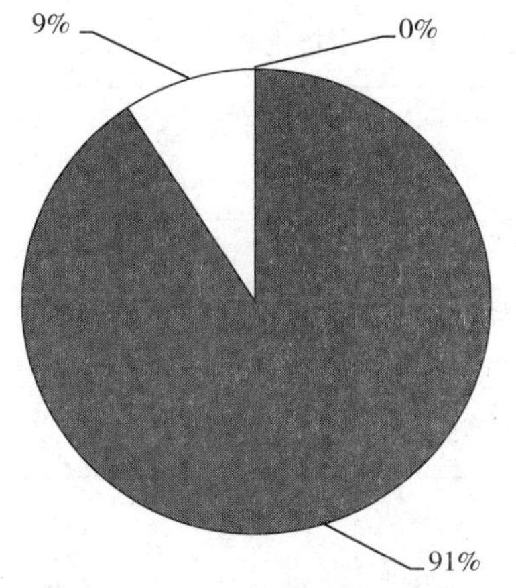

图 3-9　其他中央直属高校总分得分分布

从对 43 所其他中央直属高校的网站访问考察看，经过 5 年的工作推进，其他中央直属的高校财务信息公开情况不容乐观，其整体表现明显逊于教育部直属高校，特别是在预算、决算文本公开方面表现不佳，同时也与《办法》《通知》《清单》的要求存在较大差距。

四、地方普通高校财务信息公开现状

与中央直属高校办学性质全部由政府举办不同，地方普通高校办学性质分为公办普通高校和民办普通高校。在网站访问考察过程中发现，地方普通高校的财务信息公开情况，因高校的举办性质、办学层次不同而呈现出不同情况，存在着一些差异。因此，在纵向统计时，将地方普通高校分公办高校（其下分公办本科、公办专科）、民办高校（其下分民办本科、民办专科）进行分类统计，最后进行本地区全部普通高校汇总统计。

（一）北京市属普通高校

1.考察概况

根据教育部2016年6月3日公告，截至2016年5月30日的全国高校名单，北京市共有高校91所，其中，中央直属高校37所，北京市属普通高校54所。北京市属普通高校中，公办高校38所，民办高校16所（表3-11）。

表3-11 北京市高校情况统计表

<table>
<tr><th>地区</th><th>隶属</th><th colspan="5">办学层次及数量</th><th>小计</th></tr>
<tr><td rowspan="5">北京</td><td>中央直属</td><td>37</td><td>本科</td><td>37</td><td>专科</td><td>0</td><td rowspan="5">91</td></tr>
<tr><td rowspan="4">北京市属</td><td rowspan="4">54</td><td rowspan="2">公办</td><td rowspan="2">38</td><td>本科</td><td>22</td></tr>
<tr><td>专科</td><td>16</td></tr>
<tr><td rowspan="2">民办</td><td rowspan="2">16</td><td>本科</td><td>7</td></tr>
<tr><td>专科</td><td>9</td></tr>
</table>

截至2017年10月25日，本研究对北京市属54所普通高校门户网站逐一进行访问考察，根据各高校财务信息公开的实际情况和赋值规则，对考察各栏目逐一赋值，分别进行横向和纵向统计。横向统计文本、综合、总分三项得分，纵向统计公办本科、公办专科、公办（高校）、民办本科、民办专科、民办（高校）、总体（高校）共七项汇总得分和得分占比（表3-12）。

2.纵向统计分析

（1）公开专栏。该栏目满分54分，其中，公办普通高校满分38分，民办普通高校满分16分。公办普通本科高校满分22分，专科高校满分16分；民办普通本科高校满分7分，专科高校满分9分。

1）总体分类比较。首先，从总体看，统计结果显示，北京市属普通高校总体得分31分，得分占比57%，说明超过一半的高校开辟了“信息公开”专栏。其次，从分类比较看，公办高校和民办高校、本科高校和专科高校的表现基本一致，均在50%左右，其中民办本科高校得分占比相对偏低，为43%。

2）公办普通高校。统计结果显示，该栏目汇总得分22分，得分占比58%。其中，公办本科普通高校得分13分，占北京市属22所公办普通本科高校 59%；公办专科普通高校得分 9 分，占北京市属 16 所公办普通专科高校 56%。表示北京市属公办普通本、专科高校中，有超过一半的高校在门户网站中开设有“信息公开”专栏，公办本科和公办专科间并无明显差别。

3）民办普通高校。统计结果显示，该栏目汇总得分 9 分，得分占比 56%。其中，民办本科普通高校得分 3 分，占北京市属 7 所民办普通本科高校 43%；民办专科普通高校得分 6 分，占北京市属 9 所民办普通专科高校 67%。表示北京市属民办普通本、专科高校中，约一半左右的高校在门户网站中开设在“信息公开”专栏，只是民办专科的表现稍优于民办本科。

表 3-12　北京市属普通高校财务信息公开网站访问考察情况统计表

序号	学校名称	公开专栏	清单		预算公开															决算公开															点击量栏目	工作年报	横向统计		
			财务栏目	财务清单	2013			2014			2015			2016			2017			2012			2013			2014			2015			2016					文本(10)	综合(30)	总分(37)
					生成	发布	文本	生成	发布	文本	生成	发布	文本	生成	发布	文本	生成	发布	文本	生成	发布	文本	生成	发布	文本	生成	发布	文本	生成	发布	文本	生成	发布	文本					
公办本科	汇总	13	10	3	0	2	3	0	5	8	0	5	10	0	10	15	0	18	18	0	2	4	1	5	8	1	7	9	0	12	17	1	14	13	4	38	105	188	256
	占比	59	45	14	0	9	14	0	23	36	0	23	45	0	45	68	0	82	82	0	9	18	5	23	36	5	32	41	0	55	77	5	64	59	18	58	48	28	31
公办专科	汇总	9	4	1	0	1	1	0	2	2	0	5	5	0	5	6	0	6	7	0	0	0	0	2	2	0	4	4	0	6	7	0	7	7	2	13	41	79	108
	占比	56	25	6	0	6	6	0	13	13	0	31	31	0	31	38	0	38	44	0	0	0	0	13	13	0	25	25	0	38	44	0	44	44	13	27	26	16	18
公办	汇总	22	14	4	0	3	4	0	7	10	0	10	15	0	15	21	0	24	25	0	2	4	1	7	10	1	11	13	0	18	24	1	21	20	6	51	146	267	364
	占比	58	37	11	0	8	11	0	18	26	0	26	39	0	39	55	0	63	66	0	5	11	3	18	26	3	29	34	0	47	63	3	55	53	16	45	38	23	26
民办本科	总分	3	1	0	0	0	0	0	0	0	0	0	0	0	0	0	0	0	0	0	0	0	0	0	0	0	0	0	0	0	0	0	0	0	0	9	0	0	13
	占比	43	14	0	0	0	0	0	0	0	0	0	0	0	0	0	0	0	0	0	0	0	0	0	0	0	0	0	0	0	0	0	0	0	0	43	0	0	5
民办专科	汇总	6	0	0	0	0	0	0	0	0	0	0	0	0	0	0	0	0	0	0	0	0	0	0	0	0	0	0	0	0	0	0	0	0	0	3	0	0	9
	占比	67	0	0	0	0	0	0	0	0	0	0	0	0	0	0	0	0	0	0	0	0	0	0	0	0	0	0	0	0	0	0	0	0	0	11	0	0	3

续表

序号	学校名称	公开专栏	清单		预算公开															决算公开															点击量栏目	工作年报	横向统计		
					2013			2014			2015			2016			2017			2012			2013			2014			2015			2016							
			财务栏目	财务清单	生成	发布	文本	生成	发布	文本	生成	发布	文本	生成	发布	文本	生成	发布	文本	生成	发布	文本	生成	发布	文本	生成	发布	文本	生成	发布	文本	生成	发布	文本			文本(10)	综合(30)	总分(37)
民办	汇总	9	1	0	0	0	0	0	0	0	0	0	0	0	0	0	0	0	0	0	0	0	0	0	0	0	0	0	0	0	0	0	0	0	0	12	0	0	22
	占比	56	6	0	0	0	0	0	0	0	0	0	0	0	0	0	0	0	0	0	0	0	0	0	0	0	0	0	0	0	0	0	0	0	0	25	0	0	4
总体	汇总	31	15	4	0	3	4	0	7	10	0	10	15	0	15	21	0	24	25	0	2	4	1	7	10	1	11	13	0	18	24	1	21	20	6	63	146	267	386
	占比	57	28	7	0	6	7	0	13	19	0	19	28	0	28	39	0	44	46	0	4	7	2	13	19	2	20	24	0	33	44	2	39	37	11	39	27	16	19

（2）清单项目。该项目下分“财务栏目”和“财务清单”两个子项，满分均为 54 分，其中公办普通高校满分 38 分，民办普通高校满分 16 分。

1）总体分类分析。首先，从总体趋势看，全部 54 所北京市属普通高校“财务栏目”得分 15 分，占比 28%；“财务清单”栏目得分 4 分，占比 7%，总体表现欠佳。其次，从分类比较看，公办高校的整体表现明显优于民办高校，公办本科高校的表现明显优于公办专科高校。但公办高校的“财务栏目”和“财务清单”栏目得分占比均比较低；而民办高校中仅 1 所设置了“财务栏目”、无一所高校公开列示“财务清单”。

2）公办普通高校。统计结果显示，北京市属 38 所公办普通高校中，设置“财务栏目”的高校有 14 所，占比 37%，其中，本科高校得分占比为 45%，明显高于专科高校得分占比 25%，说明本科高校在设置“财务栏目”方面表现优于专科高校；列示“财务清单”的高校仅有 4 所，占比 11%，同样本科高校表现（14%）优于专科高校（6%）。

3）民办普通高校。统计结果显示，北京市属 16 所民办普通高校中，设置“财务栏目”的高校仅有 1 所，占比 6%，无一所高校列示“财务清单”。

（3）预算公开/决算公开。两栏目下共 30 个子项，各子项总体汇总满分均为 54 分。其中，公办普通高校汇总满分 38 分，民办普通高校汇总满分

16分。

1)总体分类比较。首先,从总体趋势看,5个预算年度生成(日期)栏得分均为0分;发布(日期)栏得分占比分别为6%、13%、19%、28%、44%,发布(日期)得分占比总体上呈上升趋势,且明显比生成(日期)得分占比较好;文本(公开)栏得分占比分别为7%、19%、28%、39%、46%,同样呈现总体向好趋势。5个决算年度生成(日期)栏,有两个年度得分为0分,3个年度得分为1分,比预算生成(日期)公开情况略好;发布(日期)栏得分占比分别为4%、13%、20%、33%、39%,比生成(日期)得分占比有所改善,且得分占比逐年呈上升趋势;文本(公开)栏得分占比分别为7%、19%、24%、44%、37%,总体趋势向好,但值得注意的是,2016年决算文本(公开)得分占比比2015年有所下降(图3-10)。其次,从分类比较看,北京市属16所民办高校无一所公开预算和决算信息,公办高校公开程度明显优于民办高校。

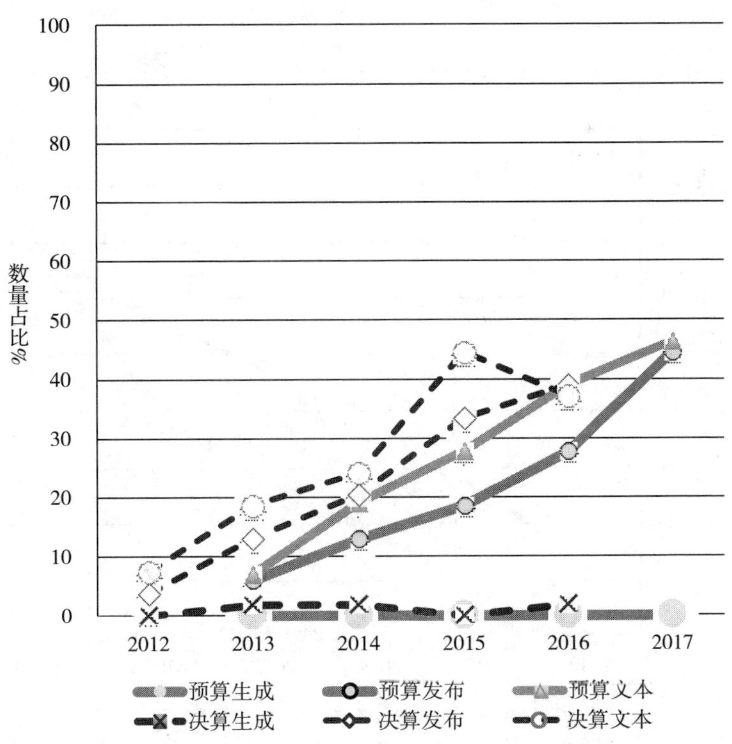

图3-10　北京市属普通高校历年预决算公开趋势

2）公办普通高校。从5个预算年度看，生成（日期）栏历年得分占比均为0%，说明无一所公办普通高校公开预算生成日期；发布（日期）栏历年得分占比分别为8%、18%、26%、39%、63%，得分占比呈逐年上升趋势；文本（公开）栏历年得分占比分别为11%、26%、39%、55%、66%，同样呈逐年上升趋势。从5个决算年度看，生成（日期）栏仅有一所高校在其中3个年度公开了决算生成（日期）；发布（日期）栏历年得分占比分别为5%、18%、29%、47%、55%，高校数量呈逐年上升趋势；文本（公开）栏历年得分占比分别为11%、26%、34%、63%、53%，总体仍呈上升趋势，但需要注意的是，2016年决算公开比2015年下降10个百分点。

3）民办普通高校。无论从预算公开，还是决算公开看，所有子项得分占比均为0%，说明北京市属16所民办普通高校中，无一所高校公开预算和决算信息，与公办普通高校形成显明对比，这一现象值得引起关注。

根据统计结果，分别绘制北京市公办普通高校（图3-11）和民办普通高校（图3-12）历年预决算公开趋势图。

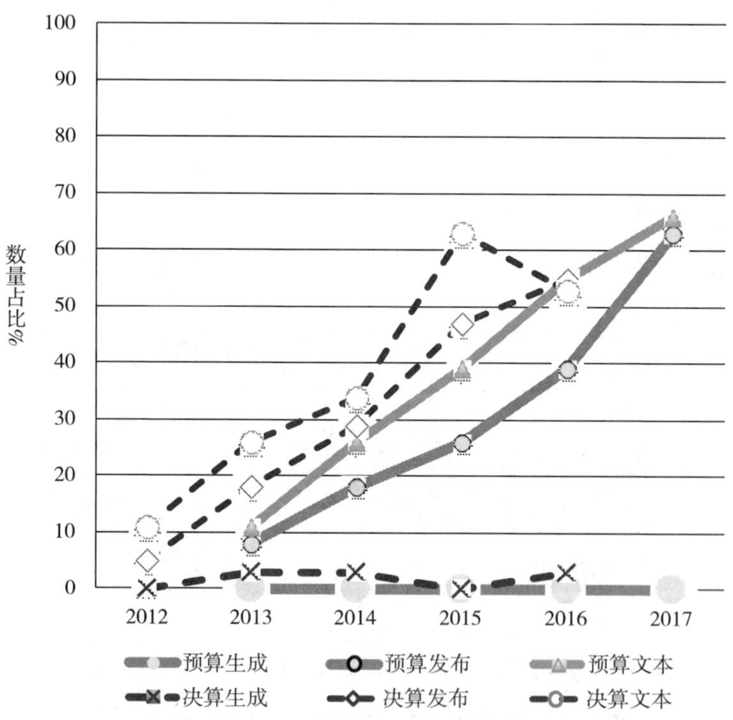

图3-11　北京市属公办普通高校预决算公开趋势

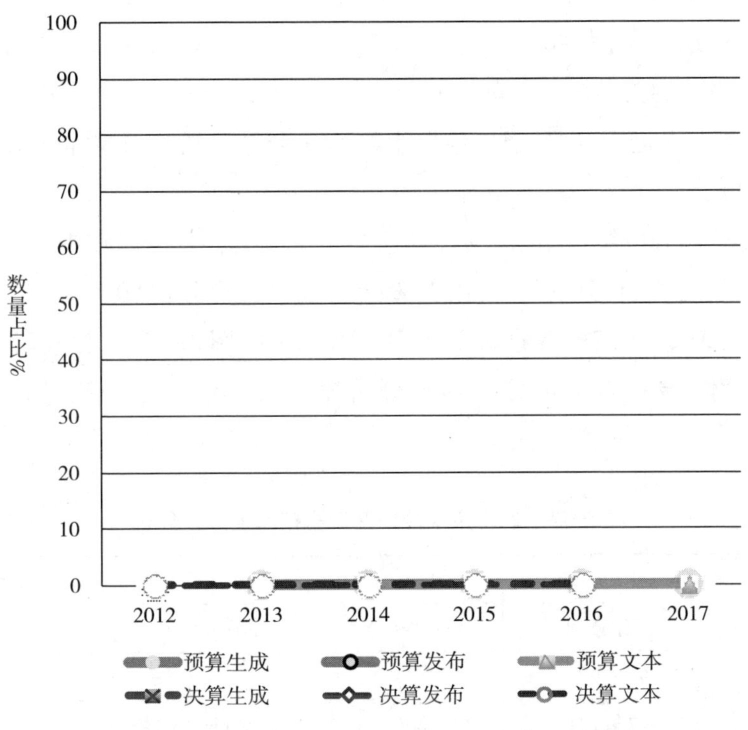

图 3-12　北京市属民办普通高校预决算公开趋势

(4)点击量统计。根据各高校财务信息公开页面嵌入点击量统计模块情况,统计结果显示:38 所北京市属公办普通高校中,有 6 所嵌入了点击量统计模块,得分占比 16%;而 16 所民办普通高校中,无一所高校嵌入点击量统计模块。此外,从该栏目各类高校看,公办高校表现优于民办高校,公办本科表现优于公办专科,而民办本科与民办专科均未设置点击量统计。

(5)工作年报。近三年,54 所北京市属普通高校应公开信息公开工作年报 162 份,统计结果显示,实际公开工作年报 63 份,得分占比 39%。其中,公办普通本科高校得分占比 58%,民办普通本科高校得分占比 43%,公办普通专科高校得分占比 27%,民办普通专科高校得分占比 11%。同样呈现出公办高校表现优于民办高校,本科高校表现优于专科高校。

3.横向统计分析

(1)文本得分。统计结果显示,54 所北京市属普通高校的预算、决算文本公开情况不够理想，总体文本得分占比仅为27%。其中，公办普通本科高校文本得分占比最高，为48%，公办普通专科高校得分占比26%，民办普通高校文本得分占比均为0%。将满分10分制转换为百分制，并对文本得分按50分、70分为节点进行分段统计，绘制上海市属公办普通高校文本得分分布表（表3-13）。

按百分制分段统计结果显示，38所北京市属公办普通高校中，有10所文本（公开）得分在70分以上，占比26%；有4所高校得分在50至70分之间，占比11%；其余24所高校得分低于50分，占比63%（图3-13）。比较而言，北京市属民办本、专科普通高校该项得分占比均为0%，与公办高校形成鲜明差距。

表3-13　北京市属公办普通高校文本得分分布

文本得分	10分制	0~4分	5~6分	7~10分
	百分制	0~49分	50~69分	70~100分
	数量(38)	24	4	10
	数量占比	63%	11%	26%

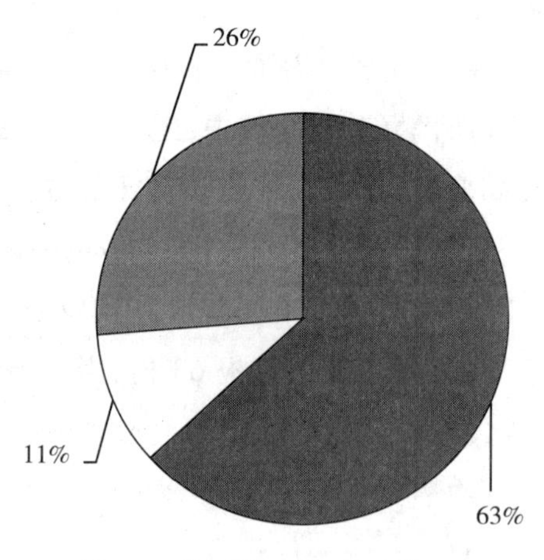

图3-13　北京市属公办普通高校文本得分分布

(2)综合得分。统计结果显示,54所北京市属普通高校预决算公开的综合得分占比为16%。其中,公办普通本科高校综合得分占比28%,公办普通专科高校得分占比16%,民办普通本科和专科高校得分占比均为0%。将满分30分制转换为百分制,并对综合得分按50分、70分为节点进行分段统计,绘制北京市属公办普通高校综合得分分布表(表3-14)。

按百分制分段统计结果显示,38所北京市属公办普通高校中,无一所综合得分在70分以上;有7所综合得分在50至70分之间,数量占比18%;有31所综合得分低于50分,数量占比82%(图3-14)。同样,北京市属民办普通高校综合得分均为0,与公办普通高校形成鲜明差距。

表3-14 北京市属公办普通高校综合得分分布

综合得分	30分制	0~14分	15~20分	21~30分
	百分制	0~49分	50~69分	70~100分
	数量(38)	31	7	0
	数量占比	82%	18%	0%

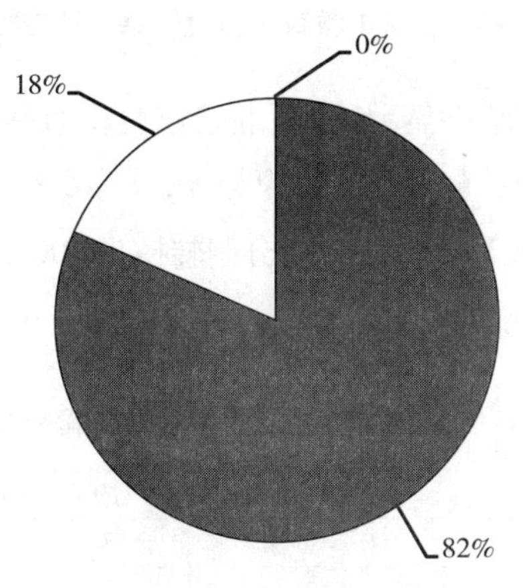

图3-14 北京市属公办普通高校综合得分分布

导致综合得分明显低于文本得分的主要原因,在于高校预算、决算公开时,对生成(日期)、发布(日期)的公开不够重视,拉低了本就不高的文本(公开)得分。而北京市教委作为北京市属高校的教育行政部门,在公开部门预算决算时明确“生成日期”和“发布日期”(图 3-15),值得高校借鉴。

图 3-15　北京市教育委员会信息公开专栏

(3)总分得分。统计结果显示,54 所北京市属普通高校总分得分占比仅为 19%,其中,公办本科高校总分得分占比为 31%,公办专科高校为 18%,民办本科高校为 5%,民办专科高校为 3%。将 37 分制转换为 100 分制,按 50 分、70 分为节点分段统计,绘制北京市属公办普通高校总分得分分布表(表 3-15)。

表 3-15　北京市属公办普通高校总分得分分布

总分得分	37 分制	0~18 分	19~25 分	26~37 分
	百分制	0~49 分	50~69 分	70~100 分
	数量(38)	32	6	0
	数量占比	84%	16%	0%

按百分制分段统计结果显示,38 所北京市属公办普通高校中,无一所高校总分得分超过 70 分,有 6 所高校总分在 50 分至 70 分之间,数量占比 16%;

有 32 所高校总分得分在 50 分之下,数量占比 84%(图 3-16)。

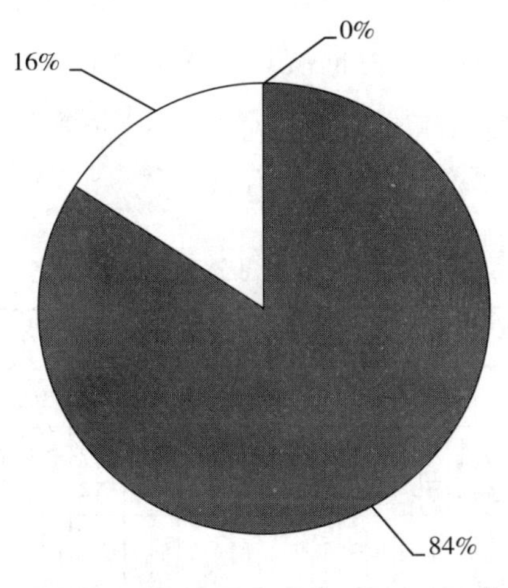

图 3-16 北京市属公办普通高校总分得分分布

(二)上海市属普通高校

1.考察概况

根据教育部 2016 年 6 月 3 日公告,截至 2016 年 5 月 30 日,上海市共有高校 64 所,其中,中央直属高校 10 所,上海市属普通高校 53 所,境外合作办学 1 所。上海市属 53 所普通高校中,公办高校 34 所,民办高校 19 所(表 3-16)。

表 3-16 2016 年上海市高校分类情况统计表

<table>
<tr><th>地区</th><th>隶属</th><th colspan="6">办学层次及数量</th><th>小计</th></tr>
<tr><td rowspan="6">上海</td><td>中央直属</td><td>10</td><td>本科</td><td>10</td><td>专科</td><td>0</td><td rowspan="6">64</td></tr>
<tr><td rowspan="4">上海市属</td><td rowspan="4">53</td><td rowspan="2">公办</td><td rowspan="2">34</td><td>本科</td><td>22</td></tr>
<tr><td>专科</td><td>12</td></tr>
<tr><td rowspan="2">民办</td><td rowspan="2">19</td><td>本科</td><td>6</td></tr>
<tr><td>专科</td><td>13</td></tr>
<tr><td>境外合作</td><td>1</td><td>本科</td><td>1</td><td>专科</td><td>0</td></tr>
</table>

截至 2017 年 10 月 25 日，本研究对 53 所上海市属普通高校门户网站进行逐个访问考察，根据各高校财务信息公开的实际情况和赋值规则，对考察各栏目逐一赋值，分别进行横向和纵向统计。横向统计文本、综合、总分三项得分，纵向统计公办本科、公办专科、公办（高校）、民办本科、民办专科、民办（高校）、总体（高校）共七项汇总得分和得分占比（表 3-17）。

表 3-17　上海市属普通高校财务信息公开网站访问考察情况统计表

序号	学校名称	公开专栏	清单		预算公开															决算公开															点击量栏目	工作年报	横向统计		
			财务栏目	财务清单	2013年			2014			2015			2016			2017			2012			2013			2014			2015			2016					文本(10)	综合(30)	总分(37)
					生成	发布	文本	生成	发布	文本	生成	发布	文本	生成	发布	文本	生成	发布	文本	生成	发布	文本	生成	发布	文本	生成	发布	文本	生成	发布	文本	生成	发布	文本					
公办本科	汇总	21	16	16	0	0	2	0	1	7	0	4	10	0	4	12	0	3	3	0	1	0	0	7	5	0	6	9	0	9	14	0	8	7	11	57	69	112	233
	占比	95	73	73	0	0	9	0	5	32	0	18	45	0	18	55	0	14	14	0	5	0	0	32	23	0	27	41	0	41	64	0	36	32	50	86	31	17	29
公办专科	汇总	11	9	5	0	0	1	0	0	1	0	0	2	0	0	0	0	1	1	0	1	0	0	1	1	0	1	1	0	2	4	0	0	0	4	21	11	17	67
	占比	92	75	42	0	0	8	0	0	8	0	0	17	0	0	0	0	8	8	0	8	0	0	8	8	0	8	8	0	17	33	0	0	0	33	58	9	5	15
公办	汇总	32	25	21	0	0	3	0	1	8	0	4	12	0	4	12	0	4	4	0	2	0	0	8	6	0	7	10	0	11	18	0	8	7	15	78	80	129	300
	占比	94	74	62	0	0	9	0	3	24	0	12	35	0	12	35	0	12	12	0	6	0	0	24	18	0	21	29	0	32	53	0	24	21	44	76	24	13	24
民办本科	汇总	6	5	4	0	0	0	0	0	0	0	0	0	0	0	1	0	0	0	0	0	0	0	0	0	0	0	0	0	1	1	0	0	0	1	15	2	3	34
	占比	100	83	67	0	0	0	0	0	0	0	0	0	0	0	17	0	0	0	0	0	0	0	0	0	0	0	0	0	17	17	0	0	0	17	83	3	2	15
民办专科	汇总	9	9	4	0	0	0	0	0	0	0	0	0	0	0	0	1	2	2	0	0	0	0	0	0	0	0	0	0	1	0	0	4	2	4	18	4	12	56
	占比	69	69	31	0	0	0	0	0	0	0	0	0	0	0	0	8	15	15	0	0	0	0	0	0	0	0	0	0	8	0	0	31	15	31	46	3	3	12
民办	汇总	15	14	8	0	0	0	0	0	0	0	0	0	0	0	1	1	2	2	0	0	0	0	0	0	0	0	0	0	2	1	0	4	2	5	33	6	15	90
	占比	79	74	42	0	0	0	0	0	0	0	0	0	0	0	5	5	11	11	0	0	0	0	0	0	0	0	0	0	11	5	0	21	11	26	58	3	3	13
总体	汇总	47	39	29	0	0	3	0	1	8	0	4	12	0	4	13	1	6	6	0	2	0	0	8	6	0	7	10	0	13	19	0	12	9	20	111	86	144	390
	占比	89	74	55	0	0	6	0	2	15	0	8	23	0	8	25	2	11	11	0	4	0	0	15	11	0	13	19	0	25	36	0	23	17	38	70	16	9	20

* 本统计表中不含上海市属 1 所中外合作办学高校，中外合作办学高校单列类别进行网站访问考察。

2.纵向统计分析

(1)公开专栏。该栏目总体汇总满分 53 分,其中,公办普通高校满分 34 分,民办普通高校满分 19 分。公办普通高校中,本科高校满分 22 分,专科高校满分 12 分;民办普通高校中,本科高校满分 6 分,专科高校满分 13 分。

1)总体分类比较。首先,从总体看,统计结果显示,上海市属 53 所普通高校总体得分 47 分,得分占比 89%,说明有近 90%的上海市属普通高校按《办法》《通知》《清单》要求在门户网站开辟了"信息公开"专栏,但仍有超过 10%的高校未按要求开设信息公开专栏。其次,从分类比较看,公办普通高校公开专栏得分占比 94%,民办普通高校公开专栏得分占比为 79%。其中公办普通本科、公办普通专科、民办普通本科高校该栏目得分占比均超过 90%,民办普通专科该栏目得分占比最低,仅 69%。值得一提的是,上海市属 6 所民办本科高校全部在门户网站开辟有信息公开专栏,得分占比为 100%。

2)公办普通高校。统计结果显示,34 所公办普通高校该栏目得分 32 分,得分占比 94%。其中,公办本科高校得分 21 分,占全部 22 所公办本科高校 95%;公办专科高校得分 11 分,占全部 16 所公办专科高校 92%。说明上海市属公办本、专科高校中,均超过 90%的高校在门户网站中开设有"信息公开"专栏,公办本科和公办专科间并无明显差别。

3)民办普通高校。统计结果显示,19 所民办普通高校该栏目得分 15 分,得分占比 79%。其中,民办本科高校共 6 所,得分 6 分,得分占比 100%;民办专科高校得分 9 分,占全部 13 所民办专科高校 69%。说明上海市属民办本科高校全部开设了"信息公开"专栏,表现抢眼;民办专科得分低于公办本科、公办专科、民办本科,得分占比最低,但也接近 70%,表现尚可。

(2)清单项目。该项目下分"财务栏目"和"财务清单"两个子项,满分均为 53 分,其中公办普通高校满分 34 分,民办普通高校满分 19 分。

1)总体分类比较。首先,从总体看,全部 53 所上海市属普通高校"财务栏目"得分 39 分,占比 74%;"财务清单"栏目得分 29 分,占比 55%,总体表现尚可。其次,从分类比较看,①"财务栏目":公办高校与民办高校得分占比相同,均为 70%。公办本科、公办专科、民办本科、民办专科得分占比均在 70%上下,其中民办本科高校得分占比最高,达到 83%。②"财务清单":公办高校整体表现明显优于民办高校，本科高校整体表现明显优于专科高校；公办本科高校表现优于公办专科高校，民办本科高校表现亦优于民办专科高校。

2）公办普通高校。统计结果显示，上海市属34所公办普通高校中，①设置“财务栏目”的高校有25所，占比74%。其中，公办本科高校与专科高校表现基本相同；②列示“财务清单”的公办高校有21所，占比62%，本科高校得分占比（73%）优于专科高校（42%）。

3）民办普通高校。统计结果显示，上海市属19所民办普通高校中，①设置“财务栏目”的高校有14所，占比74%。其中，民办本科高校的表现（83%）优于专科高校（69%）；②列示“财务清单”的民办高校有8所，得分占比42%，不足50%。其中，民办本科高校的表现（67%）优于专科高校（31%）。

（3）预算公开/决算公开。两主栏目下共30个子项，上海市属普通高校总体汇总满分为53分。其中，公办高校汇总满分34分，民办高校汇总满分19分。

1）总体分类比较。首先，从总体看，①预算公开：5个预算年度的生成（日期）栏得分均为0分；发布（日期）栏得分占比分别为0%、2%、8%、8%、11%；文本（公开）栏得分占比分别为6%、15%、23%、25%、11%。预算公开的三项得分占比都很低，文本（公开）的表现优于发布（日期），此两项得分表现优于生成（日期）。②决算公开：5个决算年度的生成（日期）栏得分均为0分，与5个预算年度预算信息生成（日期）栏表现相同；发布（日期）栏得分占比分别为4%、15%、13%、25%、23%；文本（公开）栏得分占比分别为0%、11%、19%、36%、17%，决算信息公开的三项得分占比亦都很低，但比预算公开的三项得分占比略高。然而，最近一年的预决算文本（公开）得分占比较上年均有所回落（图3-17）。

其次，从分类比较看，上海市属公办普通高校预算、决算公开均早于民办普通高校，民办普通高校从2016年度开始才出现个别高校公开预算、决算信息；公办高校公开情况好于民办高校；公办本科高校公开情况好于公办专科高校；民办本科高校与民办专科高校表现基本相同。

2）公办普通高校。①预算公开：生成（日期）栏历年得分占比均为0%，说

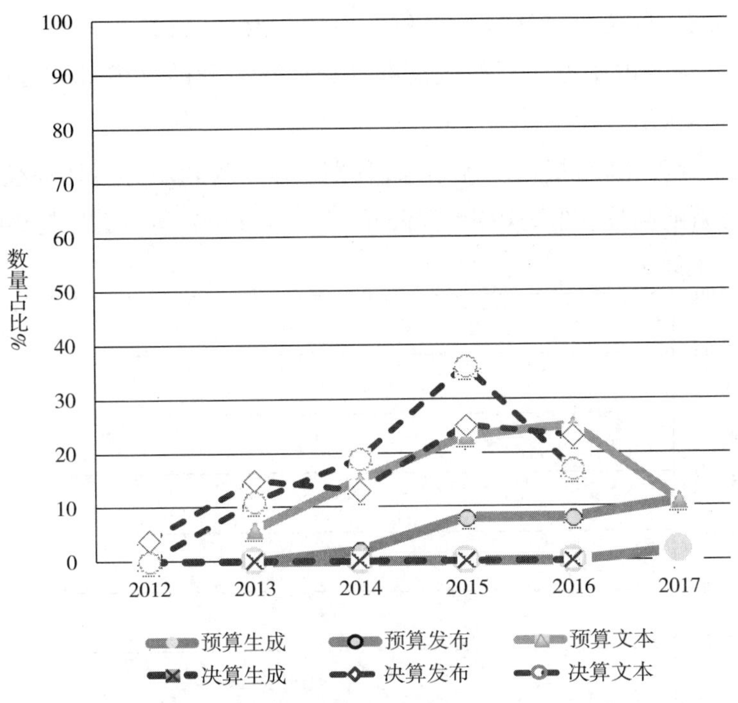

图 3-17　上海市属普通高校历年预决算公开趋势

明无一所公办普通高校公开预算生成日期；发布（日期）栏历年得分占比分别为 0%、3%、12%、12%、12%；文本（公开）栏历年得分占比分别为 9%、24%、35%、35%、12%；发布（日期）和文本（公开）虽有向好趋势，但近年来又停滞不前，甚至有所下降。②决算公开：生成（日期）栏统历年得分占比均为 0%，与预算公开的生成（日期）栏表现相同；发布（日期）栏历年得分占比分别为 6%、24%、21%、32%、24%；文本（公开）栏历年得分占比分别为 0%、18%、29%、53%、21%；发布（日期）和文本（公开）虽有向好趋势，同样近年来又停滞不前，甚至有所下降，特别是 2016 年决算文本（公开）比 2015 年下降了 32 个百分点，形成鲜明对比，值得引起关注。③分类比较：公办本科高校表现优于公办专科高校。此外，公办专科高校 2016 年度决算公开得分占比 0%，拉低了公办高校决算公开的整体得分占比，值得引起关注。

3）民办普通高校。无论从预算公开，还是决算公开看，2015 年度之前（含 2015 年度）预算、决算公开三子项得分占比均为 0%，2016 年度开始个别高校开始公开,与公办高校形成鲜明对比。此外,民办本科高校 2016 年度决算公开得分占比为 0%,拉低民办高校决算公开的整体得分占比,值得引起关注。

为便于分类比较,根据统计结果,分别绘制上海市公办普通高校(图 3-18)和民办普通高校(图 3-19)预算公开/决算公开历年得分占比趋势图。

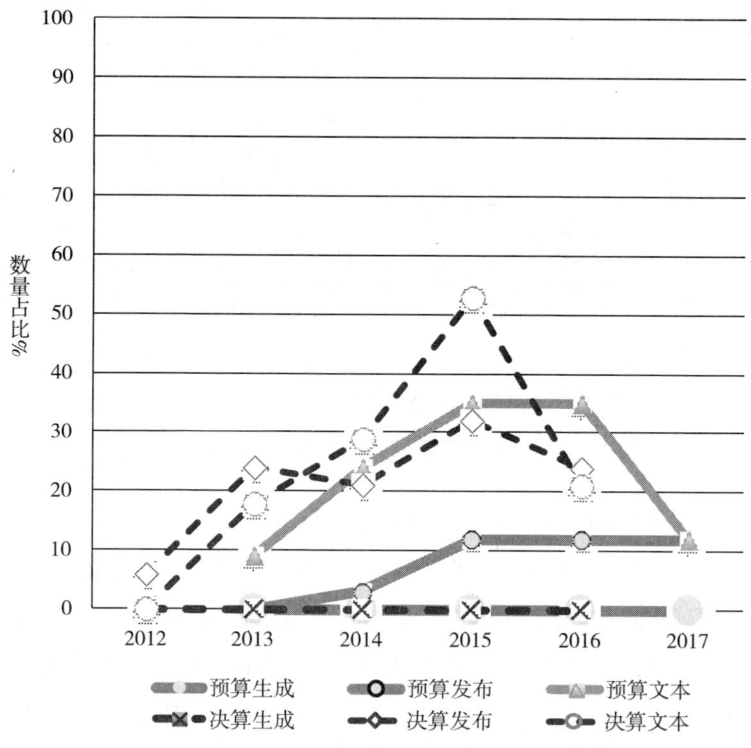

图 3-18　上海市属公办普通高校预决算公开趋势

(4)点击量统计。根据财务信息公开页面嵌入点击量统计模块情况,统计结果显示,总体得分占比 38%。其中,34 所上海市属公办普通高校中,有 15 所高校嵌入了点击量统计模块,得分占比 44%;19 所上海市属民办普通高校中,有 5 所高校嵌入了点击量统计模块,占比 26%。

(5)工作年报。近三年,53 所上海市属普通高校应公开信息公开工作年报 159 份,统计结果显示,实际公开工作年报 111 份,得分占比 70%。其中,公办本科高校得分占比 86%,民办本科高校得分占比 83%,公办专科高

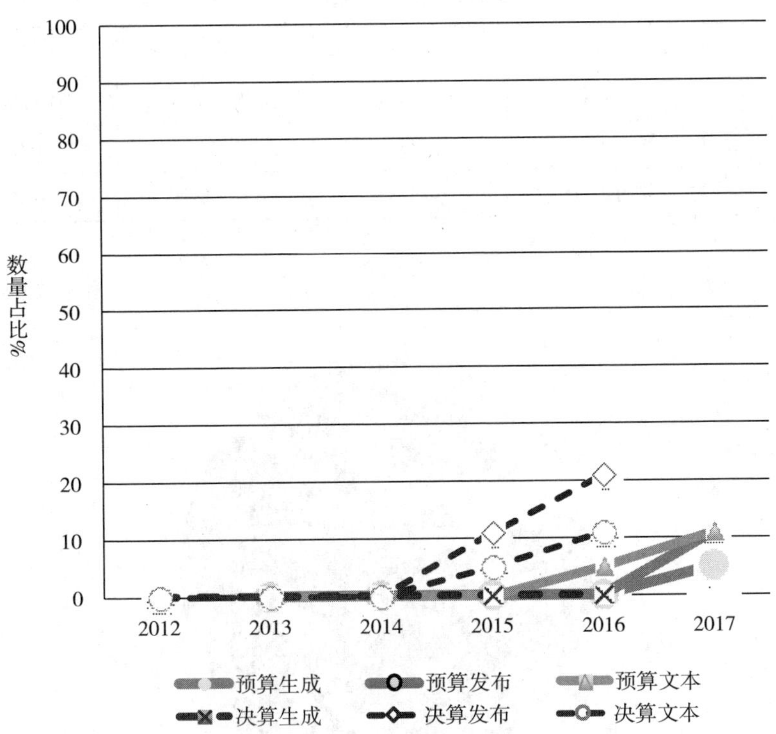

图 3-19　上海市属民办普通高校预决算公开趋势

校得分占比 58%，民办专科高校得分占比 46%。本科高校公开情况好于专科高校。

3.横向统计分析

（1）文本得分。统计结果显示，总体看，53 所上海市属普通高校预决算公开的文本（公开）情况不够理想，总体得分占比仅为 16%。其中，公办本科高校得分占比最高，为 31%，公办专科高校占比仅为 9%，民办本科和专科高校得分占比均为 3%。将满分 10 分制转换为百分制，并按 50 分、70 分为节点进行分段统计，绘制上海市属公办普通高校文本得分分布表（表 3-18）。

按百分制分段统计结果显示，34 所上海市属公办普通高校中，有 5 所高校文本得分在 70 分以上，占比 15%；有 2 所高校得分在 50 至 70 分之间，占比 6%；其余 27 所得分低于 50 分，占比 79%（图 3-20）。相比较而言，上海市属民办本科和专科高校文本得分占比均为 3%，表现逊于公办高校。

表 3-18 上海市属公办普通高校文本得分分布

文本得分	10 分制	0~4 分	5~6 分	7~10 分
	百分制	0~49 分	50~69 分	70~100 分
	数量(34)	27	2	5
	数量占比	79%	6%	15%

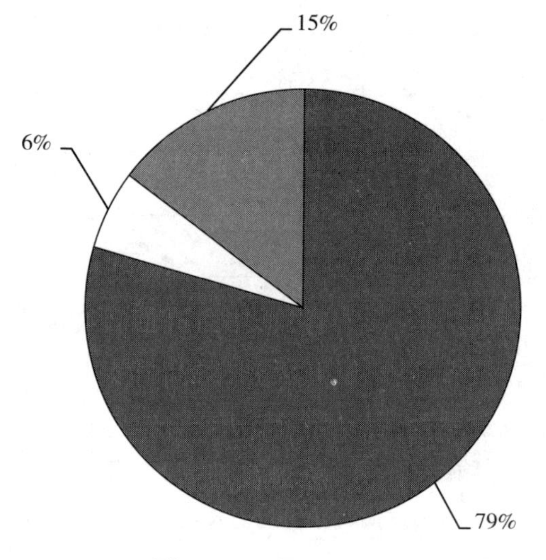

图 3-20 上海市属公办普通高校文本得分分布

(2)综合得分。统计结果显示,从总体看,53 所上海市属普通高校预决算公开综合得分占比仅为 9%。其中,公办本科高校综合得分占比 17%,公办专科高校得分占比 5%,民办本科高校得分占比 2%,民办专科高校得分占比均为 3%。将满分 30 分制转换为百分制,并按 50 分、70 分为节点进行分段统计,绘制上海市属公办普通高校综合得分分布表(表 3-19)。

按百分制分段统计结果显示,34 所上海市属公办普通高校中,无一所综合得分在 50 分以上,数量占比 100%(图 3-21)。同样,19 所上海市属民办普通高校中,无一所综合得分在 50 分以上,数量占比 100%。说明在综合得分方面,上海市属公办和民办高校表现一致,普遍偏低。

表 3-19　上海市属公办普通高校综合得分分布

综合得分	30 分制	0~14 分	15~20 分	21~30 分
	百分制	0~49 分	50~69 分	70~100 分
	数量(34)	34	0	0
	数量占比	100%	0%	0%

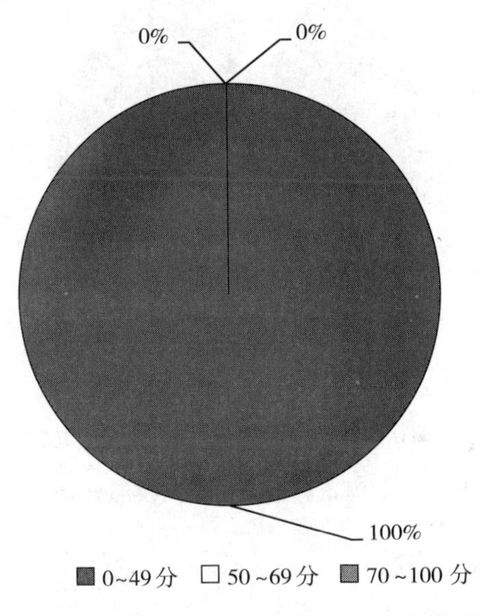

图 3-21　上海市属公办普通高校综合得分分布

(3)总分得分。统计结果显示,上海市属普通高校总分得分占比仅为20%,其中,公办本科高校总分得分占比为29%,公办专科高校为15%,民办本科高校为15%,民办专科高校为12%。将满分37分制转换为100分制,并按50分、70分为节点进行分段统计,绘制上海市属公办普通高校总分得分分布表(表3-20)。

按百分制分段统计结果显示,34所上海市属公办普通高校中,无一所高校总分得分超过70分,仅2所高校总分在50分至70分之间,数量占比6%;其余32所高校总分在50分之下,数量占比94%(图3-22)。

表 3-20 上海市属公办普通高校总分得分分布

综合得分	37 分制	0～18 分	19～25 分	26～37 分
	百分制	0～49 分	50～69 分	70～100 分
	数量(34)	32	2	0
	数量占比	94%	6%	0%

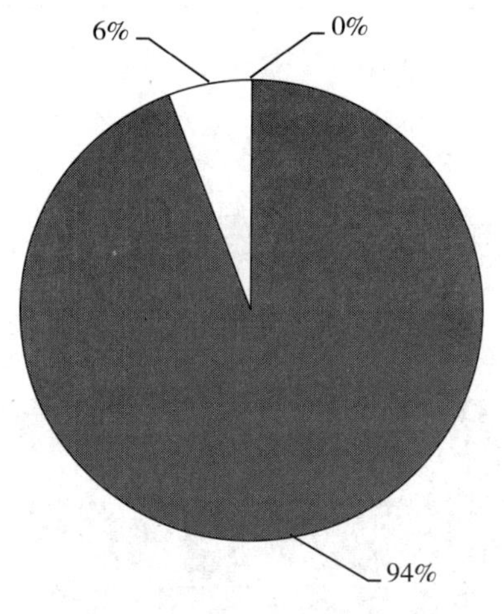

图 3-22 上海市属公办普通高校部分得分分布

(三)河南省属普通高校

1.考察概况

根据教育部 2016 年 6 月 3 日公告，截至 2016 年 5 月 30 日全国高校名单，河南省共有高校 129 所，其中，中央直属高校 1 所，河南省属普通高校 128 所。河南省属普通高校中，公办高校 91 所，民办高校 37 所(表 3-21)。

表 3-21 2016 年河南省高校分类情况统计表

地区	隶属		办学层次及数量				小计
河南	中央直属	1	本科	1	专科	0	129
	河南省属	128	公办	91	本科	37	
					专科	54	
			民办	37	本科	17	
					专科	20	

截至 2017 年 10 月 25 日，本研究对 128 所河南省属普通高校门户网站进行逐个访问考察，根据各高校财务信息公开的实际情况和赋值规则，对考察各栏目逐一赋值，分别进行横向和纵向统计。横向统计文本、综合、总分三项得分，纵向统计公办本科、公办专科、公办（高校）、民办本科、民办专科、民办（高校）、总体（高校）共七项汇总得分和得分占比（表 3-22）。

表 3-22　河南省属普通高校财务信息公开网站访问考察情况统计表

序号	学校名称	公开专栏	清单		预算公开															决算公开															点击量栏目	工作年报	横向统计		
			财务栏目	财务清单	2013 年			2014			2015			2016			2017			2012			2013			2014			2015			2016					文本(10)	综合(30)	总分(37)
					生成	发布	文本	生成	发布	文本	生成	发布	文本	生成	发布	文本	生成	发布	文本	生成	发布	文本	生成	发布	文本	生成	发布	文本	生成	发布	文本	生成	发布	文本					
公办本科	汇总	24	12	5	0	0	0	0	1	2	0	6	6	0	7	10	0	8	8	0	0	0	0	3	2	0	7	8	0	10	10	0	7	7	12	14	53	102	169
	占比	65	32	14	0	0	0	0	3	5	0	16	16	0	19	27	0	22	22	0	0	0	0	8	5	0	19	22	0	27	27	0	19	19	32	13	14	9	12
公办专科	汇总	23	5	1	1	3	1	1	6	4	4	15	18	5	19	20	3	15	18	0	0	0	1	6	5	2	17	17	3	18	21	1	15	15	17	4	119	254	304
	占比	43	9	2	2	6	2	2	11	7	7	28	33	9	35	37	6	28	33	0	0	0	2	11	9	4	31	31	6	33	39	2	28	28	31	2	22	16	15
公办	汇总	47	17	6	1	3	1	1	7	6	4	21	24	5	26	30	3	23	26	0	0	0	1	9	7	2	24	25	3	28	31	1	22	22	29	18	172	356	473
	占比	52	19	7	1	3	1	1	8	7	4	23	26	5	29	33	3	25	29	0	0	0	1	10	8	2	26	27	3	31	34	1	24	24	32	7	19	13	14
民办本科	汇总	4	0	0	0	0	0	0	0	0	0	0	0	0	0	0	0	0	0	0	0	0	0	0	0	0	0	0	0	0	0	0	0	0	0	3	0	0	7
	占比	24	0	0	0	0	0	0	0	0	0	0	0	0	0	0	0	0	0	0	0	0	0	0	0	0	0	0	0	0	0	0	0	0	0	6	0	0	1
民办专科	汇总	2	1	0	0	0	0	0	0	0	0	0	0	0	0	0	0	0	0	0	0	0	0	0	0	0	0	0	0	0	0	0	0	0	0	0	0	0	3
	占比	10	5	0	0	0	0	0	0	0	0	0	0	0	0	0	0	0	0	0	0	0	0	0	0	0	0	0	0	0	0	0	0	0	0	0	0	0	0
民办	汇总	6	1	0	0	0	0	0	0	0	0	0	0	0	0	0	0	0	0	0	0	0	0	0	0	0	0	0	0	0	0	0	0	0	0	3	0	0	10
	占比	16	3	0	0	0	0	0	0	0	0	0	0	0	0	0	0	0	0	0	0	0	0	0	0	0	0	0	0	0	0	0	0	0	0	3	0	0	1

续表

序号	学校名称	公开专栏	清单		预算公开															决算公开															点击量栏目	工作年报	横向统计		
			财务栏目	财务清单	2013年			2014			2015			2016			2017			2012			2013			2014			2015			2016					文本(10)	综合(30)	总分(37)
					生成	发布	文本	生成	发布	文本	生成	发布	文本	生成	发布	文本	生成	发布	文本	生成	发布	文本	生成	发布	文本	生成	发布	文本	生成	发布	文本	生成	发布	文本					
总体	汇总	53	18	6	1	3	1	1	7	6	4	21	24	5	26	30	3	23	26	0	0	0	1	9	7	2	24	25	3	28	31	1	22	22	29	21	172	356	483
	占比	41	14	5	1	2	1	1	5	5	3	16	19	4	20	23	2	18	20	0	0	0	1	7	5	2	19	20	2	22	24	1	17	17	23	5	13	9	10

2.纵向统计分析

(1)公开专栏。该栏目满分128分,其中,公办普通高校满分91分,民办普通高校满分37分。公办普通本科高校满分37分,专科高校54分;民办普通本科高校满分17分,专科高校20分。

1)总体分类比较。首先,从总体看,统计结果显示,河南省属普通高校总体得分53分,得分占比41%,说明开辟“信息公开”专栏的高校尚不足50%。其次,从分类比较看,公办高校公开专栏得分占比52%,民办高校为16%,其中,公办本科高校得分占比65%,专科高校得分占比43%;民办本科高校得分占比24%,专科高校得分占比10%。

2)公办普通高校。统计结果显示,91所公办普通高校该栏目得分47分,得分占比52%。其中,公办本科高校得分24分,占全部37所公办本科高校65%;公办专科高校得分23分,占全部54所公办专科高校43%。说明河南省属公办普通高校中,超过一半的高校在门户网站中开设有“信息公开”专栏,公办本科开设“信息公开”专栏情况优于公办专科。

3)民办普通高校。统计结果显示,37所民办普通高校该栏目得分6分,得分占比16%。其中,民办本科高校共17所,得分4分,得分占比24%;民办专科高校得分2分,得分占比10%。说明河南省属民办普通高校开设信息公开专栏率较低,其中民办本科高校开设“信息公开”专栏情况好于民办专科高校。民办专科高校得分低于公办本科、公办专科、民办本科,得分占比最低。

(2)清单项目。该项目下分“财务栏目”和“财务清单”两个子项,满分均为 128 分,其中公办普通高校满分 91 分,民办普通高校满分 37 分。

1)总体分类比较。首先,从总体看,全部 91 所河南省属普通高校“财务栏目”得分 18 分,占比 14%;“财务清单”栏目得分 6 分,占比 5%,总体表现欠佳。其次,从分类比较看,①“财务栏目”:公办高校得分占比 19%,民办高校得分占比仅 3%。其中公办本科 32%,公办专科 9%,民办本科 0%,民办专科 5%;②“财务清单”:公办高校得分占比 7%,其中本科高校(14%)明显优于专科高校(2%),民办本科和民办专科得分占比均为 0%。说明河南省属普通高校在清单项目方面得分占比均远低于 50%,总体表现较差。

2)公办普通高校。统计结果显示,河南省属 91 所公办普通高校中,①设置“财务栏目”的高校有 17 所,占比 19%。其中,公办本科高校得分占比 32%,表现明显优于公办专科高校(9%);②列示“财务清单”的公办高校仅有 6 所,占比仅为 7%,本科、专科高校得分占比均很低,分别为 14%和 2%。

3)民办普通高校。统计结果显示,河南省属 37 所民办普通高校中,只有 1 所民办专科高校设置了“财务栏目”,其余 36 所民办本科、专科高校,既无开辟“财务栏目”,也未列示“财务清单”。

(3)预算公开/决算公开。两主栏目共 30 个子项,河南省属普通高校总体汇总满分为 128 分。其中,公办高校汇总满分 91 分,民办高校汇总满分 37 分。

1)总体分类比较。首先,从总体看,①预算公开:5 个预算年度生成(日期)栏得分占比分别为 1%、1%、3%、4%、2%;发布(日期)栏得分占比分别为 2%、5%、16%、20%、18%;文本(公开)栏得分占比分别为 1%、5%、19%、23%、20%。预算公开三项得分占比都很低,文本(公开)与发布(日期)两项得分占比表现基本相同,此两项表现优于生成(日期)。②决算公开:5 个决算年度生成(日期)栏得分占比分别为 0%、1%、2%、2%、1%;发布(日期)栏得分占比分别为 0%、7%、19%、22%、17%;文本(公开)栏得分占比分别为 0%、5%、20%、24%、17%。决算公开三项得分占比亦都很低,与预算公开表现基本相同(图 3-23)。其次,从分类比较看,河南省属 37 所民办普通高校无一所高校公开预决算信息;公办高校公开情况好于民办高校;与上海、北京两市不同,河南省属公办专科高校公开情况反而略好于公办本科高校。

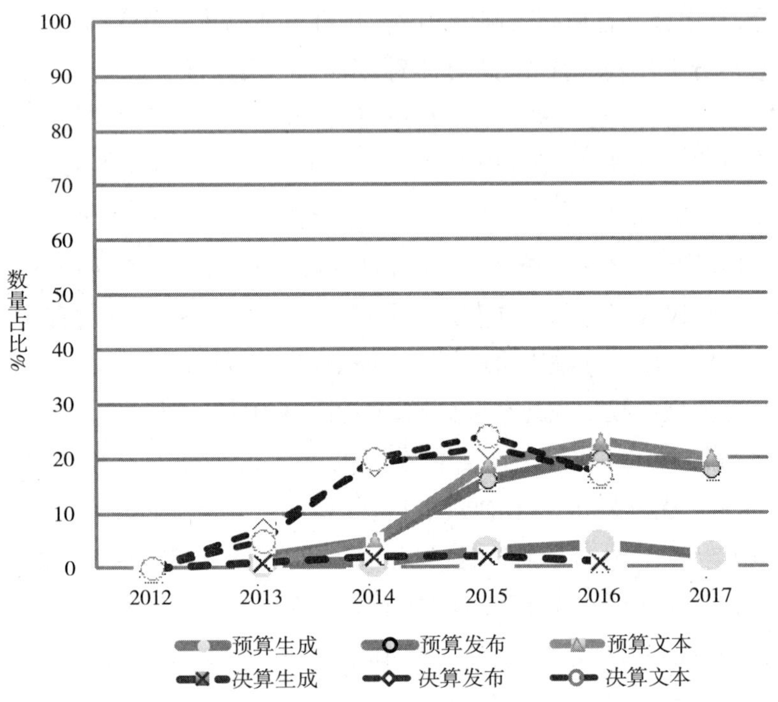

图 3-23　河南省属普通高校历年预决算公开趋势

2）公办普通高校。①预算公开：5 个预算年度生成（日期）栏历年得分占比均不足 5%；发布（日期）栏历年得分占比分别为 3%、8%、23%、29%、25%；文本（公开）栏历年得分占比分别为 1%、7%、26%、33%、29%。发布（日期）和文本（公开）比生成（日期）表现略好，且总体有向好趋势，但 2017 年有所回落，得分占比下降；②决算公开：生成（日期）栏统历年得分占比同样均不足 5%，与预算公开的生成（日期）栏表现相同；发布（日期）栏历年得分占比分别为 0%、10%、26%、31%、24%；文本（公开）栏历年得分占比分别为 0%、8%、27%、34%、24%。发布（日期）和文本（公开）比生成（日期）表现略好，两栏目得分占比与预算公开相同，同样有向好趋势，同样 2016 年有所回落，得分占比有所下降，值得引起关注。③分类比较：从公办高校预决算公开看，河南省属公办专科高校表现优于本科高校，与北京和上海市属公办本科表现优于专科高校明显不同，值得引起关注。

3）民办普通高校。无论从预算公开，还是决算公开看，河南省属民办普通高校历年预决算公开的三子项得分均为 0 分，说明河南省属民办普通高校无一所高校公开任何年度的预算、决算信息，拉低河南省属普通高校本就得分很低的总体得分占比。

为便于分类比较，根据统计结果，分别绘制河南省属公办普通高校（图 3-24）和民办普通高校（图 3-25）历年预决算公开趋势图。

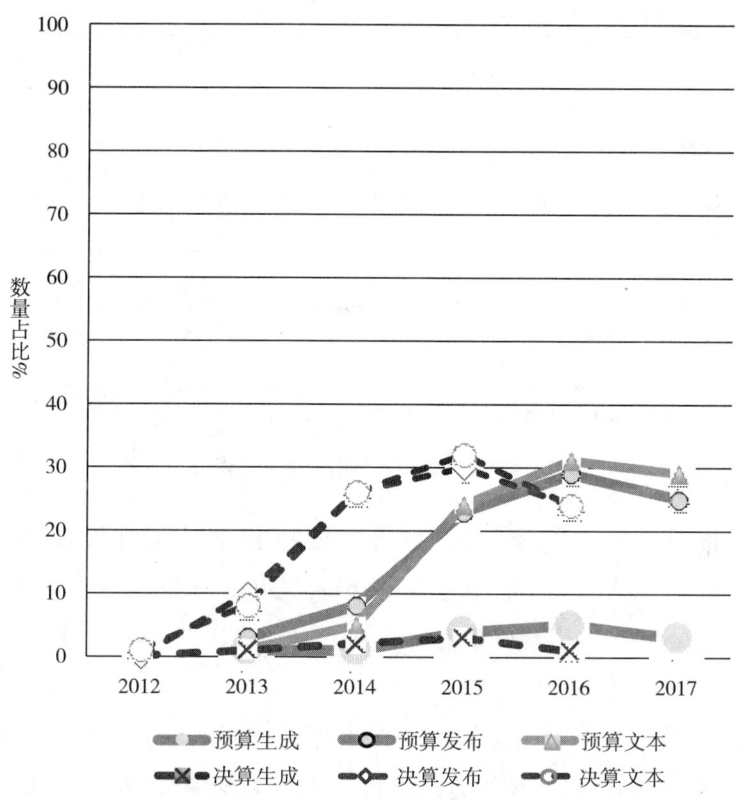

图 3-24　河南省属公办普通高校预决算公开趋势

（4）点击量统计。根据各高校财务信息公开页面嵌入点击量统计模块情况，统计结果显示，91 所河南省属公办普通高校中，有 29 所高校嵌入了点击量统计模块，得分占比 32%；37 所河南省属民办普通高校中，无一所高校嵌入点击量统计模块。128 所河南省属普通高校该栏目总体得分占比 23%，公办高校与民办高校之间亦形成鲜明对比。

（5）工作年报。近三年，128 所河南省属普通高校应公开信息公开工作年

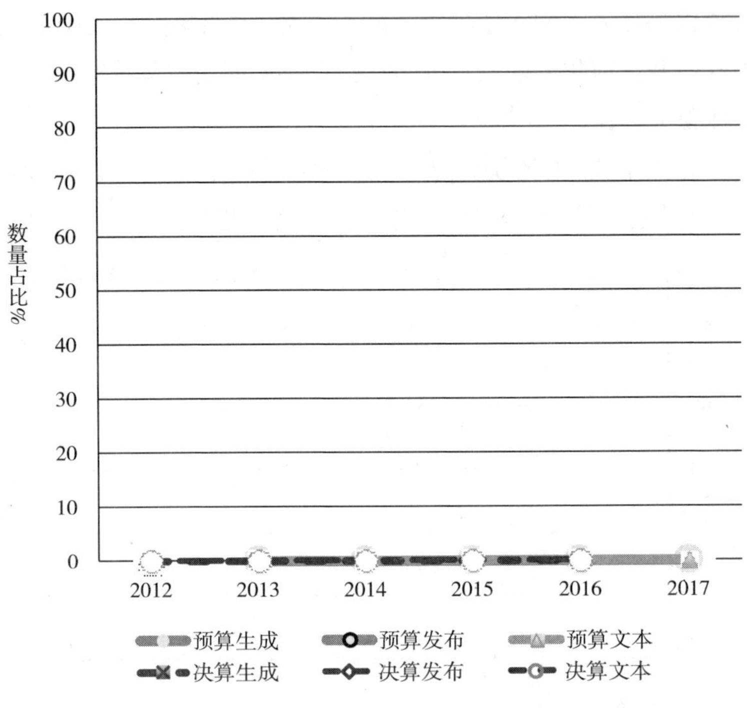

图 3-25　河南省属民办普通高校预决算公开趋势

报 384 份，统计结果显示，实际公开工作年报 21 份，得分占比仅为 5%。其中，公办本科 13%，公办专科 2%，民办本科 6%，民办专科 0%。公办高校表现优于民办高校，本科高校表现好于专科高校。

3.横向统计分析

（1）文本得分。统计结果显示，128 所河南省属普通高校预决算文本（公开）整体情况不够理想，总体得分占比仅为 13%。其中，公办专科高校得分占比最高，为 22%，公办本科高校占比为 14%，民办本科和专科高校得分占比均为 0%。将满分 10 分制转换为百分制，并按 50 分、70 分为节点进行分段统计，绘制河南省属公办普通高校文本得分分布表（表 3-23）。

按百分制分段统计结果显示，91 所河南省属公办普通高校中，有 6 所高校文本得分在 70 分以上，占比 7%；有 13 所高校得分在 50 至 70 分之间，占比 14%；其余 72 所得分低于 50 分，占比 79%（图 3-26）。相比较而言，河南省属民办普通本科和专科文本得分占比均为 0%，形成鲜明对比，明显逊于公办高校。

表 3-23　河南省属公办普通高校文本得分分布

文本得分	10 分制	0~4 分	5~6 分	7~10 分
	百分制	0~49 分	50~69 分	70~100 分
	数量(91)	72	13	6
	数量占比	79%	14%	7%

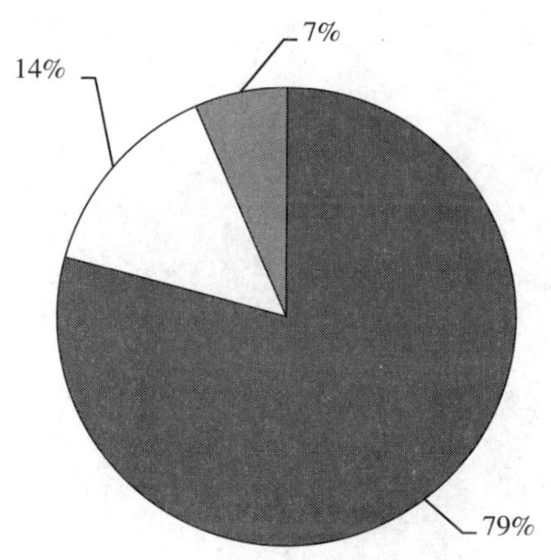

图 3-26　河南省属公办普通高校文本得分分布

(2)综合得分。统计结果显示,128 所河南省属普通高校预决算公开综合得分占比仅为 9%。其中,公办专科高校综合得分占比 16%,本科高校得分占比 9%;民办本科和专科高校得分占比均为 0%。将满分 30 分制转换为百分制,并按 50 分、70 分为节点进行分段统计,绘制河南省属公办普通高校综合得分分布表(表 3-24)。

按百分制分段统计结果显示,91 所河南省属公办普通高校中,有 5 所综合得分在 50 分以上,数量占比 5%,其余 86 所综合得分在 50 分以下,占比 95%(图 3-27)。同样,37 所河南省属民办普通高校中,全部综合得分均为 0 分,数量占比 100%。说明在综合得分方面,河南省属公办普通高校明显优于民办普通高校。

表 3-24 河南省属公办普通高校综合得分分布

综合得分	30 分制	0~14 分	15~20 分	21~30 分
	百分制	0~49 分	50~69 分	70~100 分
	数量(91)	86	4	1
	数量占比	95%	4%	1%

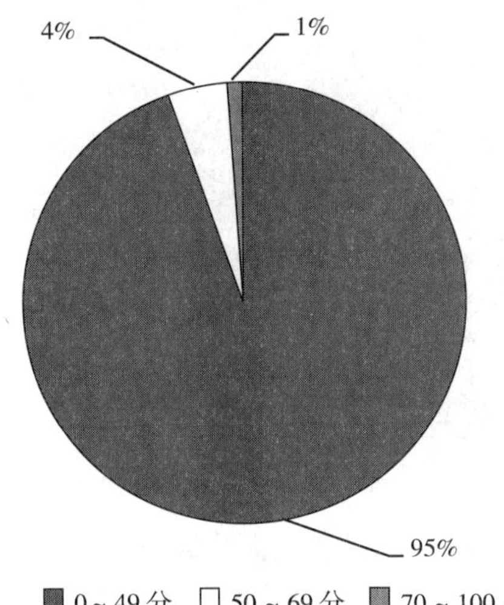

图 3-27 河南省属公办普通高校综合得分分布

(3)总分得分。统计结果显示,128 所河南省属普通高校总分得分占比仅为 10%,其中,公办本科高校总分得分占比为 12%,公办专科高校为 15%;民办本科高校为 1%,民办专科高校为 0%。公办高校表现胜过民办高校。

将满分 37 分制转换为 100 分制,并按 50 分、70 分为节点进行分段统计,绘制河南省属公办普通高校总分得分分布表(表 3-25)。按百分制分段统计结果显示,91 所河南省属公办普通高校中,无一所高校总分得分超过 70 分,仅 3 所高校总分在 50 分至 70 分之间,占比 3%;其余 88 所高校总分在 50 分之下,数量占比 97%(图 3-28),而 37 所民办高校总分得分均在 50 分之下,占比 100%。

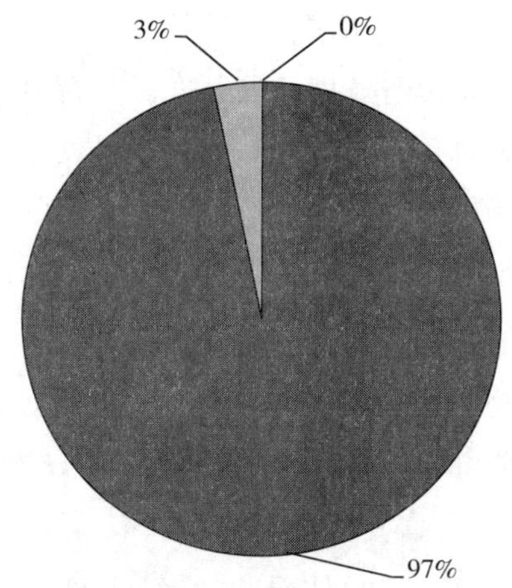

图 3-28　河南省属公办普通高校部分得分分布

表 3-25　河南省属公办普通高校总分得分分布

<table>
<tr><td rowspan="4">综合得分</td><td>37 分制</td><td>0～18 分</td><td>19～25 分</td><td>26～37 分</td></tr>
<tr><td>百分制</td><td>0～49 分</td><td>50～69 分</td><td>70～100 分</td></tr>
<tr><td>数量(91)</td><td>88</td><td>3</td><td>0</td></tr>
<tr><td>数量占比</td><td>97%</td><td>3%</td><td>0%</td></tr>
</table>

(四)陕西省属普通高校

1.考察概况

根据教育部 2016 年 6 月 3 日公告,截至 2016 年 5 月 30 日全国高校名单,陕西省共有高校 93 所,其中,中央直属高校 6 所,陕西省属普通高校 87 所。陕西省属普通高校中,公办高校 57 所,民办高校 30 所(表 3-26)。

表 3-26　2016 年陕西省高校分类情况统计表

<table>
<tr><th>地区</th><th>隶属</th><th colspan="5">办学层次及数量</th><th>小计</th></tr>
<tr><td rowspan="5">陕西</td><td>中央直属</td><td>6</td><td>本科</td><td>6</td><td>专科</td><td>0</td><td rowspan="5">93</td></tr>
<tr><td rowspan="4">陕西省属</td><td rowspan="4">87</td><td rowspan="2">公办</td><td rowspan="2">57</td><td>本科</td><td>28</td></tr>
<tr><td>专科</td><td>29</td></tr>
<tr><td rowspan="2">民办</td><td rowspan="2">30</td><td>本科</td><td>21</td></tr>
<tr><td>专科</td><td>9</td></tr>
</table>

截至 2017 年 10 月 25 日，本研究对 87 所陕西省属普通高校门户网站进行逐个访问考察，根据各高校财务信息公开实际情况和赋值规则，对考察各栏目逐一赋值，分别进行横向和纵向统计。横向统计文本、综合、总分三项得分，纵向统计公办本科、公办专科、公办（高校）、民办本科、民办专科、民办（高校）、总体（高校）共七项汇总得分和得分占比（表 3-27）。

2.纵向统计分析

（1）公开专栏。该栏目满分 87 分，其中，公办普通高校满分 57 分，民办普通高校满分 30 分。公办普通本科高校满分 28 分，专科高校 29 分；民办普通本科高校满分 21 分，专科高校 9 分。

1）总体分类比较。首先，从总体看，统计结果显示，陕西省属普通高校总体得分 45 分，得分占比 52%，说明超过一半的高校开辟了“信息公开”专栏。其次，从分类比较看，公办高校公开专栏得分占比 67%，民办高校为 23%，其中，公办本科高校得分占比 89%，专科高校得分占比 45%；民办本科高校得分占比 29%，专科高校得分占比 11%。公办高校表现明显优于民办高校。

表 3-27 陕西省属普通高校财务信息公开网站访问考察情况统计表

序号	学校名称	公开专栏	清单		预算公开															决算公开															点击量栏目	工作年报	横向统计		
			财务栏目	财务清单	2013 年			2014			2015			2016			2017			2012			2013			2014			2015			2016					文本(10)	综合(30)	总分(37)
					生成	发布	文本	生成	发布	文本	生成	发布	文本	生成	发布	文本	生成	发布	文本	生成	发布	文本	生成	发布	文本	生成	发布	文本	生成	发布	文本	生成	发布	文本					
公办本科	汇总	25	22	6	0	2	1	0	8	5	0	10	16	0	18	21	0	25	27	0	0	1	0	1	2	0	9	15	0	17	20	0	25	25	17	38	108	198	356
	占比	89	79	21	0	7	4	0	29	18	0	36	57	0	64	75	0	89	96	0	0	4	0	4	7	0	32	54	0	61	71	0	89	89	61	45	39	24	34
公办专科	汇总	13	12	0	0	1	0	0	2	1	0	10	8	0	13	14	0	17	15	0	0	0	0	1	0	0	7	6	0	11	12	0	13	12	14	13	56	118	195
	占比	45	41	0	0	3	0	0	7	3	0	34	28	0	45	48	0	59	52	0	0	0	0	3	0	0	24	21	0	38	41	0	45	41	48	15	19	14	18
公办	汇总	38	34	6	0	3	1	0	10	6	0	20	24	0	31	35	0	42	42	0	0	1	0	2	2	0	16	21	0	28	32	0	38	37	31	51	164	316	551
	占比	67	60	11	0	5	2	0	18	11	0	35	42	0	54	61	0	74	74	0	0	2	0	4	4	0	28	37	0	49	56	0	67	65	54	30	29	18	26

续表

序号	学校名称	公开专栏	清单		预算公开															决算公开															点击量栏目	工作年报	横向统计		
			财务栏目	财务清单	2013年			2014			2015			2016			2017			2012			2013			2014			2015			2016					文本(10)	综合(30)	总分(37)
					生成	发布	文本	生成	发布	文本	生成	发布	文本	生成	发布	文本	生成	发布	文本	生成	发布	文本	生成	发布	文本	生成	发布	文本	生成	发布	文本	生成	发布	文本					
民办本科	汇总	6	3	2	0	0	0	0	0	0	0	0	0	0	0	0	0	0	0	0	0	0	0	0	0	0	0	0	0	0	0	0	0	0	0	7	0	0	18
	占比	29	14	10	0	0	0	0	0	0	0	0	0	0	0	0	0	0	0	0	0	0	0	0	0	0	0	0	0	0	0	0	0	0	0	11	0	0	2
民办专科	汇总	1	1	0	0	0	0	0	0	0	0	0	0	0	0	0	0	0	0	0	0	0	0	0	0	0	0	0	0	0	0	0	0	0	0	0	0	0	2
	占比	11	11	0	0	0	0	0	0	0	0	0	0	0	0	0	0	0	0	0	0	0	0	0	0	0	0	0	0	0	0	0	0	0	0	0	0	0	1
民办	汇总	7	4	2	0	0	0	0	0	0	0	0	0	0	0	0	0	0	0	0	0	0	0	0	0	0	0	0	0	0	0	0	0	0	0	7	0	0	20
	占比	23	13	7	0	0	0	0	0	0	0	0	0	0	0	0	0	0	0	0	0	0	0	0	0	0	0	0	0	0	0	0	0	0	0	8	0	0	2
总体	汇总	45	38	8	0	3	1	0	10	6	0	20	24	0	31	35	0	42	42	0	0	1	0	2	2	0	16	21	0	28	32	0	38	37	31	58	164	316	571
	占比	52	44	9	0	3	1	0	11	7	0	23	28	0	36	40	0	48	48	0	0	1	0	2	2	0	18	24	0	32	37	0	44	43	36	22	19	12	18

2)公办普通高校。统计结果显示,57 所公办高校该栏目得分 38 分,得分占比 67%。其中,公办本科高校共 28 所,得分 25 分,占比 89%;公办专科高校得分 13 分,占全部 29 所专科高校 45%。说明陕西省属公办普通高校中,本科高校开设“信息公开”专栏情况明显优于公办专科,占比高近 2 倍。

3)民办普通高校。统计结果显示,30 所民办普通高校该栏目得分 7 分,得分占比 23%。其中,民办本科高校共 21 所,得分 6 分,得分占比 29%;民办专科高校得分 1 分,占全部 9 所专科高校 11%。说明陕西省属民办普通高校中,本科高校开设“信息公开”专栏情况同样明显好于专科高校。民办专科高校得分低于公办本科、公办专科、民办本科,得分占比最低。

(2)清单项目。该项目下分“财务栏目”和“财务清单”两个子项,满分均为 87 分,其中公办普通高校满分 57 分,民办普通高校满分 30 分。

1）总体分类比较。首先，从总体看，全部87所陕西省属普通高校“财务栏目”得分38分，占比44%；“财务清单”栏目得分8分，占比9%，总体表现不佳。其次，从分类比较看，①“财务栏目”：公办高校得分占比60%，民办高校得分占比仅13%。其中公办本科79%，公办专科41%，民办本科14%，民办专科11%；②“财务清单”：公办本科高校得分占比21%，民办本科高校得分占比10%，公办专科高校和民办专科高校得分占比均为0%。说明陕西省属普通高校在清单项目方面，除本科高校设置“财务栏目”表现尚可外，其余高校在“财务栏目”和“财务清单”方面均表现欠佳，特别是专科高校，无一所列示出财务清单。

2）公办普通高校。统计结果显示，陕西省属57所公办普通高校中，①设置“财务栏目”的高校有34所，占比60%。其中，本科高校得分占比79%，专科高校41%，本科高校表现明显胜过专科高校。②列示“财务清单”的公办高校仅有6所，占比仅为11%，且全部为本科高校，专科高校无一所列示出财务清单。

3）民办普通高校。统计结果显示，陕西省属30所民办普通高校中，仅有4所民办高校设置了“财务栏目”，2所列示出财务清单，总体表现不佳。特别是9所民办专科高校中，仅1所设置“财务栏目”，无一所列示出财务清单。

（3）预算公开/决算公开：两主栏目下共30个子项，陕西省属普通高校汇总满分均为87分。其中，公办高校汇总满分57分，民办高校汇总满分30分。

1）总体分类比较

首先，从总体看，①预算公开：5个预算年度生成（日期）栏得分占比均为0%；发布（日期）栏得分占比分别为3%、11%、23%、36%、48%；文本（公开）栏得分占比分别为1%、7%、28%、40%、48%。②决算公开：5个决算年度生成（日期）栏得分占比均为0%，与预算年度相同；发布（日期）栏得分占比分别为0%、2%、18%、32%、44%；文本（公开）栏得分占比分别为1%、2%、24%、37%、43%，决算公开与预算公开三项得分占比基本一致（图3-29）。其次，从分类比较看，陕西省属30所民办普通高校无一所公开预算、决算信息；公办高校公开情况好于民办高校；陕西省公办本科高校公开情况好于公办专科高校，与上海、北京两市相同，而与河南省属公办本、专科情况相反。

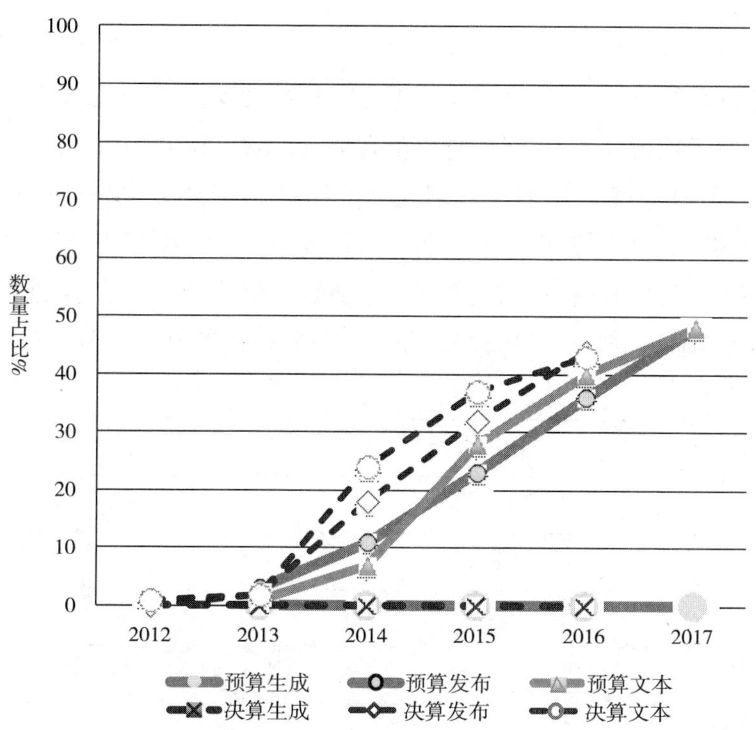

图 3-29　陕西省普通高校历年预决算公开趋势图

2）公办普通高校

①预算公开。5 个预算年度生成（日期）栏得分占比均为 0%；发布（日期）栏历年得分占比分别为 5%、18%、35%、54%、74%；文本（公开）栏历年得分占比分别为 2%、11%、42%、61%、74%。发布（日期）和文本（公开）两项表现较好，且总体有向好趋势，近两年得分占比已超 50%。②决算公开：5 个决算年度生成（日期）栏得分占比同样均为 0%；发布（日期）栏历年得分占比分别为 0%、4%、28%、49%、67%；文本（公开）栏历年得分占比分别为 2%、4%、37%、56%、65%。预算、决算公开三栏目得分占比情况基本相同，其中发布（日期）和文本（公开）两项都呈向好趋势，近两年得分占比提升较快，基本突破 50%。③分类比较：从公办高校预算、决算公开看，陕西省属公办本科高校表现优于专科高校，与北京、上海情况相同，而河南省情况相反。此外，近一年陕西省属本科普通高校发布和文本公开两子项的得分占比已接近或突

破90%。

3)民办普通高校

无论从预算公开，还是决算公开看，陕西省属民办普通高校历年预算、决算公开的三子项得分均为0分，与河南省情况一致。说明陕西省属民办普通高校无一所公开任何年度的预算、决算信息，拉低了原本表现尚可的公办高校得分占比，使总体得分占比大大降低，值得引起关注。

为便于分类比较，根据统计结果，分别绘制陕西省属公办普通高校（图3-30）和民办普通高校（图3-31）历年预决算公开趋势图。

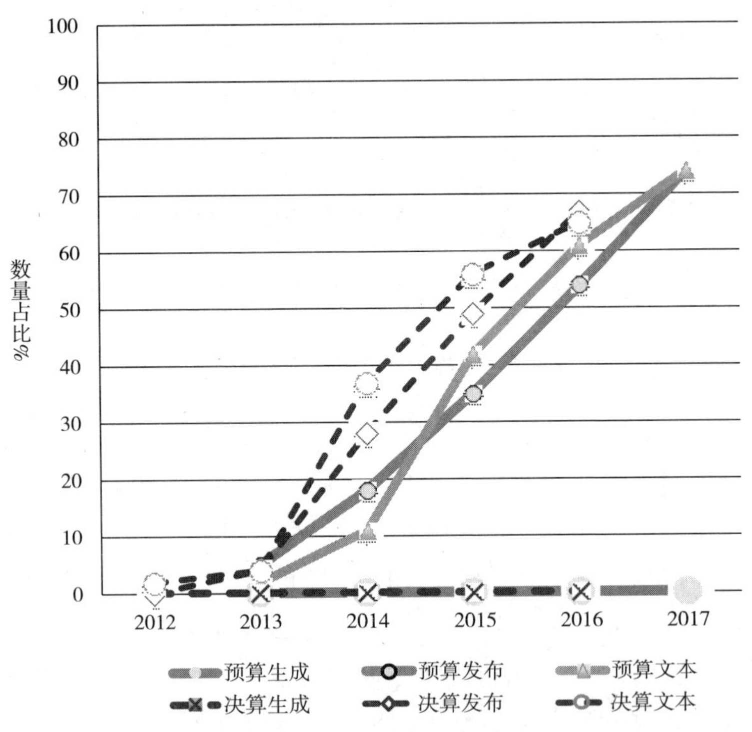

图3-30　陕西省属公办普通高校预决算公开趋势

（4）点击量统计。根据各高校财务信息公开页面嵌入点击量统计模块情况，统计结果显示：①公办普通高校：57所中有31所高校嵌入了点击量统计模块，得分占比54%，公办本科比专科高校表现略好；②民办普通高校：30所中无一所高校嵌入点击量统计模块。③全部普通高校：87所高校总体得分占

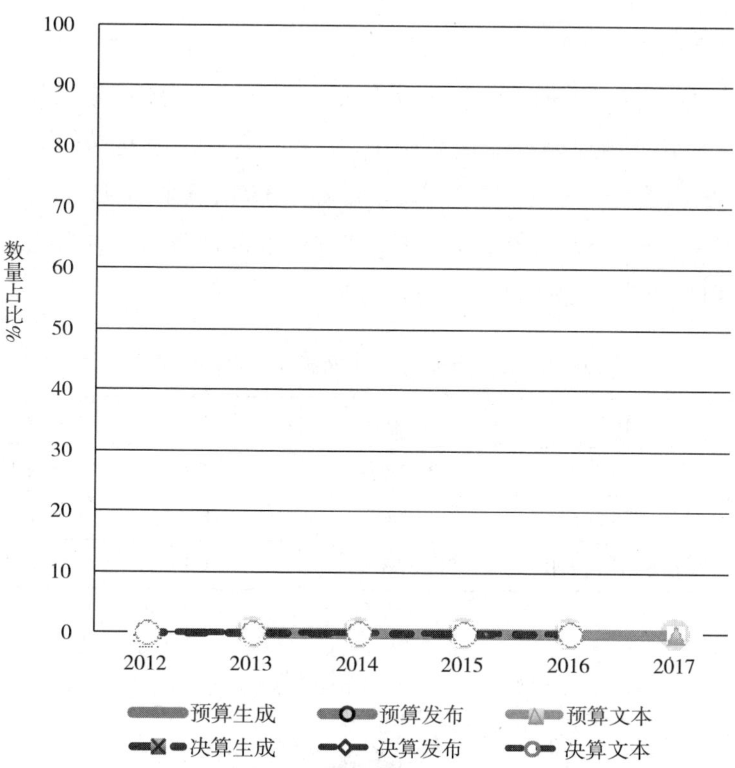

图 3-31 陕西省属民办普通高校预决算公开趋势

比 36%，公办高校与民办高校之间形成鲜明对比。

（5）工作年报。近三年，87 所陕西省属普通高校应公开信息公开工作年报 261 份，统计结果显示，实际公开工作年报 58 份，得分占比仅为 22%。其中，公办本科高校得分占比 45%，公办专科高校得分占比 15%，民办本科高校得分占比 11%，民办专科高校得分占比 0%。公办高校表现优于民办高校，公办本科高校公开工作年报接近 50%。

3.横向统计分析

（1）文本得分。统计结果显示，87 所陕西省属普通高校预算、决算文本（公开）情况不够理想，文本（公开）总体得分占比仅为 19%。其中，公办本科高校得分占比最高，为 39%，公办专科高校占比为 19%；民办高校无一所公开预算、决算信息，得分占比均为 0%。公办高校表现胜过民办高校，公办本科表现优于公办专科高校。

将满分 10 分制转换为百分制，并按 50 分、70 分为节点进行分段统计，绘制陕西省属公办普通高校文本得分分布表（表 3-28）。按百分制分段统计结果显示，57 所陕西省属公办普通高校中，有 1 所高校得分在 70 分以上，占比 2%；有 18 所高校得分在 50 至 70 分之间，占比 31%；其余 38 所得分均低于 50 分，占比 67%（图 3-32）。与公办高校相比，30 所陕西省属民办普通高校文本得分占比均为 0%，表现明显逊于公办高校。

表 3-28 陕西省属公办普通高校文本得分分布

文本得分	10 分制	0~4 分	5~6 分	7~10 分
	百分制	0~49 分	50~69 分	70~100 分
	数量（57）	38	18	1
	得分占比	67%	31%	2%

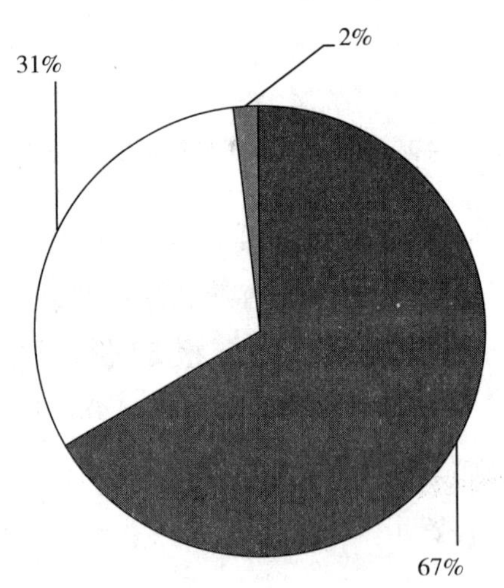

图 3-32 陕西省属公办普通高校文本得分分布

（2）综合得分。统计结果显示，87 所陕西省属普通高校预算、决算公开综合得分占比仅为 12%。其中，公办本科高校得分占比 24%，专科高校得分占比14%;民办高校无一所公开预算、决算信息,得分占比均为0%。

将满分30分制转换为百分制,并按50分、70分为节点进行分段统计,绘制陕西省属公办普通高校综合得分分布表(表3-29)。按百分制分段统计,57所陕西省属公办高校得分均不到50分,占比100%(图3-33)。与公办高校比较,30所陕西省属民办普通高校中,全部综合得分均为0分,数量占比100%。说明在综合得分方面,公办普通高校表现明显优于民办普通高校。

表3-29　陕西省属公办普通高校综合得分分布

综合得分	30分制	0~14分	15~20分	21~30分
	百分制	0~49分	50~69分	70~100分
	数量(57)	57	0	0
	数量占比	100%	0%	0%

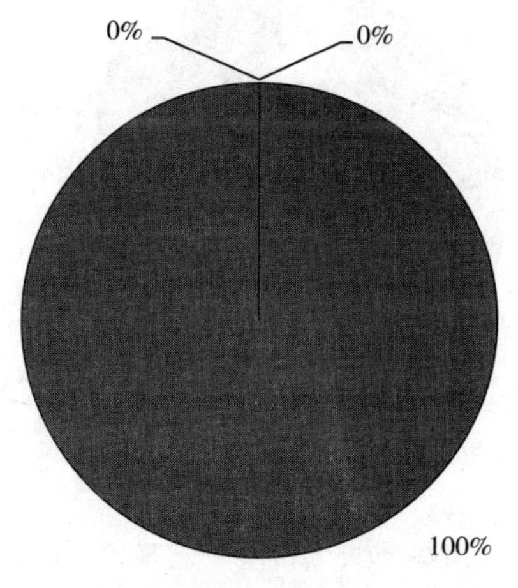

图3-33　陕西省属公办普通高校综合得分分布

(3)总分得分。统计结果显示,陕西省属普通高校总分得分占比仅为18%,其中,公办本科高校总分得分占比为34%,专科高校为18%;民办本科高校为2%,专科高校为1%。公办高校表现胜过民办高校,本科高校表现优于专科高校。

将满分37分制转换为100分制，并按50分、70分为节点进行分段统计，绘制陕西属公办普通高校总分得分分布表（表3-30）。按百分制统计结果显示，57所陕西省属公办普通高校中，无一所总分得分超过70分，仅3所高校总分在50分至70分之间，数量占比5%；其余54所高校总分得分均在50分之下，数量占比95%（图3-34）。

表3-30 陕西省属公办普通高校总分得分分布

综合得分	37分制	0~18分	19~25分	26~37分
	百分制	0~49分	50~69分	70~100分
	数量（57）	54	3	0
	数量占比	95%	5%	0%

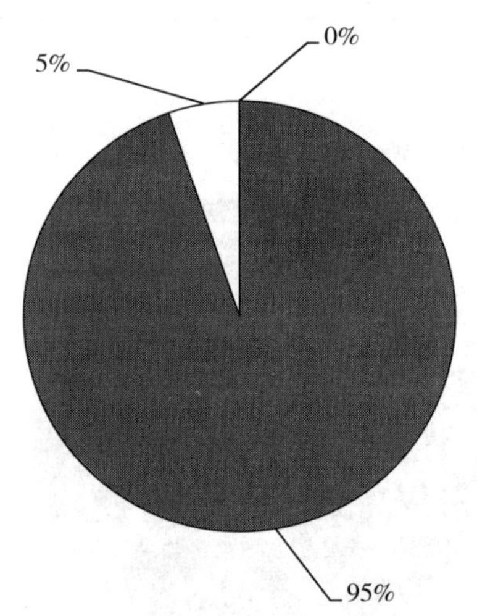

图3-34 陕西省属公办普通高校总分得分分布

（五）福建省属普通高校

1.考察概况

根据教育部2016年6月3日公告，截至2016年5月30日全国高校名单，福建省共有高校88所，其中，中央直属高校2所，福建省属普通高校86所。福建省属普通高校中，公办高校50所，民办高校36所（表3-31）。

表 3-31 福建省高校分类情况统计表

<table>
<tr><th>地区</th><th>隶属</th><th colspan="5">办学层次及数量</th><th>小计</th></tr>
<tr><td rowspan="5">福建</td><td>中央直属</td><td>2</td><td>本科</td><td>2</td><td>专科</td><td>0</td><td rowspan="5">88</td></tr>
<tr><td rowspan="4">福建省属</td><td rowspan="4">86</td><td rowspan="2">公办</td><td rowspan="2">50</td><td>本科</td><td>20</td></tr>
<tr><td>专科</td><td>30</td></tr>
<tr><td rowspan="2">民办</td><td rowspan="2">36</td><td>本科</td><td>15</td></tr>
<tr><td>专科</td><td>21</td></tr>
</table>

截至 2017 年 10 月 25 日，本研究对 86 所福建省属普通高校门户网站进行逐个访问考察，根据各高校财务信息公开的实际情况和赋值规则，对考察各栏目逐一赋值，分别进行横向和纵向统计。横向统计文本、综合、总分三项得分，纵向统计公办本科、公办专科、公办（高校）、民办本科、民办专科、民办（高校）、总体（高校）共七项汇总得分和得分占比（表 3-32）。

表 3-32 福建省属普通高校财务信息公开网站访问考察情况统计表

<table>
<tr><th rowspan="3">序号</th><th rowspan="3">学校名称</th><th rowspan="3">公开专栏</th><th colspan="2">清单</th><th colspan="15">预算公开</th><th colspan="15">决算公开</th><th rowspan="3">点击量栏目</th><th rowspan="3">工作年报</th><th colspan="3">横向统计</th></tr>
<tr><th rowspan="2">财务栏目</th><th rowspan="2">财务清单</th><th colspan="3">2013 年</th><th colspan="3">2014</th><th colspan="3">2015</th><th colspan="3">2016</th><th colspan="3">2017</th><th colspan="3">2012</th><th colspan="3">2013</th><th colspan="3">2014</th><th colspan="3">2015</th><th colspan="3">2016</th><th rowspan="2">文本(10)</th><th rowspan="2">综合(30)</th><th rowspan="2">总分(37)</th></tr>
<tr><th>生成</th><th>发布</th><th>文本</th><th>生成</th><th>发布</th><th>文本</th><th>生成</th><th>发布</th><th>文本</th><th>生成</th><th>发布</th><th>文本</th><th>生成</th><th>发布</th><th>文本</th><th>生成</th><th>发布</th><th>文本</th><th>生成</th><th>发布</th><th>文本</th><th>生成</th><th>发布</th><th>文本</th><th>生成</th><th>发布</th><th>文本</th><th>生成</th><th>发布</th><th>文本</th></tr>
<tr><td rowspan="2">公办本科</td><td>汇总</td><td>20</td><td>17</td><td>2</td><td>0</td><td>3</td><td>1</td><td>0</td><td>2</td><td>4</td><td>0</td><td>10</td><td>8</td><td>0</td><td>15</td><td>16</td><td>0</td><td>17</td><td>18</td><td>0</td><td>1</td><td>1</td><td>0</td><td>3</td><td>7</td><td>0</td><td>9</td><td>11</td><td>0</td><td>17</td><td>18</td><td>1</td><td>15</td><td>16</td><td>13</td><td>52</td><td>84</td><td>161</td><td>297</td></tr>
<tr><td>占比</td><td>100</td><td>85</td><td>10</td><td>0</td><td>15</td><td>5</td><td>0</td><td>10</td><td>20</td><td>0</td><td>50</td><td>40</td><td>0</td><td>75</td><td>80</td><td>0</td><td>85</td><td>90</td><td>0</td><td>5</td><td>5</td><td>0</td><td>15</td><td>35</td><td>0</td><td>45</td><td>55</td><td>0</td><td>85</td><td>90</td><td>5</td><td>75</td><td>80</td><td>65</td><td>87</td><td>42</td><td>27</td><td>40</td></tr>
<tr><td rowspan="2">公办专科</td><td>汇总</td><td>25</td><td>9</td><td>0</td><td>0</td><td>2</td><td>2</td><td>0</td><td>5</td><td>7</td><td>0</td><td>8</td><td>13</td><td>1</td><td>18</td><td>20</td><td>2</td><td>19</td><td>21</td><td>0</td><td>1</td><td>1</td><td>0</td><td>7</td><td>7</td><td>0</td><td>12</td><td>14</td><td>1</td><td>20</td><td>19</td><td>2</td><td>18</td><td>19</td><td>15</td><td>58</td><td>104</td><td>200</td><td>346</td></tr>
<tr><td>占比</td><td>83</td><td>30</td><td>0</td><td>0</td><td>7</td><td>7</td><td>0</td><td>17</td><td>23</td><td>0</td><td>27</td><td>43</td><td>3</td><td>60</td><td>67</td><td>7</td><td>63</td><td>70</td><td>0</td><td>3</td><td>3</td><td>0</td><td>23</td><td>23</td><td>0</td><td>40</td><td>47</td><td>3</td><td>67</td><td>63</td><td>7</td><td>60</td><td>63</td><td>50</td><td>64</td><td>35</td><td>22</td><td>31</td></tr>
<tr><td rowspan="2">公办</td><td>汇总</td><td>45</td><td>26</td><td>2</td><td>0</td><td>5</td><td>3</td><td>0</td><td>7</td><td>11</td><td>0</td><td>18</td><td>21</td><td>1</td><td>33</td><td>36</td><td>2</td><td>36</td><td>39</td><td>0</td><td>2</td><td>2</td><td>0</td><td>10</td><td>14</td><td>0</td><td>21</td><td>25</td><td>1</td><td>37</td><td>37</td><td>3</td><td>33</td><td>35</td><td>28</td><td>110</td><td>188</td><td>361</td><td>643</td></tr>
<tr><td>占比</td><td>90</td><td>52</td><td>4</td><td>0</td><td>10</td><td>6</td><td>0</td><td>14</td><td>22</td><td>0</td><td>36</td><td>42</td><td>2</td><td>66</td><td>72</td><td>4</td><td>72</td><td>78</td><td>0</td><td>4</td><td>4</td><td>0</td><td>20</td><td>28</td><td>0</td><td>42</td><td>50</td><td>2</td><td>74</td><td>74</td><td>6</td><td>66</td><td>70</td><td>56</td><td>73</td><td>38</td><td>24</td><td>35</td></tr>
</table>

续表

序号	学校名称	公开专栏	清单		预算公开															决算公开															点击量栏目	工作年报	横向统计		
			财务栏目	财务清单	2013 年			2014			2015			2016			2017			2012			2013			2014			2015			2016					文本(10)	综合(30)	总分(37)
					生成	发布	文本	生成	发布	文本	生成	发布	文本	生成	发布	文本	生成	发布	文本	生成	发布	文本	生成	发布	文本	生成	发布	文本	生成	发布	文本	生成	发布	文本					
民办本科	汇总	8	2	0	0	0	0	0	0	0	0	0	0	0	1	1	0	0	0	0	0	0	0	0	0	0	0	0	0	1	1	0	0	0	0	27	2	4	41
	占比	53	13	0	0	0	0	0	0	0	0	0	0	0	7	7	0	0	0	0	0	0	0	0	0	0	0	0	0	7	7	0	0	0	0	60	1	1	7
民办专科	汇总	6	0	0	0	0	0	0	0	0	0	0	0	0	0	0	0	0	0	0	0	0	0	0	0	0	0	0	0	0	0	0	0	0	0	25	0	0	31
	占比	29	0	0	0	0	0	0	0	0	0	0	0	0	0	0	0	0	0	0	0	0	0	0	0	0	0	0	0	0	0	0	0	0	0	40	0	0	4
民办	汇总	14	2	0	0	0	0	0	0	0	0	0	0	0	1	1	0	0	0	0	0	0	0	0	0	0	0	0	0	1	1	0	0	0	0	52	2	4	72
	占比	39	6	0	0	0	0	0	0	0	0	0	0	0	3	3	0	0	0	0	0	0	0	0	0	0	0	0	0	3	3	0	0	0	0	48	1	0	5
总体	汇总	60	28	2	0	5	3	0	7	11	0	18	21	1	34	37	2	36	39	0	2	2	0	10	14	0	21	25	1	38	38	3	33	35	28	162	190	365	716
	占比	70	33	2	0	6	3	0	8	13	0	21	24	1	40	43	2	42	45	0	2	2	0	12	16	0	24	29	1	44	44	3	38	41	33	63	22	14	23

2.纵向统计分析

(1)公开专栏。该栏目满分 86 分,其中,公办普通高校满分 50 分,民办普通高校满分 36 分。公办本科高校满分 20 分,公办专科高校 30 分;民办普通本科高校满分 15 分,民办专科高校 21 分。

1)总体分类比较。首先,从总体看,统计结果显示,福建省属普通高校总体得分 60 分,得分占比 70%,说明福建省属普通高校开辟“信息公开”专栏情况整体较好。其次,从分类比较看,公办高校公开专栏得分占比 90%,民办高校为 39%,其中,公办本科高校得分占比 100%,专科高校得分占比 83%;民办本科高校得分占比 53%,专科高校得分占比 29%。

2)公办普通高校。统计结果显示,50 所公办普通高校该栏目得分 45 分,得分占比 90%。其中,20 所公办本科高校全部开辟了信息公开专栏,占比 100%;30 所公办专科高校中有 25 所开辟了信息公开专栏,占比 83%。说明福建省属公办普通高校开辟“信息公开”专栏情况较好，特别是公办本科有上佳表现。

3）民办普通高校。统计结果显示，36 所民办普通高校该栏目得分 14 分，得分占比 39%。其中，民办本科高校共 15 所，得分 8 分，得分占比 53%；民办专科高校 21 所，得分 6 分，占比 29%。说明福建省属民办本科高校开辟“信息公开”专栏情况好于民办专科高校。民办专科高校得分低于公办本科、公办专科、民办本科，得分占比最低。

（2）清单项目。该项目下分“财务栏目”和“财务清单”两个子项，满分均为 86 分，其中公办普通高校满分 50 分，民办普通高校满分 36 分。

1）总体分类比较。首先，从总体看，全部 86 所福建省属普通高校“财务栏目”得分 28 分，占比 33%；“财务清单”栏目得分 2 分，占比 2%，总体表现欠佳。其次，从分类比较看，①“财务栏目”：公办高校得分占比 52%，民办高校得分占比仅 6%。其中公办本科 85%，公办专科 30%，民办本科 13%，民办专科 0%；②“财务清单”：公办本科高校得分占比 10%，其余公办专科、民办本科和民办专科得分占比均为 0%。说明福建省属普通高校在清单项目方面得分占比差异明显，公办高校表现明显胜过民办高校，“财务清单”子项整体表现较差。

2）公办普通高校。统计结果显示，福建省属 50 所公办普通高校中，①设置“财务栏目”的高校有 45 所，占比 90%。其中，公办本科高校得分占比 100%，专科高校 83%，公办高校该栏目表现整体抢眼；②列示“财务清单”的公办高校仅有 2 所，全部为本科高校，公办专科高校表现不佳。

3）民办普通高校。统计结果显示，福建省属 36 所民办普通高校中，只有 2 所民办本科高校设置了“财务栏目”，其余 34 所民办本科、专科高校，既未设置“财务栏目”，也未列示“财务清单”，民办高校整体表现较差。

（3）预算公开/决算公开。两主栏目下共 30 个子项，福建省属普通高校总体汇总满分为 86 分。其中，公办高校汇总满分 50 分，民办高校汇总满分 36 分。

1）总体分类比较。首先，从总体看，①预算公开：5 个预算年度生成（日期）栏得分占比分别为 0%、0%、0%、1%、2%；发布（日期）栏得分占比分别为 6%、8%、21%、40%、42%；文本（公开）栏得分占比分别为 3%、13%、24%、43%、45%。预算公开三项得分占比均不足 50%，文本（公开）与发布（日期）两项得分占比表现基本相同，此两项表现优于生成（日期）。②决算公开：5 个决算年度生成(日期)栏得分占比分别为 0%、0%、0%、1%、3%;发布(日期)栏得分占比分别为 2%、12%、24%、44%、38%;文本(公开)栏得分占比分别为 2%、16%、29%、44%、41%,决算公开三项得分占比亦均较低,与预算公开表现基本相同(图 3-35)。其次,从分类比较看,福建省属 36 所民办普通高校中,仅有 1 所民办本科高校公开了 1 个预算年度和 1 个决算年度的财务信息;此外,公办高校公开情况明显胜过民办高校;与北京、上海、陕西等省市相同,福建省属公办本科高校公开情况整体略好于公办专科高校。

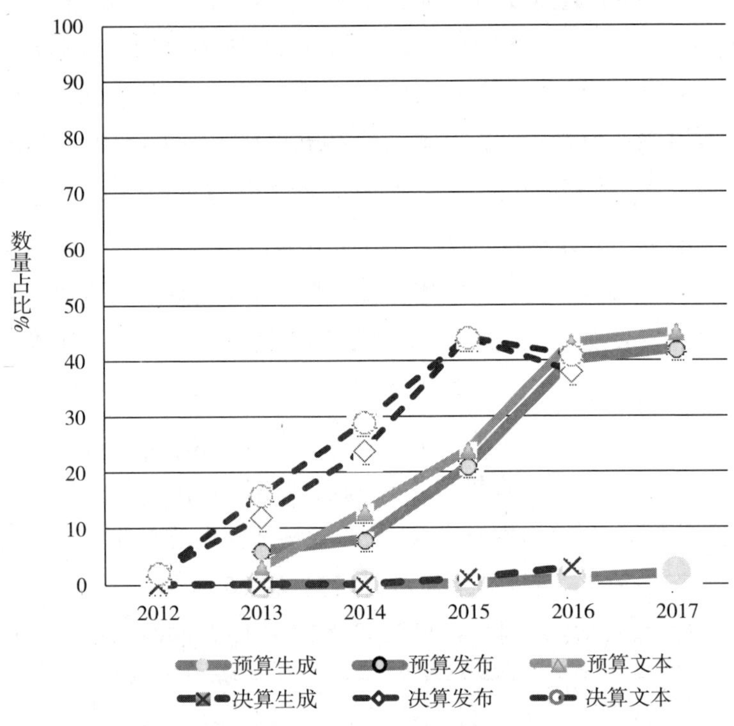

图 3-35 福建省属普通高校历年预决算公开趋势

2)公办普通高校。①预算公开:5 个预算生成(日期)栏得分占比均不足 5%;发布(日期)栏历年得分占比分别为 10%、14%、36%、66%、72%;文本(公开)栏历年得分占比分别为 6%、22%、42%、72%、78%。发布(日期)和文本(公开)两项表现较好,且总体有向好趋势,特别是近两年占比均超过 50%。②决算公开:5 个决算年度生成(日期)栏统历年得分占比极低,仅 2016 年决算占比略超5%，与预算公开的生成（日期）栏表现基本相同；发布（日期）栏历年得分占比分别为4%、20%、42%、74%、66%；文本（公开）栏历年得分占比分别为4%、28%、50%、74%、70%。发布（日期）和文本（公开）两栏目得分占比与预算公开基本相同，整体较好，同样有向好趋势。③分类比较：公办本科高校预算、决算公开情况略好于专科高校，特别是近两年，本科高校公开得分占比均在80%上下，甚至高达90%，而专科高校得分未超过70%。

3）民办普通高校。无论从预算公开，还是决算公开看，除1所福建省属民办本科普通高校公开了1个年度预算和1个年度决算外，其他14所民办本科高校和21所民办专科高校无一所公开任何年度的预算、决算信息，拉低了原本表现较好的福建省属普通高校总体得分占比，值得引起关注。

为便于分类比较，根据统计结果，分别绘制福建省属公办普通高校（图3-36）和民办普通高校（图3-37）预决算公开趋势图。

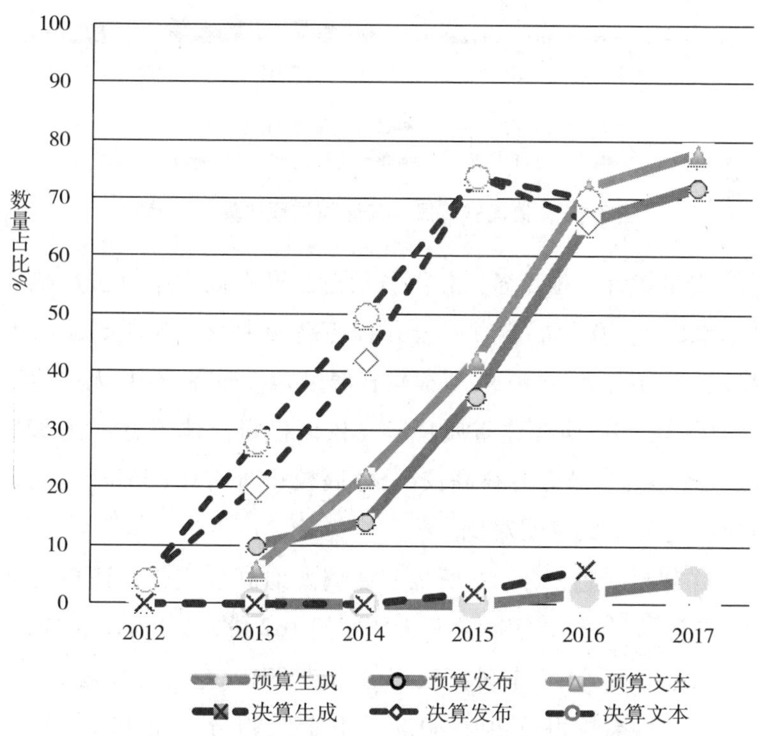

图3-36　福建省属公办普通高校预决算公开趋势

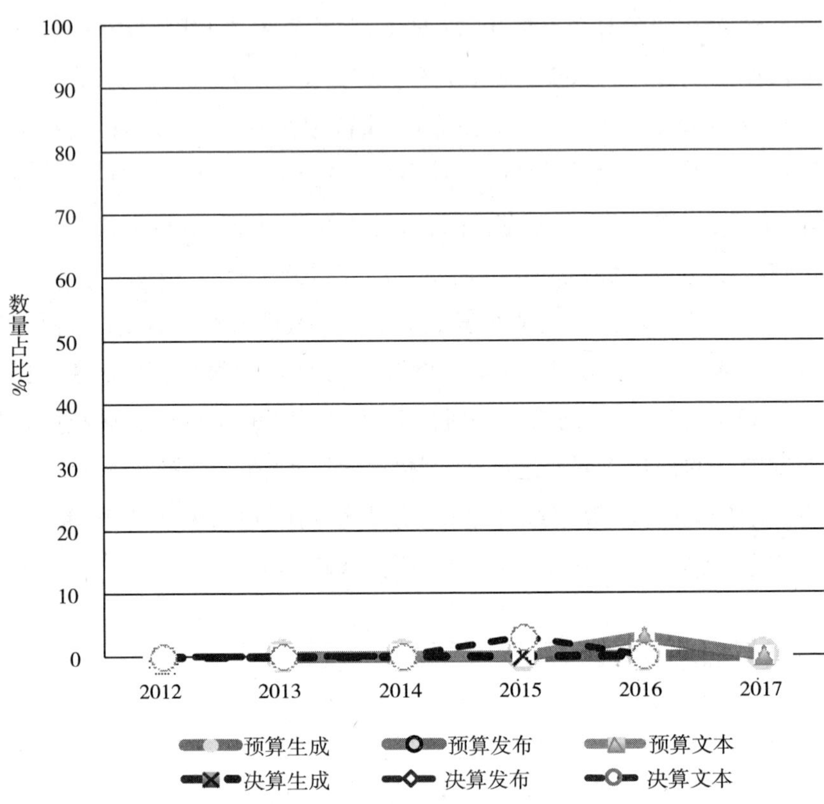

图 3-37　福建省属民办普通高校预决算公开趋势

(4)点击量统计。根据各高校财务信息公开页面嵌入点击量统计模块情况,统计结果显示,50 所福建省属公办普通高校中,有 28 所高校嵌入了点击量统计模块,得分占比 56%;36 所福建省属民办普通高校中,无一所高校嵌入点击量统计模块。86 所福建省属普通高校该栏目总体得分占比 33%。公办本科高校表现略好于公办专科高校,公办高校得分占比(56%)与民办高校得分占比(0%)之间形成鲜明对比。

(5)工作年报。近三年,86 所福建省属普通高校应公开信息公开工作年报 258 份,统计结果显示,实际公开工作年报 162 份,得分占比 63%,整体情况较好。其中,公办高校中,本科高校得分占比 87%,专科高校得分占比 64%;民办高校中,本科高校得分占比 60%,专科高校得分占比 40%。整体表现较好,其中公办高校表现优于民办高校。

3.横向统计分析

（1）文本得分。统计结果显示，86 所福建省属普通高校预决算的文本（公开）情况不够理想，总体得分占比仅为 22%。其中，公办本科高校得分占比 42%，公办专科高校得分占比 35%。民办高校几乎没得分，民办本、专科高校得分占比分别为 1%、0%，整体上拉低了本就不高的普通高校整体得分占比。

将满分 10 分制转换为百分制，并按 50 分、70 分为节点进行分段统计，绘制福建省属公办普通高校文本得分分布表（表 3-33）。按百分制分段统计结果显示，50 所福建省属公办普通高校中，有 10 所高校文本得分在 70 分以上，占比 20%；有 11 所高校得分在 50 至 70 分之间，占比 22%；其余 29 所得分低于 50 分，占比 58%（图 3-38）。相比较而言，36 所福建省属民办高校文本得分全部在 50 分之下，占比 100%，表现明显逊于公办高校。

表 3-33　福建省属公办普通高校文本得分分布

文本得分	10 分制	0~4 分	5~6 分	7~10 分
	百分制	0~49 分	50~69 分	70~100 分
	数量(50)	29	11	10
	得分占比	58%	22%	20%

（2）综合得分。统计结果显示，86 所福建省属普通高校预决算公开综合得分占比仅为 14%。其中，公办本科高校综合得分占比 27%，专科高校得分占比 22%。民办本、专科高校得分占比分别为 1%、0%。说明公办高校综合得分明显胜过民办高校，公办本科和专科高校得分占比基本相同。

将满分 30 分制转换为百分制，并按 50 分、70 分为节点进行分段统计，绘制福建省属公办高校综合得分分布表（表 3-34）。按百分制分段统计结果显示，50 所福建省属公办高校中，48 所综合得分在 50 分以下，数量占比 96%（图 3-39）。36 所福建省属民办高校中，仅有 1 所公开 1 年预算信息和 1 年决算信息，尽管综合得分分布 50 分以下占比 10%，但公办高校表现仍优于民办高校。

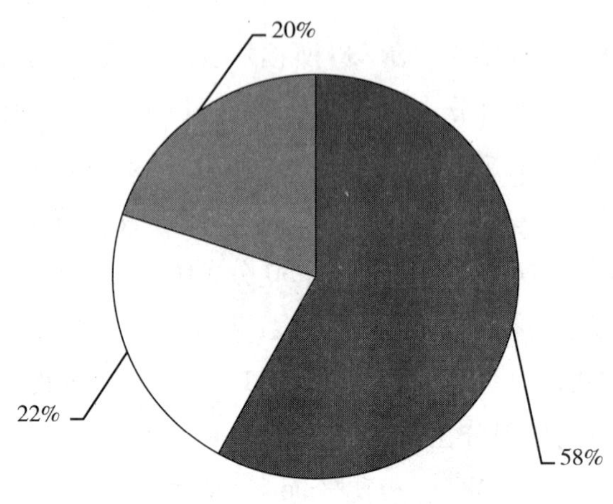

图 3-38 福建省属公办普通高校文本得分分布

表 3-34 福建省属公办普通高校综合得分分布

综合得分	30 分制	0～14 分	15～20 分	21～30 分
	百分制	0～49 分	50～69 分	70～100 分
	数量(50)	48	2	0
	数量占比	96%	4%	0%

(3)总分得分。统计结果显示,86 所福建省属普通高校总分得分占比为23%,其中,公办本科高校总分得分占比为40%,专科高校为31%;民办本科高校为7%,专科高校为4%。公办高校总分得分表现明显胜过民办高校。

将满分 37 分制转换为 100 分制,并按 50 分、70 分为节点进行分段统计,绘制福建省属公办普通高校总分得分分布表(表 3-35)。按百分制统计结果显示,50 所福建省属公办普通高校中,无一所总分得分超过 70 分,有 8 所公办高校总分在 50 分至 70 分之间,数量占比 16%;其余 42 所高校总分均在 50 分之下,数量占比 84%(图 3-40)。相比而言,36 所福建省属民办高校总分得分均在 50 分以下,占比 100%,公办高校总分得分情况好于民办高校。

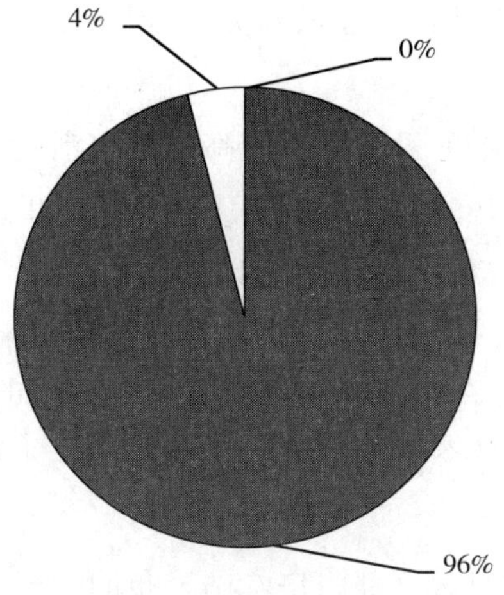

图 3-39　福建省属公办普通高校综合得分分布

表 3-35　福建省属公办普通高校总分得分分布

综合得分分	37 分制	0~18 分	19~25 分	26~37 分
	百分制	0~49 分	50~69 分	70~100 分
	数量(50)	42	8	0
	数量占比	84%	16%	0%

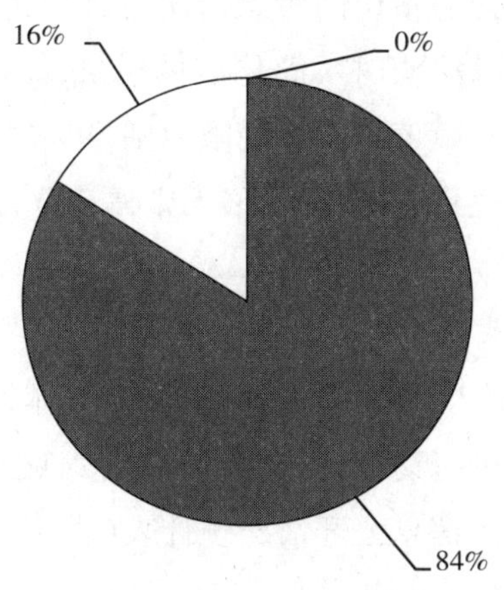

图 3-40　福建省属公办普通高校总分得分分布

五、中外合作办学财务信息公开现状

(一)样本概况

中外合作办学高校在我国境内开展高等教育活动,与其他高校学校一样,具有社会公民教育和公共受托责任等公共属性,社会公众对包括中外合作办学在内的公共利益相关事务享有知情权利。此外,世界高等教育强国大学财务信息的公开实践也表明,合作办学高校负有向社会公开财务信息之义务。因此,我国中外合作办学高校应是我国高校财务信息公开的义务主体。本研究将我国中外合作办学高校单独作为一类样本,纳入网站访问考察范围。

根据 2016 年 6 月 3 日教育部门户网站公布的截至 2016 年 5 月 30 日全国高校名单中,包括我国中外合作办学高校共 7 所,其中,上海 1 所,浙江 2 所,广东 2 所,江苏 2 所。

中外合作办学高校具有独立法人资格,适用 2003 年 9 月 1 日起实施《中华人民共和国中外合作办学条例》(国务院第 372 号令),第五章资产与财务第四十一条规定:中外合作办学机构应当在每个会计年度结束时制作财务会计报告,委托社会审计机构依法进行审计,向社会公布审计结果,并报审批机关备案。

在考察过程中,发现中外合作办学高校财务信息公开情况普遍不够详细,因此对原高校财务信息公开网站访问考察情况统计表进行调整,增加审计报告公开栏目,合并预算和决算公开栏,简化清单栏目,保留公开专栏、点击量、工作年报(表 3-36),各栏目赋值时本着底限原则,年报栏统计最近 3 年,每年有则 1 分,无则 0 分,其余栏目有则得 1 分,无则得 0 分,最后进行横向和纵向统计。

(二)网站访问考察

截至 2017 年 10 月 25 日,本研究对教育部 2016 年度公布的 7 所中外合作办学高校门户网站逐一进行访问。根据各高校信息公开情况和赋值规则,填列中外合作办学高校财务信息公开情况统计表(表 3-36)。

表 3-36 中外合作办学高校财务信息公开网站访问考察情况统计表

序号	高校名称/简称	公开专栏	财务清单	审计报告	预决算	点击量	年报	合计
1	北师大香港浸会大学	1	1	0	0	0	3	5
2	温州肯恩大学	0	1	0	1	0	0	2
3	上海纽约大学	1	1	0	0	0	3	5
4	香港中文大学(深圳)	0	1	0	0	0	0	1
5	宁波诺丁汉大学	0	0	0	0	0	0	0
6	昆山杜克大学	0	0	0	0	0	0	0
7	西交利物浦大学	0	0	0	0	0	0	0
合计		2	4	0	1	0	6	13

1.北京师范大学—香港浸会大学联合国际学院

北京师范大学——香港浸会大学联合国际学院是我国境内第一所具有独立法人资格的中外合作办学高校,自 2005 年成立以来已有 10 余年历史。该校门户网站上开设有“信息公开”专栏,并且按《办法》《清单》要求列示出 10 大类信息公开事项。从公开内容上看,学校公开了近 3 个学年的信息公开工作年报,工作年报显示更新于 2016 年 10 月 31 日;信息公开专栏下开设有“财务、资产和收费”信息公开栏目,有历年预算报告和决算报告链接。但链接显示“资料准备中,请耐心等待!”,最后更新日期为 2014 年 11 月 28 日。① 截止到 2017 年 10 月,该栏目下的预算、决算报告链接仍无内容。

2.温州肯恩大学

温州肯恩大学虽未在学校门户网站开辟“信息公开”专栏,但在财务部门网站开设有“预决算公开”栏目,而且公开了 2015~2017 年 3 个年度的财务预算和 2014~2016 年 3 个年度的财务决算。② 温州肯恩大学是 7 所中外合作办学高校中唯一一所公开有预决算财务信息的高校,已连续公开了三年。

① 北京师范大学—香港浸会大学联合国际学院.信息公开[EB/OL].http://uic.edu.hk/cn/public-information/finance/5446-income-and-expenditure-final-settlement.

② 温州肯恩大学财务部.温州肯恩大学部门预决算公开[EB/OL].http://www.wku.edu.cn/jgsz/cwb/yjsgk/。

3.上海纽约大学

该校在其教育发展基金会网站开设有“信息公开”专栏,公开有 3 个年度的工作年报,其中包括基金会收支报表内容。①

4.香港中文大学(深圳)

该校未在门户开辟信息公开专栏,但在财务部门网站开设有“财务报告”栏目,但“财务报告”栏目链接下无内容,未公开财务预决算信息。②

5.宁波诺丁汉大学

宁波诺丁汉大学未在门户网站开辟“信息公开”专栏。在该校教育发展基金会网站宣称:自觉公布募捐、接受捐款、对外资助等情况,主动接受主管部门、登记机关、捐赠者以及社会公众的监督,提高社会公信力。各项基金由基金会统一进行会计核算(收付款项、开具收据、日常报销、编制报表等),并接受基金会业务主管部门(浙江省教育厅)、登记管理机关(浙江省民政厅)和审计部门的年度检查和审计。③ 但截至 2017 年 10 月,尚未发现公布相关信息。

此外,未在昆山杜克大学、西交利物浦大学两所高校的门户网站发现“信息公开”专栏与财务信息公开相关内容。西交利物浦大学在其行政事务中心——财务办公室网站声明:财务办公室是大学的支持部门,向员工,学生及相关外部机构提供各自所需的财务服务和信息,努力保证学校具有强有力的财务控制和可以信赖的财务系统。④ 声明中未提及向社会公众公开财务信息。

(三)考察结果分析

根据教育部 2016 年公布的我国高等学校名单,其中中外合作办学高校共 7 所。截至 2017 年 10 月 25 日,本研究对 7 所中外合作办学高校财务信息公开情况实施网站访问考察的统计结果显示:1.有 2 所高校在门户网站开辟“信

① 上海纽约大学教育发展基金会.信息公开[EB/OL].https://foundation.shanghai.nyu.edu/cn/about/annual-report。

② 香港中文大学(深圳)财务处.项目与管理[EB/OL].http://www.cuhk.edu.cn/department/fo。

③ 宁波诺丁汉大学教育发展基金会.信息公开透明[EB/OL].https://www.nottingham.edu.cn/cn/foundation/index.aspx。

④ 西交利物浦大学.财务办公室[EB/OL].http://www.xjtlu.edu.cn/zh/about/professional-services/centre-for-administrative-affairs。

息公开”专栏,4 所高校设置有“财务公开”或“财务报告”栏目。2.仅有温州肯恩大学 1 所高校公开了预算、决算财务信息,其余 6 所高校均未公开财务预算、决算相关信息。3.有 2 所高校公开了信息公开年报,但未将财务预算决算信息列入向社会主动公开项目。4.无一所高校公开财务审计报告。

中外合作办学高校全部由国内名校和国外世界名校联合创办,这些国外世界名校在其官网中均可以找到向社会公开的财务报告信息,但在与国内名校成立合作办学高校时,尽管《办学》《通知》《清单》适用范围包括中外合作办学高校,但遗憾的是,我们不能获取全部合作办学高校的财务报告信息。可喜的是,一些中外合作办学高校已经敢于在信息公开年报坦承,需要切实转变观念、加强制度建设、优化信息公开平台,满足信息多元需要,保障公民知情权。①

六、地方成人高校财务信息公开现状

(一)样本概况

教育部 2016 年 6 月 3 日公布,截至 2016 年 5 月 30 日,全国成人高校共计 284 所。本研究选择全部 284 所成人高校为样本,并作为独立分类对其财务信息公开情况进行网站访问考察。

我国 284 所成人高校有以下特点:1.成人高校在各省(市)及隶属部门间数量差别甚大,很多省市成人高校仅个位数,因此不宜分省(市)、分隶属部门进行分类考察,统计数量占比意义不大;2.全国成人高校财务信息公开情况整体表现不佳,一些成人高校甚至尚未建立学校门户网站,更谈不上在学校门户开辟“信息公开”专栏。如果按照对普通高校的现状考察设计进行,不仅徒增考察和统计的工作量,而且各省(市)、部门间也无可比性。基于此,本研究对成人高校财务信息公开现状考察时,统计表做相应简化设计。

(二)栏目设计及赋值规则

1.栏目设计

成人高校财务信息公开的现状考察设计 5 个栏目:门户网站、公开专栏、

---

① 北京师范大学—香港浸会大学联合国际学院.信息公开年度报告(2015—2016)[EB/OL].http://uic.edu.hk/cn/public-information/others/annual-report/5489-2016-10-31-02-08-59。

财务栏目、财务信息、工作年报。“门户网站”栏目考察高校是否建立有学校门户网站；“公开专栏”栏目考察高校是否在门户网站开辟有信息公开专栏；“财务栏目”栏目考察高校是否在门户网站或信息公开专栏中开设有财务公开栏目；“财务信息”栏目考察高校是否在门户网站、信息公开专栏、财务公开栏目或财务部门网站公开有至少一年预算或决算报告；“工作年报”栏目考察高校是否公开有至少一个学年信息公开工作报告。

2.赋值原则

每个栏目满足条件“是”，则该栏目得 1 分；不满足条件“否”，则该栏目得 0 分；每个栏目最多得 1 分，最低得 0 分。

最后分别进行横向和纵向合计，并计算纵向得分占比，形成全国成人高校财务信息公开网站访问考察情况统计表（表 3-37）。

表 3-37　全国成人高校财务信息公开网站访问考察情况统计表

序号	成人高校名称	主管部门	门户网站	公开专栏	财务栏目	财务信息	工作年报	合计
1								
2								
……								
……								
合计								
得分占比								

（三）统计设计

1.横向统计

横向统计反映各成人高校信息公开工作整体开展情况，“门户网站”栏目得分仅作参考，不进行横向统计。横向统计“公开专栏”、“财务栏目”、“财务信息”、“工作年报”4 个栏目得分，每所高校最高得 4 分，最低得 0 分。

2.纵向统计

纵向统计反映所有成人高校 5 个栏目各考察事项得分情况。“门户网站”纵向汇总统计建立门户网站的成人高校数量和占比；“公开专栏”纵向汇总统计开设信息公开专栏的成人高校数量和占比;“财务栏目”纵向汇总统计开设财务公开栏目的成人高校数量和占比;“财务信息”纵向汇总统计至少公开1个年度预算或决算报告的成人高校数量和占比;“工作年报”纵向汇总统计至少公开1个学年信息公开工作年报的成人高校数量和占比。最后对横向4个栏目的横向统计得分进行纵向汇总统计。

(四)网站访问考察

截至2017年10月25日,本研究对全国284所成人高校门户网站逐个进行访问,根据每所成人高校财务信息公开情况和栏目赋值规则,填列全国成人高校财务信息公开情况统计表。

统计结果显示:(1)门户网站:284所成人高校中,仅有192所建立有门户网站,占全部成人高校数量的68%;有92所成人高校没有建立门户网站,占全部成人高校数量的32%。(2)公开专栏:有47所成人高校在门户网站中开辟有信息公开专栏,占全部成人高校数量的19%。(3)财务栏目:有23所成人高校在门户网站或信息公开专栏中开辟有财务公开栏目,占全部成人高校数量的9%。(4)财务信息:公开一个以上年度财务预算或决算信息的成人高校仅有30所,占全部成人高校数量的12%;⑤工作年报:公开一个以上学年信息公开工作年报的成人高校仅有21所,占全部成人高校数量的8%(表3-38)。

表3-38　全国成人高校财务信息公开网站访问考察情况统计表

序号	成人高校名称	主管部门	门户网站	公开专栏	财务栏目	财务信息	工作年报	合计
合计(284所)			192	47	23	30	21	121
得分占比(%)			68	19	9	12	8	12

统计结果发现,横向除门户网站外的4个栏目赋值结果呈现出两个极端:(1)得到满分4分的高校有12所,占284所全国成人高校总数量的4%。其中,11所高校为省(市)级或副省级的省(市)广播电视大学或开放大学,有1所为省级经济管理干部学院。(2)得到最低0分的高校有234所,占全部成

人高校数量的82%。即82%的成人高校既未开设信息公开专栏,也未公开至少1年度的预算报告、决算报告或工作年报。

此外,福建和安徽两省成人高校财务信息公开情况较为特殊,一是成人高校数量少,二是公开财务信息的比率高。除福建和安徽两省外,其他各省(市)间成人高校财务信息公开情况整体较差,全国成人高校财务信息公开工作推进整体情况不容乐观。

第二节　国外高校财务信息公开实践现状

一、国外高校研究样本选择

美国新闻与世界报道(U.S.News&World Report,简称 U.S.News)是全球公认的世界大学排名机构之一,自 1983 年开始发布美国大学和研究生院排名,1985 年后每年公布一次。2014 年 10 月,U.S.News 正式推出了 2015 年度世界大学排名(Best Global Universities),之后每年 9 月推出一次。

U.S.News2018 年度世界大学排名的指标体系比以往略有变化,主要包括以下 7 项加权参数:(1)本科学术声誉(22.5%);(2)毕业率和新生报到率(22.5%);(3)师资力量(20%);(4)新生水平(12.5%);(5)财务资源(10%);(6)毕业率表现(5%);(7)校友捐赠(5%)。其中,(3)师资力量中,教员薪酬占该项指标权重 20%的 35%,即总指标的 7%。①

与其他著名的世界大学排名机构指标设计相比,U.S.News 世界大学排名更加注重大学的财务实力和社会捐赠等经济指标。考虑到本研究的财务信息因素,本研究根据 U.S.News2018 年世界大学排名,选择美、英、加、澳四国进入到该排名的各国前 10 所的大学共 40 所为参照样本(表 3-39),②对四国 40 所大学官网逐个进行财务信息公开情况网站访问考察。

---

① Robert Morse, Eric Brooks. Best Colleges Ranking Criteria and Weights[EB/OL]. https://www.usnews.com/education/best-colleges/articles/ranking-criteria-and-weights.

② U.S. News&World Report Education. Best Global Universities Rankings[EB/OL]. https://www.usnews.com/education/best-global-universities/rankings.

表 3-39 U.S.News2018 年度排名美、英、加、澳四国前 10 名大学名单

序号	美国	英国	加拿大	澳大利亚
1	哈佛大学 . 1	牛津大学 . 5	多伦多大学 . 20	墨尔本大学 . 26
2	麻省理工学院 . 2	剑桥大学 . 7	英属哥伦比亚大学 . 27	悉尼大学 . 34
3	斯坦福大学 . 3	伦敦帝国理工学院 . 17	麦吉尔大学 . 49	澳大利亚昆士兰大学 . 45
4	加州大学伯克利分校 . 4	伦敦大学学院 . 22	麦克马斯特大学 . 128	莫纳什大学 . 68
5	加州理工学院 . 6	爱丁堡大学 . 30	蒙特利尔大学 . 129	澳洲国立大学 . 69
6	哥伦比亚大学 . 8	伦敦国王学院 . 41	艾伯塔大学 . 134	新南威尔士大学 . 69
7	普林斯顿大学 . 9	曼彻斯特大学 . 59	卡尔加里大学 . 183	西澳大利亚大学 . 88
8	约翰霍普金斯大学 . 10	布里斯托大学 . 73	渥太华大学 . 208	阿德莱德大学 . 122
9	华盛顿大学 . 10	伦敦卫生与热带医学院 . 75	滑铁卢大学 . 230	麦考瑞大学 . 234
10	耶鲁大学 . 10	南安普顿大学 . 97	韦仕敦大学 . 267	詹姆斯库克大学 . 253

注:①序号排序为 U.S.News 排名中各国大学国内排名。
②大学名称后的数字为该大学的 U.S.News2018 年度世界排名。
③排名相同的为并列排名(tie)。

二、国外高校研究统计设计

考虑到世界著名大学财务信息公开对我国高校财务信息公开的借鉴价值,本研究在对美、英、加、澳四国大学进行现状考察时,除列示大学名称、所在省州区域、办学性质等基本信息外,重点考察各国外著名大学财务报告的相关信息。在网站访问考察过程中不断优化,最终形成美、英、加、澳四国大学财务信息公开网站访问考察情况统计表(表 3-40)。

其中,"财报信息"栏分两个子项,列示大学财务报告的名称和会计期间;"财务信息公开"栏分五个子项,"始年"统计该所大学最早公开财务报告年份,"网址"填列财务报告的获取地址,"路径"记录财务报告获取路径,"部门"填列财务报告公开部门,"目录"列示公开的财务报告目录框架。

表 3-40 美、英、加、澳四国大学财务信息公开网站访问考察情况统计表

排名	大学	省州	性质	财报信息		财务信息公开					
				名称	期间	始年	网址	路径	部门	目录	
1											
2											
……											

三、国外大学财务信息公开现状

（一）美国大学财务信息公开现状

1.研究样本及概况

根据 U.S.News2018 年世界大学排名，美国的前 10 所大学分别是：哈佛大学（Harvard University）、麻省理工学院（Massachusetts Institute of Technology）、斯坦福大学（Stanford University）、加州大学伯克利分校（University of California—Berkeley）、加州理工学院（California Institute of Technology）、哥伦比亚大学（Columbia University）、普林斯顿大学（Princeton University）、约翰霍普金斯大学（Johns Hopkins University）、华盛顿大学（University of Washington）、和耶鲁大学（Yale University）。①

这 10 所大学中：1.从办学性质看，公立大学 2 所，加州大学伯克利分校和华盛顿大学，其余 8 所为私立大学；2.从地域分布看，东北部大学占 6 所，西部大学 4 所，分布于 7 个州；3.全部进入 U.S.News2018 年排名前 10 名。

2.网站访问考察

截至 2017 年 10 月，本研究对美国 10 所世界一流大学门户网站进行逐一访问，按照现状考察栏目，对各大学财务信息公开的实际情况进行如实填列，完成美国大学财务信息公开网站访问考察情况统计表（表 3-41）。

从财务信息两个栏目情况看，1.财务报告名称：美国 10 所大学财务报告的名称有年度财务报告（Annual Financial Report）、财务报告（Financial Report）、财务报表（Financial Statements）、司库报告（Report of the Treasure）等

① U.S. News&World Report Education. Global Universities Search [EB/OL]. https://www.usnews.com/education/best-global-universities/search? country=united-states。

4 种名称,即使是同为公立大学,或同为私立大学,或位于同一个州内的大学,财务报告名称也不尽一致。如哈佛大学称为年度财务报告,而同位于马萨诸塞州的麻省理工学院则称为司库报告,加州的斯坦福大学称为年度财务报告,而加州理工学院则称为财务报表。公立大学中,加州大学伯克利分校称为年度财务报告,而华盛顿大学则称为财务报表;2.财务报告期间:美国 10 所大学财务报告期间有 3 种。斯坦福大学会计期间为 9. 1~8. 31,加州理工学院会计期间为 10. 1~9. 30,而哈佛大学等其他 8 所大学会计期间均为 7. 1~6. 30。

表 3-41　美国大学财务信息公开网站访问考察情况统计表

排名	大学	州省	性质	财务报告		财务信息公开				
				名称	期间	始年	网址	路径	部门	目录
1	哈佛大学.1	马萨诸塞州	私立	年度财务报告(Annual Financial Report)	7. 1—6. 30	2003—2004	http://finance. harvard. edu/annual-report	About / Administrative Office /Finance administrative	财务部(Finance administrative)	01 校长声明 02 财务评述 03 校长和哈佛管理公司 04 CEO 声明 05 独立审计报告 06 财务报表 07 财务报表附注
2	麻省理工学院2	马萨诸塞州	私立	司库报告(Report of the Treasurer);统一指引审计报告(Uniform Guidance Audit Report)	7. 1—6. 30	2010—2011	http://vpf. mit. edu/publications	About/offices/Vice President for Finance/vpf. mit. edu/publications	财务副校长办公室(Office of the Vice President for Finance(VPF))	01 司库报告 02 财务报表 财务状况报表 收支活动报表 现金流量报表 03 财务报表附注 04 独立审计报告 05 5 年趋势分析
3	斯坦福大学3	加利弗尼亚州	私立	年度财务报告(Annual Financial Report)	9. 1—8. 31	1998—1999	http://bondholder-information. stanford. edu/financials/annual_reports. html	About Stanford/Stanford Facts & History	司库办公室(Office of the Treasurer)	01 管理层讨论和分析 02 精选财务和其他数据 03 管理层财务责任报告 04 独立审计报告 05 合并财务报表 财务状况合并报表 收支活动合并报表 现金流量合并报表 06 合并财务报表附注 07 斯坦福管理公司报告

续表

排名	大学	州省	性质	财务报告		财务信息公开					
				名称	期间	始年	网址	路径	部门	目录	
4	加州大学伯克利4	加利弗尼亚州	公立	年度财务报告（Annual Financial Report）	7.1—6.30	2006—2007	https://controller.berkeley.edu/home/uc-berkeley-financial-reports	About/Leadership/Vice Chancellors/	首席财务官办公室（Office of the Chief Financial Officer）	01 02 03 04	财务状况表 收支和净资产变化报表 现金流量报表 财务报表附注 注：伯克利分校年度财报再并入加州大学9分校年报中
5	加州理工学院6	加利弗尼亚州	私立	财务报表（Financial Statements）；年报（Annual Report）	10.1—9.30	2005—2006 2000—2001	http://www.businessandfinance.caltech.edu/finstatements http://www.caltech.edu/content/annual-report-archive	About Caltech/Offices & Services/Business and Finance	财务部审计官办公室（Financial Services/Controller´s Office）	01 02 03 04 05	独立审计报告 资产负债表 收支活动报表 现金流量报表 财务报表附注
6	哥伦比亚大学8	纽约州	私立	财务报告（Financial report）；A-133报告（A-133 Report）	7.1—6.30	2006—2007	http://finance.columbia.edu/content/columbia-university-financial-reports	About Columbia/Statistics & Facts 多渠道获得	财务部审计官办公室（Finance/Controller）	01 02 03 04 05 06 07	校长声明 执行副校长声明 独立审计报告 财务报表 合并资产负债表 收支活动合并报表 现金流量合并报表 财务报表附注 董事会 大学行政管理报告

续表

排名	大学	州省	性质	财务报告		财务信息公开				
				名称	期间	始年	网址	路径	部门	目录
7	普林斯顿大学9	新泽西州	私立	司库报告(Reports of the Treasurer)	7.1—6.30	1999—2000	https://finance.princeton.edu/princeton-financial-overv/report-of-the-treasurer/index.xml	MeetPrinceton/Our Leadership/ Offices of the Corporation/Office of Finance and Treasury	财务和司库办公室(Office of Finance & Treasury)	01 亮点 02 司库声明 03 财务评述 04 投资报告 05 独立审计报告 06 财务报表及附注 财务状况合并报表 收支活动合并报表 现金流量合并报表
8	霍普金斯大学10	马里兰州	私立	年度财务报表(Annual Financial Statements)	7.1—6.30	2000—2001	http://finance.jhu.edu/reports_guides/financial_statements.html	Offices & Departments/Controller's Office/General Accounting	财务部审计官办公室(Finance/Controller's Office)	01 独立审计报告 02 合并资产负债表 03 收支活动合并报表 04 现金流量合并报表 05 财务报表附注
9	华盛顿大学10	华盛顿州	公立	财务报告(Financial Report)	7.1—6.30	1999—2000	http://finance.uw.edu/financial-report-archive	About the UW/Annual report	财务部(Finance Departments)	01 独立审计报告 02 管理层讨论与分析 03 财务报表 04 财务报表附注 05 要求的补充事项 06 董事会和行政办公室
10	耶鲁大学10	康涅狄格州	私立	财务报告(Financial Report)	7.1—6.30	2002—2003	https://your.yale.edu/work-yale/finance-and-business-operations/accounting/financial-reports	About Yale/Yale facts/Documents & Reports/或Administrative Sevices/Budgeting & Reporting/Financial Reporting K	财务与业务运营部(Finance and Business Operations)	01 亮点 02 校长声明 03 财务副校长声明 04 司库声明 05 财务评述 06 管理层财务报告责任 07 独立审计报告 08 财务报表 财务状况合并报表 收支活动合并报表 运营收支报告 实物资产报告 捐赠报告 09 财务报表附注 10 校长和大学理事会

从财务信息公开栏目看,1.公开始年:美国10所大学官网中能直接获取的财务报告公开开始年度各不相同,即使在同一个州的大学,虽然受同一政府信息公开法所规范,公开的开始年度也不尽相同。如哈佛大学最早公开财务报告的年度为2003~2004学年,而同位于马萨诸塞州的麻省理工学院直到2010~2011学年才开始公开财务报告,斯坦福大学早在1998~1999学年就开始公开财务报告,是美国10所大学中最早公开财务报告的大学,而同位于加州的公立大学——加州大学伯克利分校,则直到2006~2007学年才开始公开财务报告,之间相差近10年。2.公开路径:美国10所大学官网中均比较容易找到公开的各年度财务报告,并可自由免费下载,查找和获取都比较便捷。3.责任部门:美国10所大学财务报告公开的责任部门均为财务部,或称为财务业务运营部,公开责任部门明确一致。4.公开目录:美国10所大学财务信息公开的共同项目有资产负债表(财务状况表)、收支活动表、现金流量表、财务报表附注和独立审计报告5个项目,有6所大学公开有财务评述或管理层讨论与分析。

3.结果分析

根据考察和统计情况,美国10所大学财务信息公开情况呈现以下明显特征:1.公立大学、私立大学均公开财务信息;2.最早公开时间与州信息公开立法时间不一致,有早有晚;3.获取财务报告方便免费;4.财务报告目录丰富,共同项目有资产负债表、收支活动表、现金流量表、独立审计报告和财务报表附注等5项;5.财务部门为财务信息公开责任部门。

(二)英国大学财务信息公开现状

1.研究样本及概况

根据U.S.News2018年世界大学排名,英国的前10所大学分别是:牛津大学(University of Oxford)、剑桥大学(University of Cambridge)、帝国理工学院(Imperial College London)、伦敦大学学院(University College London)、爱丁堡大学(University of Edinburgh)、伦敦国王学院(King´s College London)、曼彻斯特大学(University of Manchester)、布里斯托大学(University of Bristol)、伦敦卫生与热带医学院(London School of Hygiene & Tropical Medicine)、南安普顿大

学(University of Southampton)。①

英国10所大学中:1.从办学性质看,全部为公立大学;2.从地域分布看,英格兰地区大学占9所,只有爱丁堡大学位于苏格兰地区;3.全部进入U.S. News2018年度世界大学排名的前100名。

2.网站访问考察

截至2017年10月,对英国10所大学门户网站逐一访问,根据10所大学财务公开现状,完成英国大学财务信息公开网站访问考察情况统计表(表3-42)。

表3-42 英国大学财务信息公开网站访问考察情况统计表

排名	大学	州省	性质	财务报告		财务信息公开				
				名称	期间	始年	网址	路径	部门	目录
1	牛津大学5	英格兰	公立	财务报表(Financial Statements)	8.1—7.31	2007—2008	https://www.ox.ac.uk/about/organisation/finance-and-funding?wssl=1	About/Organisation/Finance and funding	财务基金部(Finance and funding)	01 介绍和财务亮点 02 战略评述 03 财务评述 04 法人治理报告 05 理事会成员 06 风险管理报告 07 内部控制报告 08 独立审计报告 09 综合收入合并报表 10 储备资产变化合并报表 11 资产负债合并报表 12 现金流量合并报表 13 会计政策报告 14 财务报表附注

① U.S.News&World Report Education. Best Global Universities in the United Kingdom[EB/OL].https://www.usnews.com/education/best-global-universities/united-kingdom。

续表

<table>
<tr><th rowspan="2">排名</th><th rowspan="2">大学</th><th rowspan="2">州省</th><th rowspan="2">性质</th><th colspan="2">财务报告</th><th colspan="5">财务信息公开</th></tr>
<tr><th>名称</th><th>期间</th><th>始年</th><th>网址</th><th>路径</th><th>部门</th><th>目录</th></tr>
<tr><td>2</td><td>剑桥大学7</td><td>英格兰</td><td>公立</td><td>年度报告（Annual Report）</td><td>8.1—7.31</td><td>2005—2006</td><td>http://www.cam.ac.uk/annual-report 或 https://www.finance.admin.cam.ac.uk/about/annual-accounts</td><td>About the University/Annual report</td><td>财务部（Finance Division）</td><td>01 理事会年报
02 董事会对理事会年报
03 财务评述
04 法人治理
05 理事会成员
06 公共利益声明
07 内部控制报告
08 理事会责任报告
09 独立审计报告
10 会计政策报告
11 综合收入报表
12 储备资产变化报表
13 资产负债表
14 现金流量表
15 会计报表附注</td></tr>
<tr><td>3</td><td>伦敦帝国理工学院.</td><td>英格兰17</td><td>公立</td><td>年度报告和决算（Annual Report and Accounts）</td><td>8.1—7.31</td><td>2005—2006</td><td>http://www.imperial.ac.uk/finance/about-us/publications/</td><td>Home/Administration and support services /Finance/About us/Publications</td><td>财务部（Finance）</td><td>01 校长报告
02 财务评述
03 公共利益和法人治理
04 独立审计报告
05 综合收支报表
06 财务状况报表
07 权益变化报表
08 现金流量报表
09 会计政策报告
10 财务报表附注</td></tr>
<tr><td>4</td><td>伦敦大学学院</td><td>英格兰22</td><td>公立</td><td>年度报告和财务报表（Annual Report and Financial Statements）</td><td>8.1—7.31</td><td>1999—2000</td><td>http://www.ucl.ac.uk/finance/corporate/annual-report</td><td>Staff/Finance/Finance and Business Affairs /Corporate/FINANCIAL INFORMATION</td><td>财务部（Finance）</td><td>01 理事会成员
02 财务摘要
03 运营和财务评述
04 法人治理
05 理事会责任报告
06 独立审计报告
07 综合收支报表
08 权益变化合并报表
09 资产负债合并报表
10 现金流量报表
11 会计政策报告
12 财务报表附注</td></tr>
</table>

续表

<table>
<tr><th rowspan="2">排名</th><th rowspan="2">大学</th><th rowspan="2">州省</th><th rowspan="2">性质</th><th colspan="2">财务报告</th><th colspan="6">财务信息公开</th></tr>
<tr><th>名称</th><th>期间</th><th>始年</th><th>网址</th><th>路径</th><th>部门</th><th colspan="2">目录</th></tr>
<tr><td>5</td><td>爱丁堡大学.</td><td>苏格兰 30</td><td>公立</td><td>年度报告和决算(Annual Report and Accounts)</td><td>8.1—7.31</td><td>1999—2000</td><td>https://www.ed.ac.uk/records-management/freedom-information/published-information/finance/annual-accounts</td><td>Freedom of information publication scheme/Finance/Annual accounts</td><td>财务部(Finance)</td><td>01
02
03
04
05
06
07
08
09
10
11
12</td><td>综述
战略和价值
运营评述
财务评述
法人治理报告
独立审计报告
综合收支合并报表
权益变化合并报表
资产负债合并报表
现金流量合并报表
财务报表附注
5 年摘要(未经审计)</td></tr>
<tr><td>6</td><td>伦敦国王学院.</td><td>英格兰 41</td><td>公立</td><td>财务报表(Financial statements)</td><td>8.1—7.31</td><td>2002—2003</td><td>https://www.kcl.ac.uk/aboutkings/orgstructure/ps/finance/statements/index.aspx</td><td>About King's/Organisational Structure/Professional Services</td><td>财务和计划董事会(Finance and Planning Directorate)</td><td>01
02
03
04
05
06
07
08
09
10
11
12
13</td><td>校长报告
理事会成员
运营和财务评述
法人治理报告
内部控制报告
理事会责任报告
独立审计报告
会计政策报告
综合收支合并报表
权益变化合并报表
资产负债合并报表
现金流量报表
财务报表附注</td></tr>
<tr><td>7</td><td>曼彻斯特大学.</td><td>英格兰 59</td><td>公立</td><td>财务报表(Financial statements)</td><td>8.1—7.31</td><td>2010—2011</td><td>http://www.manchester.ac.uk/discover/governance/corporate-documents/</td><td>Freedom of information/governance/Corporate documents</td><td>财务部(Finance)和出版计划(Publication scheme)</td><td>01
02
03
04
05
06
07
08
09
10
11
12</td><td>校长声明
主要绩效指标
财务主任评述
公共利益报告
法人治理报告
独立审计报告
会计政策报告
综合收支合并报表
权益变化合并报表
资产负债表
现金流量合并报表
财务报表附注</td></tr>
</table>

续表

排名	大学	州省	性质	财务报告		财务信息公开				
				名称	期间	始年	网址	路径	部门	目录
8	布里斯托大学.	英格兰 73	公立	年度报告和财务报表（Annual report and financial statements）	8. 1—7. 31	1999—2000	http://www.bristol. ac.uk/directory/finance/about/financial-statements/；1999—2009 http://www.bristol.ac.uk/university/publications/archive/annual-report.html	About the University / Publications and reports/ Annual report and financial statements	财务部（Finance Services）	01 校长和董事会声明 02 战略报告 03 公共利益报告 04 董事会责任报告 05 独立审计报告 06 综合收支合并报表 07 权益变化合并报表 08 资产负债合并报表 09 现金流量合并报表 10 会计政策报告 11 财务报表附注
9	伦敦卫生与热带医学院.	英格兰 75	公立	年度报告和财务报表（Annual report & financial statements）	8. 1—7. 31	2010—2011	https://www.lshtm. ac.uk/aboutus/introducing/annual-report-financial-statements	About us/ Introducing our School/ Annual report；或 Freedom of Information/ Publication scheme	财务部（Finance）和出版计划（Publicati-on scheme）	01 司库报告 02 法人治理 03 理事会责任报告 04 独立审计报告 05 会计政策报告 06 综合收支报表 07 资产负债表 08 现金流量合并报表 09 财务报表附注
10	南安普顿大学.	英格兰 97	公立	财务报表和统计（Financial Statements and Statistics）	8. 1—7. 31	2006—2007	https://www.southampton. ac.uk/finance/services/financial-statements.page	Freedom of Information/ What we spend and how we spend it / Financial Statements	财务部（Finance）和出版计划（Publicati-on scheme）	01 战略报告 02 公共利益报告 03 法人治理报告 04 独立审计报告 05 综合收支合并报表 06 其他收支合并报表 07 权益变化合并报表 08 资产负债合并报表 09 现金流量合并报表 10 财务报表附注 11 财务统计分析

英国 10 所大学均在其门户网站公开了财务信息,开始公开年度早晚不同,有 6 所大学在《信息自由法》正式实施的 2005 年之前,有 4 所大学稍晚。大学财务报告期间均为 8.1～7.31,财务报告名称有年度报告(Annual Report)、财务报表(Financial Statements)、年度报告和会计账目(Annual Report and Account)、年度报告和财务报表(Annual Report and Financial Statements)、财务报表与统计(Financial Statements and Statistics)等 5 种。

3.结果分析

英国的英格兰地区采用英国《信息自由法》,颁布于 2000 年,经过 5 年的过渡,于 2005 年正式生效实施;而苏格兰地区在英国《信息自由法》颁布后,于 2002 年制定颁布了苏格兰《信息自由法》,并于当年实施。

英国 10 所大学财务信息公开的共同特征有:1.全部公开了财务信息;2.全部按《信息自由法》要求公开了《出版计划》(Publication Scheme),各大学的出版计划书中包括了大学财务信息公开;3.公开目录丰富,10 所大学财务信息公开的共同项目有:资产负债表、综合收支表、权益变化表、现金流量表、财务报表附注和独立审计报告等 6 项;4.财务部门为财务信息公开责任部门;5.财务报告查找和获取便捷、免费;6.会计期间统一,均为 8.1～7.31。

(三)加拿大财务信息公开现状

1.研究样本及概况

根据 U.S.News2018 年世界大学排名,加拿大前 10 所大学分别是:多伦多大学(University of Toronto)、英属哥伦比亚大学(University of British Columbia)、麦吉尔大学(McGill University)、麦克马斯特大学(McMaster University)、蒙特利尔大学(University of Montreal)、阿尔伯塔大学(University of Alberta)、卡尔加里大学(University of Calgary)、渥太华大学(University of Ottawa)、滑铁卢大学(University of Waterloo)、韦仕敦大学(Western University)。①

加拿大 10 所大学中:1.从办学性质看,10 所大学全部为公立大学;2.从地域分布看,10 所大学分布于 4 个省,其中,安大略省有 5 所,魁北克省有 2 所,

① U.S.News&World Report Education.Best Global Universities in Canada[EB/OL].https://www.usnews.com/education/best-global-universities/canada。

阿尔伯塔省有 2 所,英属哥伦比亚省有 1 所;3.从大学排名看,10 所大学全部进入 U.S.News2018 年度世界前 300 名,其中,3 所进入前 100 排名,4 所在前 100 名至 200 名之间,3 所在前 200 名至 300 名之间。

2.网站访问考察

截至 2017 年 10 月,对加拿大 10 所大学门户网站逐一访问,根据 10 所大学财务公开情况,完成加拿大大学财务信息公开网站访问考察情况统计表(表 3-43)。

从财务信息两个栏目看,1.财务报告名称:加拿大 10 所大学财务报告名称有年度财务报告(Annual Financial Report)、财务报告(Financial Report)、财务报表(Financial Statements)、年度财务报表(Annual Financial Statements)、经审计财务报表(Audited Financial Statements)、合并财务报表(Consloidated Financial Statements)等 6 种名称;2.财务报告期间:财务报告期间有 2 种。英属哥伦比亚大学、阿尔伯塔大学、卡尔加里大学等西部 3 所大学会计期间为 4. 1~3. 31,而东部安大略省和魁北克省的 7 所大学会计期间为 5. 1~4. 30。

从财务信息公开栏目看,1.公开始年:安大略省的多伦多大学和滑铁卢大学最早于 1997~1998 年度开始公开财务信息,而英属哥伦比亚大学直到 2013 年才公开了 2012~2013 年度财务信息,相差 15 年之久;2.公开路径:可方便在官网中查找获取财务报告;3.责任部门:加拿大大学财务信息公开的责任部门均为大学财务部;4.公开目录:加拿大 10 所大学财务信息公开的共同项目有资产负债表、收入支出表(运营活动表)、现金流量表、财务报表附注和独立审计报告五个项目,有 7 所大学公开有管理责任报告。

3.结果分析

加拿大 10 所大学财务信息公开的共同特征有:1.全部公开了财务信息;2.财务信息公开时间较晚:加拿大早在 1982 年就通过了加拿大《信息自由法》,但各州通过《信息自由法》的时间相对较晚,如安大略省于 1990 年通过安大略省《信息自由和隐私保护法》。考察发现,加拿大 10 所大学的财务信息公开时间,普遍晚于加拿大国家和地方信息自由法颁布时间。10 所大学中,2000 年之前公开财务信息的大学仅 3 所;3.公开目录丰富:加拿大 10 所大学财务信息公开的共同项目有资产负债表(财务状况表)、运营报表(收支表)、

表 3-43　加拿大大学财务信息公开网站访问考察情况统计表

排名	大学	州省	性质	财务报告		财务信息公开					
				名称	期间	始年	网址	路径	部门	目录	
1	多伦多大学.20	安大略省	公立	财务报告(Financial Report)	5.1—4.30	1997—1998	http://finance.utoronto.ca/reports/financial/	About U of T/ Reports and Accountability/ Financial & Planning Reports	财务部(Financial Services)	01 02 03 04 05	亮点 管理责任报告 独立审计报告 财务报表(已审计) 合并资产负债表 运营合并报表 净资产变化合并报表 现金流量合并报表 合并财务报表附注
2	英属哥伦比亚大学.27	不列颠哥伦比亚省	公立	合并财务报表(Consolidat-ed Financial Statement);财务信息法报告(Financial Information Act Report)	4.1—3.31	2012—2013	https://vpfinance.ubc.ca/financial-reporting/reports/	About UBC/UBC Budget and Financial Reporting	财务和运营副校长(The Vice President, Finance & Operations)	01 02 03 04 05 06 07 08 09 10 11	管理责任报告 独立审计报告 合并财务报表(已审计) 财务状况合并报表 运营和累积盈余合并报表 净负债变化合并报表 现金流量合并报表 收益折算合并报表 合并财务报表附注 债务时间表 担保与赔偿合同时间表 理事会薪酬支出时间表 雇员薪酬支出时间表 货物和服务时间表 其他资金支付时间表
3	麦吉尔大学.49	魁北克省	公立	审计财务报表(Audited Financial Statement)	5.1—4.30	2003—2004	http://www.mcgill.ca/vpadmin/university-finance/statements	About us/Administration & Governance/ Vice-Principal (Administration and Finance)/ Reports & resources	财务部(Financial Services)	01 02 03 04 05 06	独立审计报告 收入支出报表 净资产变化报表 资产负债表 现金流量表 财务报表附注

续表

排名	大学	州省	性质	财务报告		财务信息公开				
				名称	期间	始年	网址	路径	部门	目录
4	麦克马斯特大学.128	安大略省	公立	年度财务报告（Annual Financial Report）；财务报表（Financial Statements）	5.1—4.30	1999—2000	http://www.mcmaster.ca/bms/BMS_Financial_Information.htm	A-Z Index/Financial Services/Financial Information	财务部（Financial Services）	01 一年总览 02 财务分析 03 风险管理报告 04 运营资金和运营预算 05 财务报表 财务状况表 运营报表 净资产变化报表 现金流量报表 06 财务报表附注
5	蒙特利尔大学.129	魁北克省	公立	财务状况表（États financiers）	5.1—4.30	2011—2012	http://www.fin.umontreal.ca/direction-finances/etats-financiers/index.html	Sites A-Z/Direction des finances/États financiers	财务部（Direction des finances）	01 审计报告 02 收支报告 03 财务状况报告 04 现金流量报告 05 财务报告附注
6	艾伯塔大学.134	艾伯塔省	公立	年度财务报表（Annual Financial Statements）	4.1—3.31	2007—2008	http://www.financial.ualberta.ca/en/Annual-Financial-Statements.aspx	WhyUAlberta Links/Reporting and Statistical Documents	财务部（Financial Services）	01 财报讨论与分析 02 管理责任报告 03 独立审计报告 04 财务状况合并报表 05 净资产变化合并报表 06 损益折算合并报表 07 现金流量合并报表 08 合并财务报表附注
7	卡尔加里大学.183	艾伯塔省	公立	财务报表（Financial Statements）	4.1—3.31	2009—2010	http://www.ucalgary.ca/finance/documentation#quickset-field_collection_quicktabs_0	AboutUCalgary Overview/Administrative units/Finance/Documentation，Financial Statements & Forms	财务部（Finance）	01 管理责任报告 02 独立审计报告 03 合并财务报表 财务状况合并报表 运营合并报表 净资产变化合并报表 损益折算合并报表 现金流量合并报表 04 合并财务报表附注

续表

<table>
<tr><th rowspan="2">排名</th><th rowspan="2">大学</th><th rowspan="2">州省</th><th rowspan="2">性质</th><th colspan="2">财务报告</th><th colspan="6">财务信息公开</th></tr>
<tr><th>名称</th><th>期间</th><th>始年</th><th>网址</th><th>路径</th><th>部门</th><th colspan="2">目录</th></tr>
<tr><td>8</td><td>渥太华大学·208</td><td>安大略省</td><td>公立</td><td>财务报表(Financial statements)</td><td>5. 1—4. 30</td><td>2006—2007</td><td>http://www.uottawa.ca/financial-resources/financial-planning/financial-statements</td><td>A-Z Index/ Financial Resources</td><td>财务资源副校长 Associate Vice-President, Financial Resources</td><td>01
02
03

04</td><td>管理责任报告
独立审计报告
合并财务报表
财务状况合并报表
运营合并报表
净资产变化合并报表
现金流量合并报表
财务报表附注</td></tr>
<tr><td>9</td><td>滑铁卢大学·230</td><td>安大略省</td><td>公立</td><td>财务报表(Financial Statements)</td><td>5. 1—4. 30</td><td>1997—1998</td><td>https://uwaterloo.ca/finance/about/audited-financial-statements</td><td>AboutWaterloo/Accountability/Audited Financial Statements</td><td>财务部(Finance)</td><td>01
02
03

04</td><td>管理责任报告
独立审计报告
合并财务报表
资产负债表
运营报表
净资产变化报表
现金流量报表
财务报表附注</td></tr>
<tr><td>10</td><td>韦仕敦大学·267</td><td>安大略省</td><td>公立</td><td>合并财务报表(Combined Financial Statements)</td><td>5. 1—4. 30</td><td>2011—2012之前年度可联系获得</td><td>http://www.uwo.ca/finance/accounting/corporate_financial_reporting.html</td><td>Administrative Offices/ Financial Services/</td><td>财务部(Financial Services)</td><td>01

02
03
04
05
06
07
08</td><td>韦仕敦大学
财务报表介绍
财务报告责任
独立审计报告
财务状况合并报表
运营合并报表
净资产变化合并报表
现金流量合并报表
财务报表附注</td></tr>
</table>

净资产变化表、现金流量表、财务报表附注和独立审计报告等6项;4.财务部门为财务信息公开责任部门;5.财务报告查找和获取便捷、免费。

(四)澳大利亚大学财务信息公开现状

1.研究样本及概况

根据U.S.News2018年世界大学排名,澳大利亚前10所大学分别是:墨尔本大学(University of Melbourne)、悉尼大学(University of Sydney)、澳大利亚昆士兰大学（University of Queensland Australia）、莫纳什大学（Monash University）、澳大利亚国立大学（Australian National University）、新南威尔士大学（University of New South Wales）、新南威尔士大学（University of New South Wales）、西澳大利亚大学（University of Western Australia）、阿德莱德大学（University of Adelaide）、麦考瑞大学（Macquarie University）、詹姆斯库克大学（James Cook University）。①

澳大利亚 10 所大学中：1.从办学性质看，10 所大学全部为公立大学；2.从地域分布看，10 所大学分属 5 个省和 1 个首都特区。其中东部 3 省和 1 个首都特区占 8 所大学，中西部 2 省占 2 所大学；3.从大学排名看，10 所大学全部进入 U.S.News2018 年度排名前 300 名，其中，7 所大学进入前 100 排名，1 所大学在前 100 名至 200 名之间，2 所大学在排名 200 名至 300 名之间。

2.网站访问考察

截至 2017 年 10 月，对澳大利亚 10 所大学门户网站逐一访问，根据其财务公开情况，完成澳大利亚大学财务信息公开网站访问考察情况统计表（表 3-44）。

表 3-44　澳大利亚大学财务信息公开网站访问考察情况统计表

排名	大学	州省	性质	财务报告		财报公开相关内容				
				名称	期间	始年	网址	路径	部门	目录
1	墨尔本大学 26	维多利亚州	公立	年度报告（Annual Report）	1.1—12.31	1999—2000	http://about.unimelb.edu.au/policy-and-publications/publications	About Us/Policy and publications/Reports and publications	行政和财务副校长和首席财务官（Vice-Principal Administration & Finance and Chief Financial Officer）	01 校监的信 02 校长声明 03 五年统计 04 大学治理报告 05 理事会成员和高层领导 06 法定报告 07 财务评述 08 五年财务摘要 09 财务报表

① U.S. News&World Report Education. Best Global Universities in Australia [EB/OL]. https://www.usnews.com/education/best-global-universities/australia。

续表

排名	大学	州省	性质	财务报告		财报公开相关内容				
				名称	期间	始年	网址	路径	部门	目录
2	悉尼大学.34	新南威尔士州	公立	年度报告（Annual Report）	1.1—12.31	1998—1999	https://ses.library.usyd.edu.au/handle/2123/992/browse?type=dateissued&sort_by=2&order=DESC&rpp=20&etal=0&submit_browse=Update	About us/Vision and values/Annual report	大学委员会（the University's Senate）	01 年度评述 02 法定报告 03 财务评述 04 财务报表 综合收支报表 财务状况报表 权益变化报表 现金流量报表 05 财务报表附注
3	昆士兰大学	昆士兰州.45	公立	年度报告（Annual Reports）	1.1—12.31	1997—1998	http://www.uq.edu.au/about/annual-reports	Right to Information/Publication Scheme/Our finance	治理和政策（Governance and policy）	01 校长评述 02 重要统计数据 03 财务信息摘要 04 组织和治理 05 三年战略计划 06 年度财务报表 07 财务报表附注 08 独立审计报告
4	莫纳什大学	维多利亚州68	公立	年度报告（Annual Reports）	1.1—12.31	2000—2001	http://www.monash.edu/about/who/publications/annual-report	About us and our history/Freedom of information	大学理事会（Council）	01 年度评述 02 财务评述 03 财务报表 综合收支报表 财务状况报表 权益变化报表 现金流量报表 04 财务报表附注 05 声明 06 独立审计报告

续表

排名	大学	州省	性质	财务报告		财报公开相关内容					
				名称	期间	始年	网址	路径	部门	目录	
5	澳洲国立大学.69	澳大利亚首都特区	公立	年度报告(Annual Reports)	1.1—12.31	1998—1999	http://www.anu.edu.au/about/plans-reviews	Freedom of Information/The Information Publication Scheme(IPS)/Plans and reports	大学理事会(Council)	01 02 03 04 05 06 07 08	校监和校长致部长的信 校长声明 大学组织架构 年度绩效报告 管理责任报告 财务信息 独立审计报告 理事会声明
6	新南威尔士大学.69	新南威尔士州	公立	年度报告和财务报告(Annual Reports/Financial Reports)	1.1—12.31	2001—2002	https://www.fin.unsw.edu.au/OurServices/Financial-Control_Financial-Accounting Reporting_Annual-Reports.html	Home/Newsroom/PUBLICATIONS	大学董事会(the University's Senate)	01 02 03 04 05 06 07 08 09 10	理事会报告 理事会成员声明 独立审计报告 财务报表 收入报表 综合收支报表 财务状况报表 权益变化报表 现金流量报表 财务报表附注 补充信息 法定报告 隐私和信息公开报告 披露要求 统计信息
7	西澳大利亚大学	西澳大利亚州.88	公立	年度报告(Annual Reports)	1.1—12.31	1996—1997	http://www.annualreport.uwa.edu.au/previous-reports	About/Official publications	大学董事会(the University's Senate)	01 02 03 04 05 06 07 08 09 10	校监前言 校长评述 年度总览 治理和管理架构 理事会成员 风险管理报告 独立审计报告 财务报表 主要绩效指标 ……

续表

排名	大学	州省	性质	财务报告		财报公开相关内容				
				名称	期间	始年	网址	路径	部门	目录
8	阿德莱德大学．122	南澳大利亚州	公立	年度报告（Annual Reports）	1.1—12.31	1999—2000	https://www.adelaide.edu.au/publications/corporate/	A-Z/Publications/Corporate Publications	大学理事会（Council）	01 校监和校长前言 02 年度总览 03 综合收入表 财务状况表 权益变化表 现金流量表 独立审计报告 ……
9	麦考瑞大学．234	新南威尔士州	公立	年度报告（Annual Reports）	1.1—12.31	2006—2007	http://www.mq.edu.au/about/about-the-university/governance/annual－reports 07年之前可联系获得	About/Governance	大学理事会（Council）	01 财务摘要 02 校长声明 03 年度总览 04 治理和组织架构 05 法定报告 06 财务报表 收入报告 综合收支报表 财务状况报表 权益变化报表 现金流量报表 07 财务报表附注 08 独立审计报告
10	詹姆斯库克大学．253	昆士兰州	公立	年度报告（Annual Reports）	1.1—12.31	2011—2012	https://www.jcu.edu.au/about-jcu/annual-report	AboutJCU/History/Governance/Annual report	大学理事会（Council）	01 公开数据 02 大学治理理事会 03 遵循声明 04 年度总览 05 主要绩效指标 06 财务评述 07 财务报表和附注 08 独立审计报告 09 年末财务信息 10 词汇表

从财务信息两个栏目看：1.财务报告名称：财务报告名称统一为财务报告（Financial Report）；2.财务报告期间：财务报告期间亦统一为 1.1~12.31。

从财务信息公开栏目看，1.公开始年：澳大利亚 10 所大学中，有 6 所大学于 2000 年之前开始公开财务信息。西澳大利亚州的西澳大利亚大学最早于 1996~1997 年度就开始公开财务信息，而昆士兰州的詹姆斯库克大学，直到

2012年才公开了2011~2012年度财务信息，最早和最晚公开时间相差15年之久；2.公开路径：均可方便在10所大学官网中便捷查找、免费获取财务报告；3.责任部门：澳大利亚大学财务信息公开的责任部门比较特别，公开责任上移，有8所大学的公开责任为大学理事会(Council或Senate)，维多利亚大学为财务副校长与财务主管办公室(Vice-Pricipal Administration &Finance and Chief Financial Officer)，昆士兰大学在大学政策与程序(Policies and Procedures)中公开；4.公开目录：澳大利亚10所大学财务信息公开的共同项目有资产负债表、收入支出表(运营活动表)、现金流量表、财务报表附注和独立审计报告五个项目，有7所大学公开有管理责任报告。

3.结果分析

澳大利亚10所大学财务信息公开的共同特征有：1.全部公开了财务信息；2.公开时间较早。澳大利亚与加拿大一样，联邦政府早在1982年就颁布了《信息自由法》，其他各州通过《信息自由法》的时间相对较晚。考察发现，澳大利亚10所大学的财务信息公开时间，普遍晚于国家和地方政府信息自由法颁布时间。但从公开时间看，2000年之前公开财务信息的大学就有6所，数量上多于其他几个国家；3.公开报告体系丰富：澳大利亚10所大学财务信息公开的共同项目有资产负债表(财务状况表)、综合运营报表(综合收支表)、净资产变化表、现金流量表、财务报表附注和独立审计报告等6项；4.澳大利亚财务信息公开的责任上移，公开责任通常为大学理事会；5.公开的财务报告查找和获取便捷、免费。

第四章　高校财务信息公开比较研究

古罗马著名历史学家普布里乌斯.克奈里乌斯.塔西佗(Publius Cornelius Tacitus)曾说:“要想认识自己,就要把自己同别人进行比较。”①比较是认识事物的重要手段,也是人类认识、区别和确定不同事物间异同关系最常用的思维方法。“不识庐山真面目,只缘身在此山中”。不借助他人参照物,有时很难对自己有更真实全面的认识。本研究通过开展跨空间、跨时间、跨类别、跨国别的比较研究,发现我国高校财务信息公开中存在的一些共同现象和差异问题,检视我国高校与国外大学在财务信息公开中存在的差距和不足,更真实全面地认清当前我国高校财务信息公开的现状,以期更有效地推动我国高校财务信息公开工作的持续深入开展。

第一节　国内外高校财务信息公开比较

一、信息公开立法制度比较

从法律遵循看,财务信息公开除受制于一国的信息公开立法外,还受一国会计准则制度的规制。高校财务信息公开是对信息公开相关法律规章和高校会计准则制度双重遵循的结果。

(一)信息公开立法

《信息公开法》是国家信息公开法律体系中最基本、最重要的法制基础。一国信息公开立法的进程、建设与完善,与各国民主政治的进步和公民意识的

① 彭官章:《试论比较民族学》,《黑龙江民族丛刊》1987 年第 4 期。

觉醒休憩相关，同时又受各国文化传统、经济发展等的深刻影响。信息公开立法对高校财务信息公开起着重要的决定性影响。

1.立法进程

从信息公开的立法进程看，世界范围内各个国家信息公开的立法进程差异明显。据信息自由全球倡议组织（freedominfo.org）统计，截至 2017 年 9 月 28 日，世界上已有 117 个国家颁布了信息公开立法。但在 2000 年之前，通过信息公开立法的国家仅有 29 个，而 21 世纪以来的最近十年（2007～2017 年），通过信息公开立法的国家就已经达到 50 个（表 4-1）。

表 4-1　世界各国颁布信息公开立法时间表

排序	国家	时间	排序	国家	时间	排序	国家	时间
1	瑞典	1766	11	意大利	1990	21	以色列	1998
2	芬兰	1951	12	荷兰	1991	22	垃脱维亚	1998
3	美国	1966	13	比利时	1994	23	阿尔巴尼亚	1999
4	法国	1978	14	伯利兹城	1994	24	捷克共和国	1999
5	澳大利亚	1982	15	冰岛	1996	25	格鲁吉亚	1999
6	新西兰	1982	16	立陶宛	1996	26	希腊	1999
7	加拿大	1983	17	韩国	1996	27	日本	1999
8	哥伦比亚	1985	18	爱尔兰	1997	……	……	……
9	奥地利	1987	19	泰国	1997	36	英国	2000
10	丹麦	1987	20	乌兹别克斯坦	1997	68	中国	2007

资料来源：信息自由全球倡议组织（freedominfo.org）门户网站网址：http://www.freedominfo.org/? p=18223。

尽管瑞典是公认的世界上最早颁布信息自由立法的国家，但近代信息公开立法最早始于欧美等国。美、加、澳三国早在 20 世纪后半叶先后颁布了政府信息公开立法，成为世界上较早颁布信息公开立法的高等教育强国。英国虽受保守文化传统的影响，颁布信息公开立法的时间稍晚，但也赶在 20 世纪结束的最后一年颁布了信息公开立法，成为世界上第 36 个颁布信息公开立法的国家，而且发展迅速，已经成为世界上信息公开领域最有影响力的国家之一。亚洲国家中，韩国和泰国是最早通过信息公开立法的国家。

欧美各国信息公开除立法时间较早外，还有一个共同特点，就是在实施过程中不断进行修订、补充和完善，逐步形成了比较完备、规范的信息公开法律体系，为世界其他国家信息公开立法提供了宝贵的经验借鉴。

与欧美等国信息公开立法相比，我国颁布信息公开立法的时间相对较晚。《条例》自2007年颁布以来，至今已整整十年，十年来仍未进行过任何修订、补充和完善，2017年6月由国务院法制办公室启动修订工作，发布了关于《条例》修订草案的征求意见通知。《办法》自2010年发布以来，亦已七年有余，同样未进行过任何修订、补充和完善。特别是随着新的政府会计准则和高校会计准则制度的颁布实施，《办法》《通知》《清单》等未随之做出相应修订。

英国和我国都具有根深蒂固的保密文化传统，信息公开立法的共同特点都是先从颁布《条例》开始，走循序渐进之路。英国于1994年制订《行政公开条例》，然后于2000年颁布《信息自由法》，而后分6个阶段于2005年开始全面施行。可见，英国的信息公开从条例到立法再到实施，分别经历了6年和5年共11年的历程。我国同样于2007年由国务院颁布《政府信息公开条例》，于2008年5月1起全面施行，再由不同行业部门根据《条例》制定适用各行业部门的信息公开办法，然后由各行业部门出台相关实施细则或通知。但单从颁布到实施的时间间隔看，我国信息公开立法的推进进度相对较快。

2.立法层级

美、英、加、澳等国的信息公开立法为典型的双层级立法结构，联邦政府与地方政府信息公开立法并行，各有不同的适用范围。联邦政府信息公开立法仅适用于联邦政府机构一级，地方政府信息公开立法则适用于地方政府各级机构。

尽管联邦政府和地方政府在立法时间上或有早晚，但从立法层级上看，这些信息公开立法均居于联邦政府或地方政府法律体系的最高位阶。美国50个州及哥伦比亚特区都制定了各自的信息公开法，如纽约州的信息公开立法时间为1974年，①麻萨诸塞州的信息公开立法时间为1977年，②新泽西州的

① National Freedom of Information Coalition.New York Freedom of Information Law[EB/OL].http://www.nfoic.org/new-york-foia-laws。

② Commonwealth of Massachusetts.Chapter 66：public records[EB/OL].https://malegislature.gov/Laws/GeneralLaws/PartI/TitleX/Chapter66。

信息公开立法时间为 2002 年。① 英国的英格兰、北爱尔兰颁布信息公开法的时间为 2000 年,苏格兰相对稍晚,其颁布信息公开立法时间为 2002 年,②均早于英国政府信息公开法 2005 年实施之前。澳大利亚的维多利亚州与联邦政府信息公开立法时间均为 1982 年,而新南威尔士州的信息公开立法时间则晚至 2009 年。

法律和政策是规范信息公开行为的两种重要手段,尽管政策不如法律的位阶和效力高,但政策在世界各国政府信息公开法律制度的发展过程中也起着十分重要的作用。③ 法律和政策受一国文化历史传统和社会经济发展的影响。欧美等国较多采取立法形式,亚洲国家则较多采取政策手段。从执行效力看,一般来说,法律执行效力要强于政策,而且立法的位阶越高,法律的强制性越强,执行效力越有效。美、英等国家的信息公开立法,其立法位阶高,法律执行效力强。

我国现行《条例》由国务院颁布,相对于我国最高立法机构全国人大颁布的法律而言,层级较低。而规制高校财务信息公开的《办法》《通知》等属于行业部门规章,层级更低。我国目前尚无全国人大立法机关统一颁布的《信息公开法》。此外,我国高校财务信息公开工作的推进,体现出鲜明的自上而下行政指令性特征,从网站访问考察结果看,我国高校财务信息公开的整体执行力较弱。

3.公开主体

公开义务主体的确认,明确了负有信息公开责任义务的主体。美国对信息公开义务主体的确认,为世界各国建立完善信息公开立法提供了有益借鉴。美国信息公开义务主体的认定标准以职能为基础,看公开主体的职能是否与社会公众的公共利益和权利义务有直接关系,这些公开义务主体"有权制定规章和实施裁决,影响到私人的权利和义务","对外部人员的权利和义务有

① National Freedom of Information Coalition. New Jersey FOIA Laws[EB/OL]. http://www.nfoic.org/new-jersey-foia-laws。

② Information Commissioner's Office. What is the Freedom of Information Act? [EB/OL]. https://ico.org.uk/for-organisations/guide-to-freedom-of-information/what-is-the-foi-act/。

③ 石国亮:《国外政府信息公开探索与借鉴》,中国言实出版社 2011 年版,第 16 页。

一定的直接影响”，这一确认标准被美国法院在司法审判中一再确认和重申。①

欧美信息公开立法以职能为基础确立的信息公开责任主体认定标准，使得凡具备法律规定职能的组织，无论政府部门、公益组织、社会团体，均负有信息公开的义务和责任，使得对同一事项的信息公开义务主体多元化成为必然。

当前我国信息公开立法具有典型的部门行业特征。《条例》强调涉及公共利益的部门行业应参照《条例》执行，具体办法由国务院有关主管部门或者机构制定。《条例》适用于政府部门，《办法》则规制高等学校，公开义务主体单一。

（二）会计准则制度

会计准则制度是对财务活动和会计行为等进行专门规制的制度体系，是从会计要素的角度，对会计行为和会计结果做出要求的法制遵循，奠定了高校财务信息公开的财务制度基础，体现为对高校财务信息公开的报告体系、信息内容等方面的具体规范，对高校财务信息公开同样起着重要的决定性影响。

1937 年美国财务会计准则委员会的前身——会计程序委员会（CAP）发表第一号会计研究公告，开创了由行业组织颁布“一般通用会计准则”的先河，与政府部门颁布会计准则制度一起，成为当今世界各国会计准则制订的两种基本形式。

1.行业组织颁布会计准则制度

在美、英等国家，政府不颁布会计准则制度，而是授权给相应的会计行业协会或私营机构，这些会计行业协会或私营机构分工明确，颁布相应会计准则制度，并得到政府的承认，使会计准则制度具有明显的行业约束力特征。

高校财务信息公开除遵循政府信息公开立法外，还应同时遵循政府机构或行业组织颁布的会计准则制度中相关报告和公开的要求。如：美国 1933 年的《证券法》和 1934 年的《证券交易法》，赋予了美国证券交易委员会（SEC）确立财务会计报告和公开规定的权力，而美国证券交易委员会（SEC）则授权会计准则委员会（FASB）和政府会计准则委员会（GASB）制定会计标准，美国

① 后向东：《美国联邦信息公开制度研究》，中国法制出版社 2014 年版，第 27—28 页。

私立大学遵循会计准则委员会(FASB)会计准则制度,公立大学遵循政府会计准则委员会(GASB)发布的政府会计准则。

美、英等国家会计准则制度发布时间较早,相对比较成熟完善,高校财务信息公开的法律制度基础相对稳定,无论对信息公开立法的遵循,还是对会计准则制度的遵循,在大的框架体系上都不存在明显的冲突。比网站访问考察看,美、英、加、澳四国大学公开的财务报告与会计准则要求相一致,且相对稳定不变。

2.政府机关颁布会计准则制度

在我国,会计准则制度由国家财政部门组成的会计准则委员会负责制定,并由财政部门发布施行,使我国会计准则制度具有明显的行政强制力属性。

近年来,我国高校会计准则制度体系受政府会计改革的影响,正在经历一场大的变革,一系列新的准则制度相继颁布实施。现行高校会计准则制度体系主要包括《事业单位会计规则》(2013 年 1 月 1 日起实施)、《高等学校财务制度》(2013 年 1 月 1 日起实施)、《高等学校会计制度》(2014 年 1 月 1 日起实施),以及《政府会计准则——基本准则》(2017 年 1 月 1 日起实施)。

《办法》《通知》《清单》由教育部门制定,而高校会计准则制度由财政部门制定。随着高校会计准则制度相继颁布实施,高校财务信息公开制度如果不及时跟进修订和完善,制度间的冲突就在所难免。如《通知》由教育部于 2012 年 12 月发布,从时间上早于财政部《高校学校财务制度》《高等学校会计制度》和《政府会计准则——基本准则》。我国高校财务信息公开制度与高校会计准则制度之间存在较大的冲突,亟待协调、修订和完善。

二、高校财务信息公开实践现状比较

从国内、外高校的实践现状比较看,高校财务信息公开程度,因各国信息公开立法进程、法制体系完善程度、高等教育发展阶段等的不同,存在较大差异;从国内高校的现状考察比较看,国内高校财务信息公开程度,因隶属关系、办学性质、办学层次等不同,以及国内教育行政部门和高校管理层对信息公开工作的认识和重视程度不同,呈现出明显差异。

（一）国内外比较

1.公开义务主体

高校财务信息公开义务主体主要受国家信息公开立法的影响，欧美等国家基于职能的立法原则，使国外大学财务信息公开的义务主体呈现多元化特征。我国基于行业部门的立法原则，使我国高校财务信息公开的义务主体相对单一。

一方面，美英等国家大学财务信息公开的主体，除大学外，还包括联邦政府部门和地方政府部门机构，以及非政府民间组织，取决于大学接受资助的经费来源和经费性质。另一方面，欧美等国家大学的财务信息公开，不因办学性质是公立亦或私立而不同，公立大学和私立大学均依据信息公开立法和财务会计准则的要求公开大学财务信息，公立大学和私立大学间的财务信息公开并不存在差异。换句话说，在欧美等高等教育强国，大学不是单一的财务信息公开义务主体，大学财务信息公开亦不因大学的公私立办学性质而有所不同。

我国信息公开立法的行业部门特征，使得同样拥有高校财务信息的教育、财政部门成了监管者，高校成为高校财务信息公开的单一义务主体。《办法》《通知》中明确，高校应公开高校财务信息，而教育、财政等政府部门不在《办法》规制之列，自然不负有高校财务信息的公开义务。尽管教育部和一些地方政府探索建立了所属高校信息公开平台，但在理念上仍局限于高校仍是单一的公开义务主体。政府部门公开高校财务信息，似乎不是一种公共责任义务，而像是一种突显进步性的主动施舍。此外，从统计结果看，我国公立高校财务信息公开整体表现明显好于民办高校。民办高校开设“信息公开”专栏的比例较低，民办高校公开财务信息的比例更低，北京、河南、陕西等省（市）所属民办高校无一所高校公开财务信息，与国外私立高校普遍公开财务信息的情况，形成鲜明对比。

2.公开进程

首先，从国外政府立法与大学公开时间比较看，英美等国在信息公开立法的早期，大学财务信息公开的执行效力不强，落后于国家和地方政府信息公开立法的进程。如美、加、澳等在世界上较早颁布信息公开立法的国家，在实践中普遍存在着大学财务信息公开的开始年度，晚于联邦政府政府信息公开立法的时间，与地方政府信息公开立法时间也少有一致情况；即使在同一地方区域内的不同大学,其财务信息公开的开始时间也不尽相同,开始公开财务信息的时间,先后间隔较大。但仍存在着有一些大学,其开始公开财务信息的年度,早于所在行政区域内地方政府信息公开的立法时间(表 4-2)。时至今日,世界高等教育强国的大学财务信息公开,已经成为广泛共识和普遍实践。

表 4-2　国家和地方信息公开立法与大学财务信息公开年度比较

国家及立法		样本中最早公开财务信息大学		大学所在州及立法	
国家	立法	大学	最早公开年度	州	立法
美国	1966	斯坦福大学	1998—1999	加利福尼亚州	2002
澳大利亚	1982	西澳大学	1996—1997	西澳大利亚州	1992
加拿大	1983	多伦多大学	1997—1998	安大略省	1990
英国	2000	伦敦大学学院	1999—2000	英格兰	2000

其次,从国外不同大学财务信息公开的时间比较看,考察的 40 所国外大学虽然全部公开了财务信息,但最早和最晚公开财务信息的时间进程差异明显。一方面,由于四国联邦政府机构与地方政府机构分别适用不同的信息公开立法,地方各州(省)政府颁布信息公开立法的时间早晚各不相同,造成了不同大学间财务信息开始公开的时间早晚各不相同;另一方面,即使在同一个地方政府区域内,不同的大学执行公开的时间也早晚各异。大学公开财务信息的时间,早的开始于 20 世纪 90 年代末,晚的则开始于 21 世纪初,最早和最晚公开财务信息的大学的时间跨度较大,相差约 10 年左右(表 4-3)。

表 4-3　美、英、加、澳 40 所样本大学最早和最晚公开财务信息的年度对比

大学 / 国家	最早公开财务信息的大学及时间			最晚公开财务信息的大学及时间		
	大学	时间	所在州省	大学	时间	所在州省
美国	斯坦福大学	1998—1999	加州	麻省理工学院	2010—2011	麻萨诸塞
英国	伦敦大学学院	1999—2000	英格兰	曼彻斯特大学	2010—2011	英格兰
加拿大	多伦多大学	1997—1998	安大略省	英属哥伦比亚大学	2012—2013	哥伦比亚省
澳大利亚	西澳大学	1996—1997	西澳州	詹姆斯库克大学	2011—2012	昆士兰州

最后,从我国相关制度要求与高校公开时间比较看,《办法》实施于 2010 年,《通知》发布于 2012 年,从 2012 年开始至本研究实施网站访问考察结束时,已历时 5 年。单就高校财务预算、决算财务信息的文本公开而言,统计结果表明总体情况不容乐观:(1)教育部直属高校财务信息公开率最高,但即使如此,最近一年的预算、决算财务信息文本仍未实现 100%公开,2017 年度的预算文本公开率为 92%,2016 年度的决算文本公开率为 87%;(2)地方高校最近一个年度的预算、决算财务信息文本公开率均不足 50%,一些地方高校的财务信息文本公开率甚至不足 10%,离《通知》《清单》的底限要求还存在着巨大差距;(3)我国民办高校财务信息公开率普遍较低,北京、河南、陕西 3 省(市)属民办高校预算、决算财务信息公开率均为 0,即无一所民办高校公开预算、决算财务信息。上海、福建只有个别民办高校公开预算、决算财务信息。这与现状考察的国外私立大学全部公开财务信息形成鲜明对比。

3.报告体系

美、英、加、澳四国大学公开的财务报告,体系更加完善,结构更加科学,能够全面、完整地反映大学的财务状况和受托责任。公开的财务报告体系通常包括:校长声明和财务执行官的年度财务评述,资产负债表、权益变动表、运营收支表、现金流量表等 4 项会计报表,以及由注册会计师事务所出具的年度审计报告等事项。此外,许多大学公开的财务报告中,还包括大学风险管理报告、内部控制报告、管理层责任报告等财务资料,以保障大学财务活动的准则遵循,提升大学财务信息公信力。

我国高校财务信息公开的报告体系相对比较单一。《通知》《清单》中仅要求公开预算 4 表和决算 4 表,是《办法》中要求主动公开的信息内容。在网站访问考察中发现,陕西、福建等省属大学公开了比较完整的年度部门预算、决算报告,包括经各级人大批准的包括“三公”经费在内的十余张财务报表,这些是现行高校财务信息公开制度中的非强制内容。与国外大学相比,我国高校公开的财务信息,并无附加相关校长和管理层声明和财务评述,那么,高校财务活动的准则遵循和财务报告的公信力就难以得到有效保障。

4.信息内容

网站访问考察发现,国外大学公开的财务报告,信息体量巨大,内容细致丰富,一份年度财务报告少则近百页,多则数百页,特别是在财务报表附注中,对年度重大财务事项的说明极尽详细。此外,国外大学公开的财务信息,不仅有当年财务事项和数据,还公开至少最近两个年度的财务数据比较与分析,不少大学还专门对近5年的财务数据做出分析报告。

相比之下,我国高校公开的财务报告,体量小,内容的详细程度亦明显不足,公开的财务信息仅有当年度的财务报表和财务数据,对报表数据做简单的增减比例计算和说明,不涉及具体的财务活动事项,忽略重大财务事项的细节披露,照搬会计制度对会计科目进行名词解释。网站访问考察发现:一些高校直接公开预算4表和决算4表,并无对财务数据的解释说明;还有一部分高校虽然公开了年度预算、决算报告。但其中学校介绍和名词解释占据报告的主要内容体量,对财务数据的解释说明部分相对较少。

(二)国内比较

1.纵向统计比较

《办法》《通知》《清单》等政策适用于我国境内全部高校,但从现状考察的纵向统计结果看,我国高校财务信息公开情况存在鲜明的类别差异、地区差异。在此,将教育部直属高校与五省市高校作为地区间差异比较。

(1)高校类别间差异

考察结果表明,各类别高校之间财务信息公开情况差异明显。普通高校与成人高校和中外合作办学高校之间,公办普通高校与民办普通高校之间,本科普通高校与专科普通高校之间,总体表现均存在明显差异;成人高校和合作办学之间,总体表现基本一致,且整体情况较差。

总体而言,普通高校表现总体好于成人高校和合作办学高校。普通高校中:中央直属普通高校表现总体优于地方普通高校,公办普通高校表现总体超过民办普通高校,普通本科高校表现总体好于普通专科高校。

(2)高校地区间差异

在预算、决算财务信息的生成(日期)、发布(日期)公开方面,教育部直属高校与五省(市)所属普通高校相比,表现基本相同。说明我国高校预算、决算财务信息公开在时效性方面普遍重视不够。

在预算、决算财务信息的文本公开方面,教育部直属高校与五省(市)属普通高校的表现相比,显现出明显差异(图 4-1)。

1)教育部直属高校财务信息文本公开近年来得分占比均保持在 90%上下(2016 年决算略低于 90%),总体表现明显优于其他各省(市)直属普通高校。

2)从预算文本公开的整体趋势看,北京、陕西、福建三省(市)属高校历年得分占比总体均呈上升趋势,而教育部直属、上海市属、河南省属高校 2017 年度比 2016 年度在预算文本公开得分占比方面反而有所下降,其中上海市属 2017 年度的下降幅度比较明显(图 4-1 实线箭头)。

3)从决算文本公开的整体趋势看,除陕西省属普通高校历年得分占比一直保持上升趋势外,教育部直属高校和其他四省(市)属普通高校的 2016 年度得分占比均不升反降,其中上海市属高校下降比较明显(图 4-1 虚线箭头)。

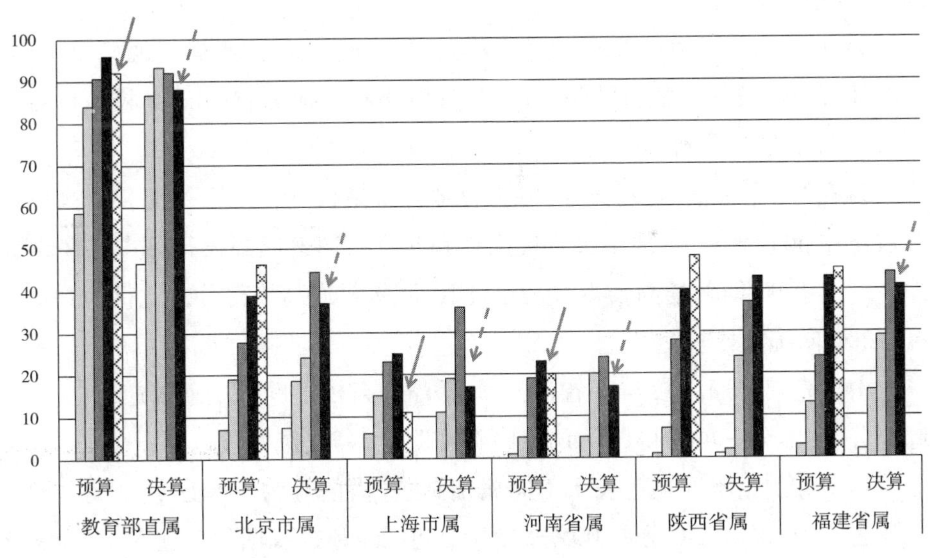

图 4-1 我国普通高校历年预决算财务信息公开文本得分占比比较

(3)其他栏目间差异

除预算公开、决算公开栏目外,其他栏目方面,教育部直属高校与各省(市)所属普通高校的表现亦存在明显差异(图 4-2)。

1）教育部直属高校贯彻落实《办法》《通知》《清单》各项要求比较到位，整体表现明显优于地方各省市直属普通高校，各栏目表现可圈可点，得分占比均超过70%。特别是开辟“信息公开”专栏方面得分占比100%，信息公开专栏中开设“财务栏目”得分占比99%，信息公开“工作年报”栏目得分占比96%，“财务清单”栏目得分占比为71%。（图4-2中实线前头）

2）地方五省（市）所属普通高校开辟“信息公开”专栏得分占比均未超过80%。其中，河南省属普通高校在“信息公开”专栏方面得分占比最低，尚未达到50%，而其他中央直属和上海市属普通高校得分占比相对较高，接过80%。

3）在“清单”栏目下，“财务栏目”表现相对较好。“财务清单”栏目表现欠佳，教育部直属高校得分占比略超70%，上海市属普通高校略超40%。其余各高校对财务信息公开的分类不够重视，得分占比均不足30%（图4-2中虚线箭头）。

4）在“点击量”栏目方面，尽管《办法》《通知》《清单》未做出明确要求，但教育部直属高校在该栏目的得分占比超过40%，其他五省（市）高校该栏目得分占比均在10%~40%之间。

5）在“工作年报”栏目方面，除教育部直属高校外，福建、上海普通高校得分占比在60%上下，其他中央直属高校和北京市属普通高校得分占比在40%左右。河南、陕西普通高校得分占比较低，河南普通高校得分占比仅为5%。

2.横向统计比较

中央直属普通高校与五省（市）所属普通高校之间，在横向统计的总分、综合分、文本分三项的得分（百分制）存在明显差异（图4-3）。

图中分别用不同颜色表示不同属别高校，横向分为三个区域。最左侧区域代表三项得分在70分~100分之间，中间区域代表三项得分在50分~69分之间，最右侧区域代表三项得分在50分之下，某属别普通高校的右侧柱状图越高，代表该属别普通高校的该项得分越低，相应地说明该属别普通高校对应栏目的公开表现越差。相反，某属别普通高校的左侧柱状图越高，代表该属别普通高校的该项得分越高，相应地说明该属别普通高校对应栏目的公开表现越好。

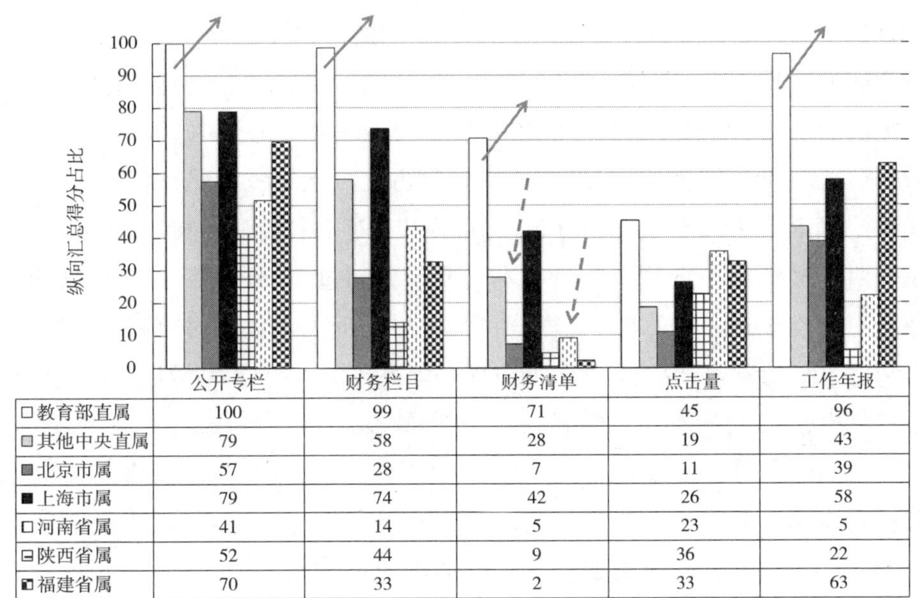

	公开专栏	财务栏目	财务清单	点击量	工作年报
教育部直属	100	99	71	45	96
其他中央直属	79	58	28	19	43
北京市属	57	28	7	11	39
上海市属	79	74	42	26	58
河南省属	41	14	5	23	5
陕西省属	52	44	9	36	22
福建省属	70	33	2	33	63

图 4-2　我国普通高校财务信息公开其他栏目纵向汇总得分占比比较

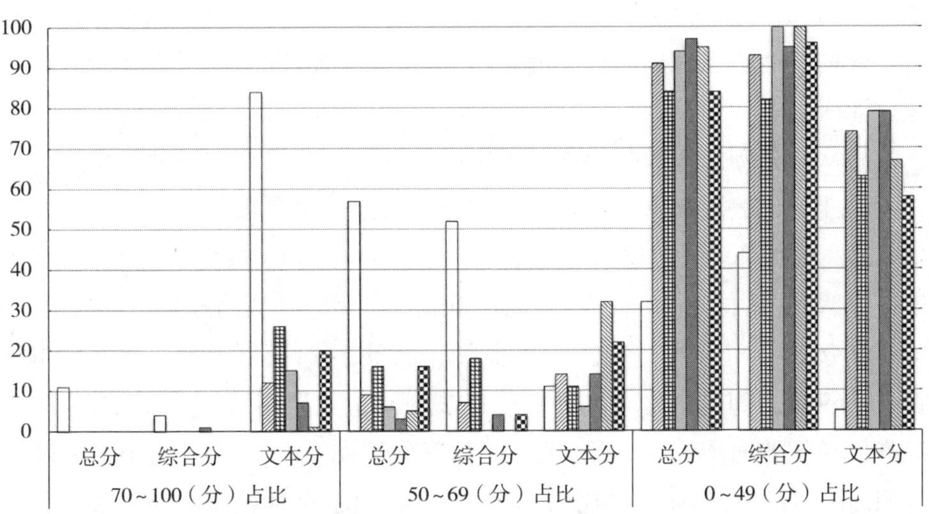

图 4-3　我国高校预决算财务信息公开横向统计三项得分占比比较

1）从文本得分分布看：①教育部直属高校得分占比明显优于其他属别普通高校。教育部直属高校文本得分70分以上的占比接近85%，得分在50~70分之间的略超10%，而得分在50分之下的不足5%；②文本得分占比处于第二梯队的是北京和福建，文本得分超过70分的占比突破20%；③其他中央直属普通高校和上海市属普通高校文本得分占比处于第三梯队，得分占比突破10%；④而河南和陕西文本得分超过70分的普通高校占比均在5%左右，特别是陕西省属普通高校，财务信息文本公开得分超过70分的占比极低，陕西省属普通高校财务信息文本公开得分在50~70之间的占比相对较高，是唯一占比超过30%的省份，说明虽然陕西省属普通高校文本得分70分以上高校数量虽然最少，但50分~70分之间的高校数量最多。

2）从综合得分分布看：①在70分~100分区间，有少量教育部直属高校和河南省属普通高校综合得分超过70分，但所占比例很小，均不足5%；②在50分~70分之间，教育部直属高校占比超过50%，说明超过一半的教育部直属高校综合得分超过50分，位居第二的是北京市属普通高校，50分~70分之间的占比不足20%，其他中央直属高校和其他省市所属普通高校在这一区间的得分占比均不足10%；③在0分~49分区间，同样集中了除教育部之外的其他中央直属高校和五省（市）所属普通高校，这一区分的占比均超过80%。

3）从总分得分分布看：①在70分~100分区间，仅有教育部直属高校在70分以上区间表现突出，占比超过10%，而其他中央直属高校和五省（市）所属普通高校得分均无超过70分；②在50分~69分区间，教育部直属高校仍是第一梯队，占比接近60%，说明接近60%的教育部直属高校总分得分在50分~69分之间，处于第二梯队的是北京市和福建省，所属普通高校部分得分在50~69分之间的占比均在15%左右；其他中央直属高校和上海、河南、陕西等省（市）属普通高校部分得分在这一区间的均在10%之下；③在0分~49分区间，除教育部直属高校占比约30%之外，其他中央直属高校和五省市所属普通高校在这一区间的占比均超出80%，说明在总分得分方面，80%以上的普通高校得分不足50分，财务信息公开的整体情况欠佳。

第二节 我国高校财务信息公开的主要问题

一、公开主体单一

从制度设计看,《办法》规定了高校、国务院教育行政部门和省级教育行政部门在高校信息公开中的职责:高校应当按照有关法律法规和规定公开;国务院教育行政部门对全国高校信息公开工作负责指导、监督;省级教育行政部门对本行政区域内的高校信息公开工作负责统筹推进、协调、监督。《通知》进一步明确,"各高校是财务信息公开的主体"。可见,当前高校财务信息公开的两个主要制度——《办法》《通知》,都将高校作为高校财务信息公开的单一义务主体,而赋予各级教育行政部门对高校财务信息公开工作以指导、协调、监督等权利。

从现状考察看,教育部在其门户网站"公开"专栏中开辟了"高校信息公开"——"直属高校信息公开专栏"栏目,可链接至各直属高校门户网站的信息公开专栏(图 4-4),但仅仅是链接,而在教育部门户网站中并无直接公开各直属高校的年度部门预算、决算财务信息;上海市政府已在其门户网站"政府信息公开"专栏中开辟了"公共资金"——"财政数据"——"市级部门预决算"——"政府部门"——"上海市教育委员会"栏目,可链接至上海市属高校的财务预决算信息(图 4-5)。

无论从制度设计,还是现状考察看,当前我国高校财务信息公开的义务主体仍显单一,将高校财务信息公开理解为"高校"+"财务信息公开",使高校成为高校财务信息公开当然的、单一的义务主体,忽略了各级教育、财政行政部门和高校主管部门在公权力执行过程中获取、收集、保存大量高校财务信息的事实,回避了这些部门按《条例》要求应负有公开高校财务信息的责任和义务。

尽管教育部、上海市、北京市政府等在推进高校财务信息公开义务主体多元化进程中迈出了可喜的、负责任的一步,但在《办法》《通知》中未做制度性修订和要求,在实践中仍属个别现象,未呈现出普遍态势。

图 4-4 教育部门户直属高校信息公开专栏

二、公开步调失衡

实践现状表明，在我国高校财务信息公开工作推进过程中，各地区、各类别高校间存在着明显的公开步调失衡现象，不公开、少公开、晚公开等现象普遍存在，一些高校甚至出现逆公开现象。

不公开现象，表现为一些高校未公开自 2012 年度决算、2013 年度预算以来 5 个预算年度、5 个决算年度中任何一个年度的预算、决算财务信息。

少公开现象，表现为一些高校未按《办法》《通知》要求，公开全部 5 个年度的预算、决算财务信息，而是仅公开部分年度，或公开部分报表。

晚公开现象，表现为一些高校未按照《办法》《通知》中应在规定时间内公开财务信息的要求，而是晚于规定时间公开。

逆公开现象，表现为一些高校财务信息公开的整体趋势，不是历年来逐年上升，而是在最近一年或两年出现下降趋势，预算、决算公开栏目的得分占比回落，高校财务信息公开工作出现倒退的现象。

图 4-5　上海市政府门户市属高校财务信息公开

通过教育部直属高校和五省(市)所属高校财务信息公开的网站访问考察,结果表明,历年来,我国高校财务信息公开的情况,在跨空间、跨时间、跨类别的高校整体和高校个体间均表现出明显的不均衡现象。如教育部直属高校整体表现较好,但个别高校表现欠佳;公办高校整体表现较好,但个别公办高校表现较差;一些高校历年表现不一,时好时差。

三、公开目标弱化

《通知》从权法、管理两个角度提出我国高校财务信息公开的两个"有助于"目标:在权法角度,提出做好高校财务信息公开工作,有助于保障权利、依法办学理财,即有助于提高高校工作的透明度、保障师生员工和社会公众的知情权和监督权,推动高校依法办学、依法理财;在管效角度,提出做好高校财务信息公开工作，有助于提升管理、促进效益，即有助于提升高校预算管理和财务管理水平，充分发挥资金使用效益，有效保障高等教育事业的科学发展。两个“有助于”目标为我国高校财务信息公开指明了方向，但在现状考察中发现，无论在信息供给，还是信息需求方面，离两个“有助于”目标实现，都还有相当的差距。

在信息供给方面，首先，从制度设计看，《办法》《通知》仅要求公开预决算财务信息，是公开的“底限”要求，并未要求公开资产负债表等其他报表，并不能完整、全面地反映高校的财务状况和运营成果，信息质量不高；其次，从现状考察看，我国高校财务信息公开仍未整体实现“有没有”公开“底限”突破，一些地方的高校信息公开率还很低，信息数量不足。

在信息需求方面，公开的高校财务信息是面向社会公开，面向利益相关者公开，面向资源配置决策者公开。但从现状考察的点击量栏目得分看，高校公开的预决算财务信息，点击量普遍较低，甚至一些公开的预决算信息门可罗雀、无人问津，反映出公开的高校财务信息受社会关注度低。

一面是供给不足，一面是需求不足，弱化了高校财务信息公开的目标实现。

四、报告体系简单

公开的高校财务信息，应能真实、全面、完整地反映高校的财务状况和运营成果，以及年度预决算执行情况。高校财务信息的重要载体，就是现行高校会计准则制度要求编制的高校财务报告，包括财务会计报告和预决算报告。高校财务信息公开，需要廓清公开的主要信息载体——报告体系——的边界，明确必须高校财务信息公开的报告体系框架。

当前《办法》《通知》《清单》等规章要求高校公开的财务信息，仅包括预算 4 表和决算 4 表，或以预算 4 表和决算 4 表为主要内容的部门预算报告和部门决算报告，公开的报告体系框架过于简单，仅反映了高校年度预决算的收支执行状况，而不能全面、完整地反映高校财务状况和运营成果。

近年来，随着我国会计准则国际趋同和政府会计改革进程加快，财政部、教育部颁布了一系列新的高校会计准则制度，2014 年 12 月国务院批准财政部《权责发生制政府综合财务报告制度改革方案》,其中要求的高校财务报告体系已经发生了较大变化。从现行高校会计准则制度的实施时间看,均晚于《办法》《通知》的实施时间。然而,教育部发布的高校财务信息公开的相关制度规章,自发布后至今,并未随着新的高校会计准则制度而及时做出修订完善。

网站访问考察发现,美、英、加、澳四国的高校财务信息公开,公开制度更加成熟,报告体系更加完善,能够真实、全面、完整地反映高校的预算执行、财务状况、运营成果,以及重大的财务事项。除此之外,还公开经由国际四大会计师事务所审计的财务审计报告,以及专门就年度财务发布的校长或执行副校长(EVP)声明,同时根据美国白宫管理和预算办公室(OMB)要求,美国高校还公开 A-133 审计报告①*。我国高校财务信息公开,与美、英等高等教育强国相比,制度设计还不够成熟、报告体系还不够完善,显得不够协调、全面、完整。

表 4-4　牛津大学与北京大学财务信息公开报告体系比较

序号	财务报告体系比较	
	牛津大学	北京大学
1	Five Year Summary of Key Statistics	学校基本情况
2	Financial Highlights	部门决算单位构成
3	Operating and Financial Review	
4	Governance Statement	
5	Statement of Internal Control and Risk Management	
6	Strategic Risk	
7	Assurance Provided by the Audit &Scurtiny Committee	
8	Membership of Council	
9	Independent Auditor's Report to Council	

① *统一指引审计报告(Uniform Guidance Reports,UGR)是美国白宫管理和预算办公室(OMB)颁布的一项法规,称为 A-133 通告。专门要求接受联邦政府和州及地方政府资金项目的机构编制的资金审计报告。新的统一指引于 2013 年 12 月 26 日生效。该报告影响着所有接受政府资金项目的大学的日常管理。

续表

<table>
<tr><th rowspan="2">序号</th><th colspan="2">财务报告体系比较</th></tr>
<tr><th>牛津大学</th><th>北京大学</th></tr>
<tr><td>10</td><td>Statement of Accounting Policies</td><td></td></tr>
<tr><td rowspan="3">11</td><td rowspan="3">Consolidented Income and Expenditure Account</td><td>收支决算总表</td></tr>
<tr><td>收入、支出决算表</td></tr>
<tr><td>财政拨款支出决算表</td></tr>
<tr><td>12</td><td>Consolidented Statement of Total Recognised Gains and Losses</td><td></td></tr>
<tr><td>13</td><td>Balance Sheets</td><td></td></tr>
<tr><td>14</td><td>Consolidented Cash Flow Statement</td><td></td></tr>
<tr><td>15</td><td>Notes to the Financial statement</td><td></td></tr>
<tr><td>16</td><td>Oxford University Press：Financial Report Extracts</td><td></td></tr>
</table>

以牛津大学和北京大学为例，对两所大学连续两个年度公开的财务信息进行比较研究发现，两所大学公开的财务信息报告体系存在明显差异。（1）北京大学公开的报告体系过于简单，而牛津大学公开的报告体系则要丰富完整得多。北京大学2013年8月公开的2012年部门决算，仅有《高等学校收支决算总表》《高等学校收入决算表》《高等学校支出决算表》和《高等学校财政拨款支出决算表》4张报表；而2014年8月公开的2013年部门决算，报告体系与2012年度相比已有了大幅增加，决算报告目录显示为四个部分13项内容，四个部分分别为学校概况、部门决算报表、决算报表说明和名词解释，但核心内容仍然是4张决算报表。（2）牛津大学2013/2014学年公开的财务信息包括16项内容，不仅包括资产负债表、收入支出表、现金流量表、权益变动表，还包括提高财务信息公信力的管理层声明、独立审计报告和理事会成员名单，以及保障财务信息真实性相关的内部控制报告、风险管理报告等（表4-4）。①

① 赵红卫：《中英两国高等学校财务报告比较研究与启示——以牛津大学和北京大学为例》，《教育财会研究》2015年第5期。

五、信息内容粗略

当前我国高校财务信息公开，除报告体系简单，不能全面、完整地反映高校的财务状况和运营成果外，就公开的信息内容而言，对重大财务活动的解释和数据变化分析，也显得相对粗略得多。

网站访问考察发现，我国高校公开的财务信息内容可分为两类：（1）按《办法》《通知》《清单》要求直接公开预算 4 表和决算 4 表。其中仅按报表格式填列财务数据，没有对财务数据的解释说明；（2）公开年度预算报告和决算报告。报告组成内容包括学校概况、预算 4 表和决算 4 表、报表说明和名词解释。从信息内容看，学校概况部分对学校情况作总体介绍，与财务数据关联度不大；名词解释摘录自《高等学校会计制度》原文，全国高校完全一致，而这两部分内容占据整个公开报告体量过半；财务信息公开的重点内容——预算 4 表和决算 4 表，仅在报表说明部分对年度收入支出额、与上年相比变动额和变动的比例，以及各部分所占比例做出简要说明，而对各项财务收支发生增减变动的具体原因，以及影响增减变动的重大财务事项，未做出具体分析和详细说明，这些内容恰恰正是社会公众和利益相关者更为关注的高校财务信息。

以北京大学和牛津大学为例，对两所大学公开的财务信息内容进行比较研究发现，两所大学不仅在信息公开内容的详细程度方面存在明显差距，而且北京大学公开的部分财务数据，在可靠性方面也值得推敲。

从财务信息内容的呈现形式看，牛津大学的财务信息，除了以传统的表格和文字说明呈现外，为了便于信息使用者获取、理解、使用财务信息，还广泛采用柱状图、饼状图等呈现和比较，或通过表格内各行的颜色变化和字体变化等优化措施使表格数据更加鲜明清晰。牛津大学财务信息内容呈现形式多样化，不仅为使用者获取信息提供了极大方便，也更增进了对财务信息内容的进一步理解、使用。如牛津大学 2013—2014 学年的收入报表中，采用柱状图形式与 2012—2013 学年的收入进行对比，清晰呈现两个学年七类收入的相对变化（图 4-6），并对 2013—2014 学年的总收入及各组成部分占比情况绘制饼状图（图 4-7）。[①] 北京大

① University of Oxford. Finance and funding [EB/OL]. http://www.ox.ac.uk/sites/files/oxford/field/field_document/Financial_Statements2013_14.pdf。

学公开的财务报告信息内容表现形式，仅有财务报表和文字说明两种。4张会计报表采用我国高等学校会计报表的固定表格格式，附注和说明部分采用文字形式，与牛津大学财务信息多样化的呈现形式相比，北京大学的财务信息内容呈现形式相对单一。

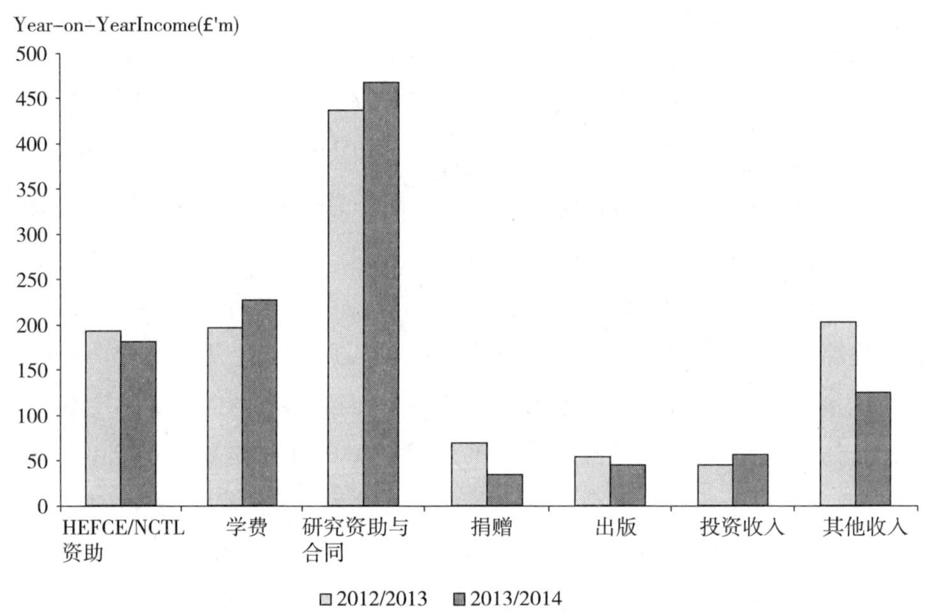

图4-6 牛津大学2013、2014收入来源(£ 'm)

从对重大财务活动的解析深度看，牛津大学的财务报告可谓极尽详细，整个财务报告共63页，其中对财务活动解析的核心部分——财务报表及附注——就多达27页。在牛津大学公开的财务报告体系第11—14项，详细公开了4张会计报表，每张报表中不仅填列连续两个学年度的各项指标数据，还在每一项指标后标注了注释编号，这些注释编号对应财务报告第15项“财务报表注释(Notes of the Financial Statements)”，共35项。① 在这部分注释中，对每一项数据的增减来源及其他需要说明的事项都做了详细说明，财务使用者可以在对应项目附注中获取所需要的重要财务信息。

① University of Oxford. Finance and funding [EB/OL]. http://www.ox.ac.uk/sites/files/oxford/field/field_document/Financial_Statements2013_14.pdf。

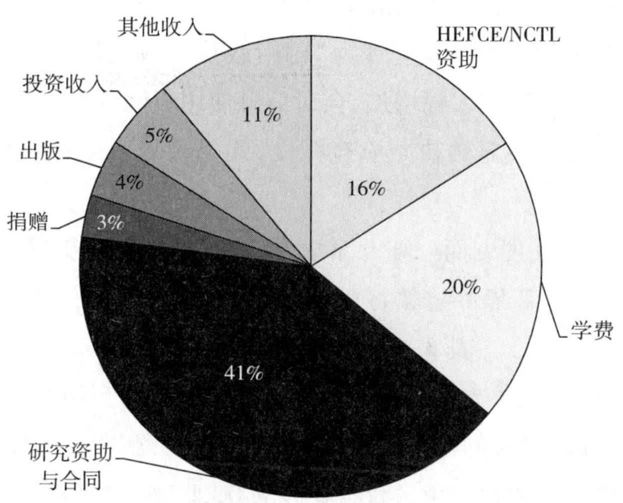

图 4-7　牛津大学 2013/14 学年各类收入来源占比

从财务报告项目的内容解析看,牛津大学对财务报告项目的解析内容完整、解析详细。在陈述"合并收支报表(Consolidated Income and Expenditure Account)"、"合并利润报表(Consolidated Statement of Total Recognised Gains and Losses)"、"资产负债表(Balance Sheets)"和"合并现金流量表(Consolidated Cash Flow Statement)"等 4 个报表之前,牛津大学财务信息中有一个"会计政策声明(Statement of Accounting Policies)"项目(报告体系第 10 项)。该声明内容非常广泛,包括会计报表范围(Scope of the Financial Statements)、会计核算基础(Basis of Accounting)、外币(Foreign Currencies)等 18 项直接影响财务报告数据的会计政策选择。

北京大学公开的财务报告中,会计报表和解释说明存在一些不足之处,对一些财务数据的剖析缺乏深度,过于简单化,对一些会计事项处理亦略显偏颇失当。

(1)财务数据剖析方面。如北京大学 2013 年财务决算报告第 11 页第(四)表——财政拨款支出决算表中,第 2 款为:"一般行政管理事务支出(2050102),2013 年支出 129.63 万元,比 2012 年增长 36.67%。主要原因是 2013 年财政拨款收入增加 86.50 万元。"又如第 7 款:"其他教育支出(2059999),2013 年支出 3028.17 万元,比 2012 年增长 38.02%。增长的主要原因是2013年财政拨款收入增加1171.96万元。”对于一项变化超过30%的支出项目，将支出的增加仅仅解释为“因财政拨款收入增加”，而未说明是什么项目、什么原因导致的大幅增加，会对信息使用者阅读理解这些财务信息带来疑惑，如此财务说明显然缺乏应有深度，此类简单说明在决算报告中多次出现。①

（2）会计事项处理方面。如北京大学2013年度部门决算表2——《高等学校收入决算》中，来华留学教育（2050602）项显示，财政拨款收入3098.25万元，事业收入0万元；表3——《高等学校支出决算表》中来华留学教育（2050602）项显示，基本支出3098.25万元；而在对应的2013年度收入预算表中并不显示该项目对应的收入预算。② 据此，高校财务信息使用者可以推定认为，北京大学的来华留学生教育事业收为0，即对来华留学生不收取任何费用；而且本年度北京大学来华留学生教育实际收到财政拨款3098.25万元，全部用于年度人员支出和公用支出，这样的推定对于预算报表而言尚可，对于决算报表而言，财务数据的真实性就值得推敲。

六、资源投入低效

信息公开需要投入资源来保障。有效的信息公开，是先进的信息技术、有效的制度安排、正确的管理理念等的有机融合，这些都需要一定的资源投入。

为了推进高校财务信息公开工作，各级教育、财政行政部门、高校主管部门和各高校，都投入了大量的人力、物力和财力资源，通过宣传发动、成立机构、配备人员、制定制度、购买设备、构建网络、运营维护等工作和环节，使我国高校财务信息公开工作在短时间内得以快速启动，并在全国范围内广泛开展。

然而，高校财务信息公开的目的，不是为了公开而公开，而是为了使用而公开。只有不断追问高校财务信息的“有没有”到“用没用”再到“尽其用”，才能促进实现《通知》中高校财务信息公开的两个“有助于”目标。网站访问

① 北京大学.北京大学2013年部门决算2[EB/OL].http://xxgk.pku.edu.cn/docs/20141023154915802101.jpg。

② 北京大学.北京大学2013年部门预算[EB/OL].http://xxgk.pku.edu.cn/docs/20141023155017535287.jpg。

考察可知,一方面,随着巨大的资源投入,我国高校财务信息公开仍未实现100%公开的“底限”突破,一些地区的一些高校仍然对开展高校财务信息公开工作不够重视、行动迟缓,高校财务信息不公开、少公开、晚公开等现象普遍存在;另一方面,公开的高校财务信息,面临着突出的点击量少的窘境,暴露出高校利益相关者对公开的高校财务信息关注度低、使用率低,一些公开的高校财务信息甚至无人问津、门可罗雀。如果公开的信息没有充分发挥应有的作用,那么为信息公开而投入的资源就是低效,甚至是无效的。

第三节　我国高校财务信息公开问题诱因

一、思想观念滞后

我国高校财务信息公开在制度设计和工作实践中,都将高校视为单一公开义务主体,反映不仅在高校财务信息公开的制度设计,而且在高校财务信息公开的工作实践中,均不同程度地存在着的一种简单的、滞后的思想观念,对高等教育资源领域的委托代理理论、知情权利理论、现代大学制度、公共管理理论等理论运用还缺乏充分、深入的理解。

首先,高校财务信息公开,到底是高校公开财务信息?还是公开高校财务信息或高校财务信息的公开?不同的理解,检视着不同的公开理念,决定着不同的公开义务主体。(1)将高校财务信息公开理解为“高校公开财务信息”,那么高校就成为高校财务信息公开的单一义务主体,高校财务信息公开的义务则与教育、财务等行政部门和高校主管部门无关。(2)将高校财务信息公开理解为“公开高校财务信息”或“高校财务信息的公开”,那么公开的义务主体就应该是高校财务信息的生产、收集、保存者,高校财务信息公开的义务主体就不仅仅局限于“高校”,高校自然不应成为单一的公开义务主体。根据《条例》,生产、收集、保存信息的组织应该公开信息,那么高校财务信息公开义务不应仅局限于高校。

此外,高校财务信息公开的多元义务主体,不仅仅由高等教育资源的委托代理、社会公众的知情权利、财务信息的双重目标等理论基础决定,而且是由大学这样一种特殊的组织机构设立的公共目的决定的,无论是公立大学,还是私立大学，都负有财务信息公开的义务，都是财务信息公开的义务主体。国外大学在遵循信息公开立法时普遍声明，大学是为公共目的建立的主体(Body)，属于信息自由法条款约束的机构(Agency)。如澳大利亚阿德莱德大学在其大学政策和程序中就明确表示，大学遵循信息自由法的规制，是信息自由法的机构主体。① 因此，无论是公立高校，还是民办高校，均同样负有公开高校财务信息的义务和责任，都是高校财务信息公开的义务主体。

二、问责机制虚设

我国高校财务信息公开工作中，普遍存在着不公开、少公开、晚公开、逆公开的现象，直接影响了我国高校财务信息公开的整体进程，究其主要原因，关键在于《办法》《通知》中的问责机制落实不到位。

《办法》第22、23条明确要求：国务院教育行政部门、省级教育行政部门负责全国和省级行政区域内高校信息公开工作的日常监督检查。高校主管部门应当将信息公开工作开展情况纳入高校领导干部考核内容，省级教育行政部门和高校应当将信息公开工作纳入干部岗位责任考核内容。同时第27条明确了对高校和直接负责的主要领导和其他直接责任人员进行责令改正、通报批评、给予处分的七种情形；②此外，在《通知》第四部分中，还明确了高校财务信息公开的监督检查、工作考核和责任追究制度。

首先，信息的公开的意愿不会自动产生，信息公开与保密文化的博弈中，如果没有制度的匹配，保密文化的传统往往会战胜信息公开的意愿，于是制度加问责机制就成为推进信息公开工作的有力保障；其次，有了制度加问责机制，但如果这些制度机制在实践中形同虚设，发挥不了问责作用，就会如同困在笼子里的老虎，失去应有的威慑力，制度的强制力被弱化甚至于消失殆尽。

当前，在我国高校财务信息公开的工作推进中，那些严格按照《办法》《通知》要求公开财务信息的高校，没有得到积极的激励；没有按相关要求或没有

---

① University of Adelaide.Freedom of Information Policy[EB/OL].https://www.adelaide.edu.au/policies/3/。

② 《高等学校信息公开办法》，教育部网站，http://www.moe.gov.cn/srcsite/A02/s7049/201005/t20100511_170528.html。

完全按要求公开财务信息的高校，也没有得到相应的问责。这样的制度加问责导致了公开不公开一个样、早公开晚公开一个样、多公开少公开一个样的现状。我们需要检视《办法》《通知》中监督检查、工作考核和责任追究这些问责机制设计的科学性、权威性和可行性，让问责机制落地生根，发挥应有的强制力和威慑力，增强高校财务信息公开的工作推动力。

三、公开进程初始

我国的高校信息公开，当前仍处于公开进程的初始阶段。《清单》发布时，教育部发言人答记者问时曾明确指出：当前《清单》要求仍只是一个"底限"，鼓励各高校在《清单》基础上，进一步拓展公开范围、加大公开力度。同时指出，今后教育部还将根据最新政策要求对《清单》进行动态更新。①

《通知》中提出的高校财务信息公开的两个"有助于"目标，是建立在高校财务信息真实、全面、完整公开的基础之上，建立在高校财务信息充分流动共享、开发利用、实现价值增值的基础之上，建立在高校财务信息产品市场完善的基础之上。当前我国高校财务信息公开进程，仍处于"有没有"公开的初始"底限"阶段，全国高校仍没有整体实现财务信息"有没有"公开的"底限"突破。只有当高校财务信息公开，从"有没有"公开的"底限"阶段，进一步发展到"用没用"，甚至"尽其用"的高级阶段时，高校财务信息公开才能行远升高、积厚成器，两个"有助于"目标才有可能真正实现。

观照国外高校财务信息公开的实践进程，美、英、加、澳四国的大学在联邦政府和地方政府颁布信息自由法之后，到实现大学普遍公开财务信息，也经历了一个漫长的过程，中间往往需要经过十年、二十年甚至更长的时间。对国外样本高校的考察表明，美、英、加、澳四国最早开始公开财务信息的大学与最晚开始公开财务信息的大学，时间上相差往往有 10 年左右。

进入 21 世纪后，世界各国信息公开的法制和实践进程普遍加快，我国高校财务信息公开的进程才刚刚满 5 年，与国外大学普遍实现财务信息公开的

① 《推进高校信息公开　提高教育工作透明度——教育部办公厅负责人就〈高等学校信息公开事项清单〉答记者问》，教育部网站，http://old.moe.gov.cn//publicfiles/business/htmlfiles/moe/s271/201407/172433.html。

时间进程相比，公开进程还比较初始，但已经取得了不俗的成绩。同时，我们应该正视成绩、看到不足、积极行动，争取在更短时间内实现高校财务信息公开的“底限”整体突破，加快实现高校财务信息公开的两个“有助于”目标。

四、制度遵循失衡

国外高校财务信息公开的实践证明，高校财务信息公开是相关信息公开立法和高校会计准则制度双重遵循的结果。高校财务信息公开，如果仅遵循信息公开立法，就失去了“财务信息”的特殊性和限定性；相反，如果仅遵循高校会计准则制度，则会失去“信息公开”的普遍性和广泛性，二者不可偏颇。

教育部作为我国高校信息公开工作的行业主管部门，负责制订、发布《办法》《通知》等高校财务信息公开的法制规章；财政部作为我国财务会计工作的行业主管部门，负责制订、发布《事业单位财务规则》《高等学校财务制度》《高等学校会计制度》《政府会计准则——基本准则》等高校会计准则制度。高校财务信息公开工作的有效推进，需要高校财务信息公开立法和高校会计准则制度的顶层设计部门加强沟通，确保政令一致、协调、通畅。

近年来，随着我国政府会计改革的加快推进，高等学校会计准则制度发生了较大的变化，一系列新的高校会计准则制度纷纷出台实施。而与之相反的是，我国高校财务信息公开的相关法制规章，自颁布至今没有进行相应修订更新。这种部门之间沟通、协调机制的缺失，导致我国高校财务信息公开在制度层面的不一致，甚至相互冲突现象。集中表现为我国高校财务信息公开的制度设计相对滞后，公开的报告体系过于简单，公开的信息内容相对粗略等现象。究其原因，是我国高校财务信息公开的制度遵循失衡，重信息公开立法而轻会计准则制度。

五、公开态度消极

现状考察表明，当前我国高校财务信息公开工作中存在的诸多不良现象：公开不公开一个样，多公开少公开一个样，早公开晚公开一个样，以前公开现在不公开一个样。究其原因，除了上述问责机制形同虚设外，还有一个很重要的原因，就是高校、行政部门、高校主管部门对待信息公开的态度。当前的态度，不是积极的，而是消极的；不是主动的，而是观望的；不是做不到，而是不愿意做。这种态度，最终导致了高校财务信息公开中的便宜选择和逆向选择。

我们必须相信这样一个事实，正如托马斯·哈特认为的一样，在推进政府信息公开工作中，最重要的是“态度”问题：总的来说政府部门是否在努力使政府达到最大程度的透明；管理者是否努力找到最佳方法将更多的信息公布出来，同时又不违反任何隐私规定；或者，他会做相反的事，即将管理工作只集中在公布那些绝对必要公布的信息部分，但努力将尽量多的信息保持在政府档案限制之内。他在谈及如何应对时，他坦诚：这种态度在法律规定中是找不到的，它是树立榜样的结果，它是向政府雇员解释新规定的结果，它是向整个系统及每个人的工作空间展示提高透明度所还带来的好处的结果……。与公务员之间的交流及对他们的培训就成为成功的主要因素。① 在对待高校财务信息公开的态度方面，公开义务主体与早期开展政府信息公开的各国面临的态度问题一样。

现状考察发现，仍有个别高校在公开财务信息时，会利用柱状图、饼状图等图形工具，更为直观、详细的呈现财务信息，并说明数据变化的原因。虽然这些做法与国外大学相比，还略显简单，但毕竟看到了可喜的变化，只是这样的高校数量还太少，期待在我国高校财务信息公开进程中不断涌现出更多更好的榜样。

六、绩效评价缺失

一项需要资源投入的社会活动，都会涉及考量投入的资源是否值得的问题，绩效评价是目前最常用的考量方式，已经开始广泛适用公共行政管理领域。

绩效是一国公共服务机构合法性的重要来源，也是促进公共服务提升和公共责任实现的关键要素，如何持续改进绩效是公共服务机构和公共管理者面临的挑战，也是公共管理研究者的责任。然而，绩效内涵的差异蕴于价值与

---

① 吕艳滨、〔英〕卡特：《中欧政府信息公开制度比较研究》，法律出版社 2008 年版，第 2—8 页。

效率的螺旋式冲突和演进之中,从对经济、效率和效益的追求,到对结果的重视,再到对公平、责任、民主、透明、法治和回应性等价值内容的关切,绩效的内涵在公共行政范式的变迁过程中逐渐拓展,并呈现明显的结构化特征。①

当前,我国高校财务信息公开工作中,还鲜见有开展高校财务信息公开绩效评价方面的研究。一方面,我国高校财务信息公开仍处于公开进程的初级"底限"阶段,工作重心重在提升高校财务信息的公开率,尽快实现"有没有"公开的整体"底限"突破;另一方面,高校财务信息公开的绩效评价,与高等教育领域的其他绩效评价一样,更多地会涉及公平、民主、效益等价值内容,开展绩效评价难度更大,缺乏科学的指标体系,探索高校财务信息公开绩效评价需要额外投入更多的资源。因此在现阶段开展高校财务信息公开的绩效评价研究价值不大。但可以肯定,随着我国高校财务信息公开工作推进到一定阶段,高校财务信息公开资源投入与效益必将成为人们关注的重要内容,到那时,开展高校财务信息公开绩效评价的需求将会进一步突显,成为应该而且是必须开展的一项工作。

① [英]斯蒂芬·奥斯本:《新公共治理——公共治理理论和实践方面的新观点》,包国宪、赵晓军等译,科学出版社 2016 年版,总序。

第五章　推进我国高校财务基础信息公开

信息是促进经济社会发展的重要资源。美国应用数学家、控制论的创始人诺伯特·维纳(Norbert Wiener)从哲学抽象的层面认为:“信息就是信息,不是物质,也不是能量。”深刻地阐述了信息是与物质和能量同样重要的、构成客观世界的三大要素之一,是人类社会的三大资源之一。①

20 世纪 90 年代以来,随着计算机和网络技术的普遍应用,人类迈入信息社会的步伐日趋加快,信息化成为全球经济社会发展的显著特征,信息化对经济社会发展的影响更加深刻,信息资源日益成为重要的生产要素、无形资产和社会财富,在经济社会发展过程中越来越突显出不可替代的重要作用。

信息的价值在于其流动性和共享性,只有流动的和共享的信息,才会在社会生产生活中发挥应有的价值,才能产生巨大的经济效益和社会效益。停滞的和独占的信息,不仅是无价值的,而且还会成为信息垃圾,从而影响经济社会的发展。著名经济学家、我国数量经济学和信息经济学的创始人乌家培认为,信息资源的开发,一是从外延上发掘信息来源,开拓信息渠道,建立信息库存,加速信息流动;二是从内涵上不断重组和加工信息内容本身。② 这里,外延上意义上的信息资源开发,侧重于强调从供给方保障供给,推进基础信息资源的供给、评价、公开、责任;内涵意义上的信息资源开发,侧重于强调从需求方满足需求,通过市场开发和利用,形成信息产品,通过市场交易实现价值增值。

---

①　周宏仁:《从信息资源到信息产品》,马费成:《信息管理与信息系统研究进展》,武汉大学出版社 2010 年版,第 2 页。

②　傅荣校、叶鹰:《公共信息资源管理》,科学技术出版社 2011 年版,第 198 页。

基于此，在本研究将初次公开的、未经过市场开发的高校财务信息称为高校财务基础信息，包括初次公开的高校财务信息和制度要求的财务分析评价信息。本部分主要研究高校财务基础信息公开，即从外延上的发掘信息资源，侧重于保障供给、深化评价、推进公开、强化责任等内容。本章主要研究高校财务信息资源内涵上的开发，强调从信息需求出发满足需求。

按照信息系统模型和现状考察的比较分析，当前我国高校财务基础信息的共享和流动路径尚未得到有效贯通。主要问题表现在：高校财务基础信息供给不足、共享失范、评价粗略，问责不严，阻碍了高校财务基础信息公开工作的有效推进，不利于高校财务信息资源的进一步市场化开发利用和实现价值增值。

第一节 保障高校财务基础信息供给

信息源是基础信息的供给侧，是信息系统的源头活水。信息的流动和共享，首先取决于信息源供给基础信息的数量多寡、质量高低。谁来供给信息？供给多少信息？供给什么信息？这些都属于信息源基础信息的供给问题。

根据现状考察结果，本研究认为当前我国高校财务信息公开中，存在突出的高校财务基础信息供给不足问题，供给不充分、不均衡。主要表现在：供给主体失范、供给数量短缺、供给质量不高，基础信息供给差异明显（图 5-1）。

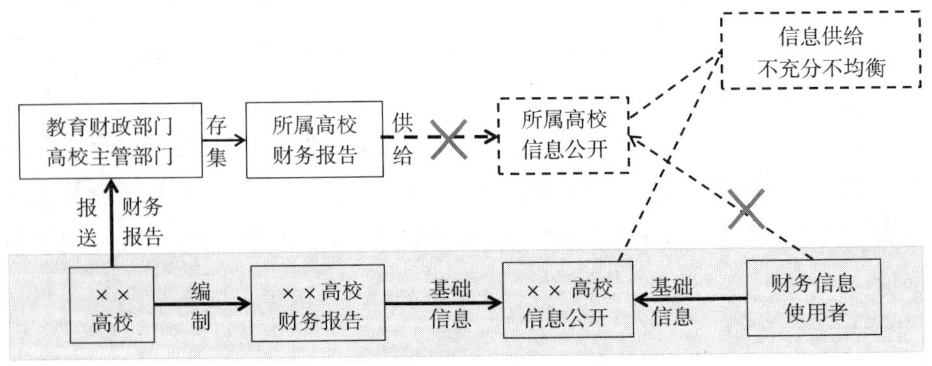

图 5-1 我国高校财务信息公开现状模型

为解决高校财务信息公开中基础信息的供给问题，需要进一步规范高校财务基础信息的供给主体、保障供给数量、提升信息质量，保障供给充分和均衡。

一、规范信息供给主体

信息源是信息系统中信息流动、共享的供给侧，是信息的供给主体。高校财务信息公开中，财务信息的供给源，就是指谁负有供给高校财务信息的义务，即高校财务信息公开的公开义务主体。

从理论基础看，众所周知，政府是社会信息的最大拥有者。相对于各高校仅拥有自己的财务信息而言，教育、财政行政部门和高校主管部门在履行职能过程中收集、保存大量所属高校的财务信息。根据知情权、委托代理等理论，高校财务信息的公开义务主体，应当包括高校、各级教育、财政行政部门以及高校主管部门，均负有公开高校财务信息的义务和责任，应当及时、完整地向社会公开所生产、收集、保存的所属高校的财务信息。

从制度规制看，《条例》第二条明确：政府信息是指行政机关在履行职责过程中制作或者获取的，以一定形式记录、保存的信息。第六条规定：行政机关应当及时、准确地公开政府信息。① 高校每年要向教育、财政行政部门和高校主管部门报送财务报告，这些部门每年都获取、保存大量的高校财务信息。根据条例，应当及时、完整地向社会公开。然而《办法》《通知》《清单》中却未明确各级教育、财政行政部门和高校主管部门对高校财务信息公开的义务，而是赋予了这些部门监督、指导高校财务信息公开的权利。

从实践现状看，教育部在门户网站开辟了直属高校的信息公开专栏，上海市政府在其政务大厅门户网站开辟财政预决算专栏，主动回应社会公众向其获取所属高校财务信息的诉求，为社会公众获取高校财务信息公开打开另一扇方便之门。教育部在门户网站开辟教育部直属高校信息公开专栏，列示全部75所教育部直属高校，并链接至各高校信息公开网页。② 上海市政府信息

① 《中华人民共和国政府信息公开条例》，《人民日报》2007年4月25日。

② 《教育部直属高校信息公开专栏》，教育部网站，http://www.moe.gov.cn/jyb_xxgk/xxgk_gxgk/gxgk_zsg-xgk/201410/t20141021_176278.html。

公开门户网站——中国上海网上政务大厅——开辟了政府信息公开专栏，在其下的公共资金—>财政公开—>财政预决算—>政府部门栏目下，点击“上海市教育委员会”链接，很容易找到上海市属高校的年度预决算报告，公开的高校年度预决算报告公开自 2015 年决算开始，包括各高校 2015 年部门决算、2016 年部门决算和 2017 年部门预算。[①] 而其他中央直属高校的主管部门，省属高校的教育、财政行政部门和高校主管部门均未在其门户网站开辟所属高校的信息公开专栏，未对与其有行政管理、财政拨款关系的高校财务信息予以公开或建立信息公开链接，未肩负起公开所属高校财务信息的责任和义务。

综上所述，当前我国高校财务信息公开的公开义务主体，在理论基础、制度规制和实践现状之间存在明显错位，导致了高校财务信息公开的公开义务主体失范。教育部和上海市政府等公开所属高校预算、决算报告，为进一步规范我国高校财务信息公开的公开义务主体，提供了实践依据和经验借鉴。

规范高校财务信息供给主体，就是要协调理论基础、制度规制与实践现状之间的失范，尽快修订完善现行高校财务信息公开制度中有关高校财务信息公开主体的规制条款，明确高校财务信息公开的多元义务主体及其应承担的责任义务。

二、增加信息供给数量

当前我国不同隶属关系、不同办学性质、不同办学层次的高校之间，财务信息的供给数量存在明显的不均衡、不充分差异现象，突出表现为：(1)得分占比存在差异；(2)报表数量存在差异。

从得分占比看，高校财务信息公开现状，因隶属关系、高校类别不同而存在明显差异。以中央直属高校和五省(市)所属公办普通高校为例，分别绘制历年预算(图 5-2)和决算(图 5-3)文本公开得分占比趋势图。从两图可以清楚地看出，教育部直属高校财务信息文本公开得分占比高达 90%以上，而

① 中国上海网上政务大厅.上海市教育委员会[EB/OL].http://www.shanghai.gov.cn/nw2/nw2314/nw2319/nw32905/nw32914/nw32994/nw32999/nw39774/index.html? pageindex=1。

其他中央直属高校文本公开得分占比在20%左右；某些省(市)所属高校文本公开得分占比接近80%，而一些省(市)所属高校文本公开得分占比最高仅30%左右。此外，即使同一省(市)所属高校，在普通本科高校、普通高职高专、成人高校之间，以及公办高校与民办高校之间，预决算文本公开明显存在差异，严重不均衡。

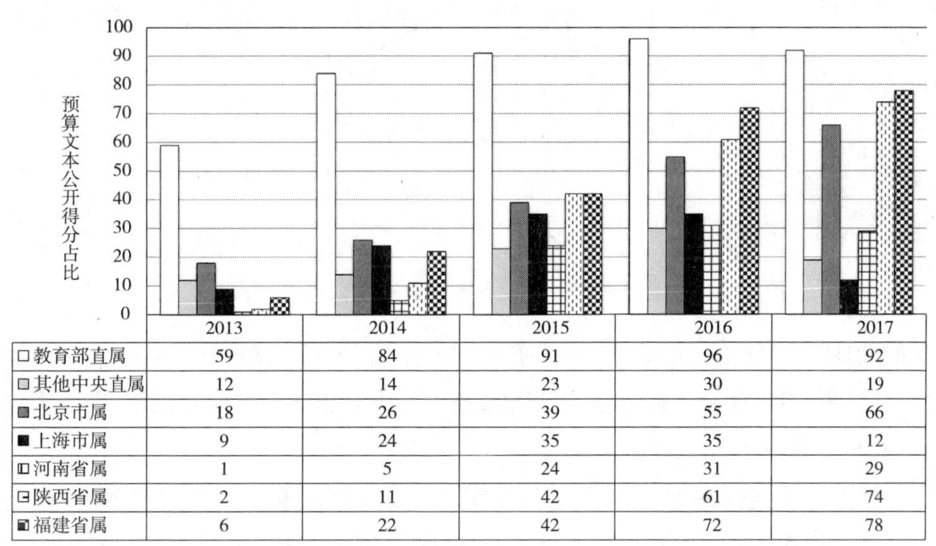

	2013	2014	2015	2016	2017
□教育部直属	59	84	91	96	92
□其他中央直属	12	14	23	30	19
■北京市属	18	26	39	55	66
■上海市属	9	24	35	35	12
□河南省属	1	5	24	31	29
□陕西省属	2	11	42	61	74
■福建省属	6	22	42	72	78

图5-2 我国公办普通高校历年预算文本公开得分占比比较

从报表数量看，高校财务信息公开的报告体系存在明显差异。根据《通知》《清单》要求，高校应公开预算4表和决算4表。网站访问考察过程中发现，高校公开的预决算报表存在明显差异。教育部直属高校、北京和上海市属高校按《清单》要求，公开预算4表和决算4表；陕西和福建省属的一些高校，除按《清单》要求公开预算4表和决算4表外，还公开了经省人大审议的其他多项财务报表。如西北大学等高校公开的2017年预算报表中，还包括一般公共预算基本支出(按经济内容)、一般公共预算基本支出(按功能科目)、专项经费、政府采购、“三公”经费等其他9项预算报表，①福建师范大学等高校公

① 西北大学财务处.2017年报人大及公开报表[EB/OL].http://cw.nwu.edu.cn/home/index/article/mid/965/id/87607.html。

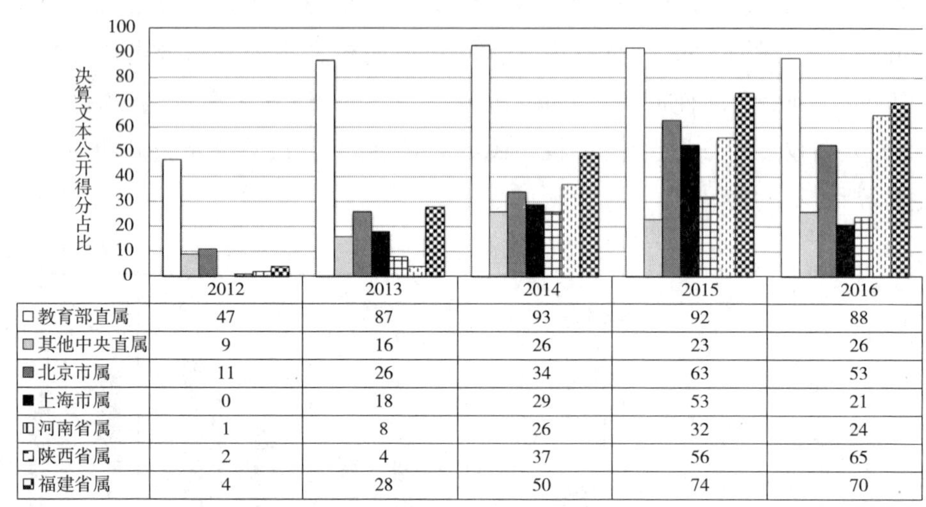

	2012	2013	2014	2015	2016
教育部直属	47	87	93	92	88
其他中央直属	9	16	26	23	26
北京市属	11	26	34	63	53
上海市属	0	18	29	53	21
河南省属	1	8	26	32	24
陕西省属	2	4	37	56	65
福建省属	4	28	50	74	70

图 5-3 我国公办普通高校历年决算文本公开得分占比比较

开的 2015 年度财务决算报表中，还公开了一般公共预算项目支出、部门综合预算专项支出、政府采购、“三公”经费等 4 项决算报表。① 公开的财报数量差异明显，不可比性增大。

《办法》《通知》《清单》适用于我国各类高校，无论从制度设计还是实践现状看，我国高校财务信息公开均应该形成全国一盘棋，增进不同办学性质、不同办学层次、不同所属地区间高校财务信息的可比性，为未来开展我国高校财务信息公开的绩效评价和市场开发奠定良好的基础。

此外，从各省（市）政府信息公开看，助推所属高校财务信息公开的作用也存在明显差异。近年来，上海、北京、陕西等省（市），已开始在政府信息公开门户网站，探索公开所属高校的预决算财务信息。如上海市政府自 2016 年以来，在其网上政务大厅门户中统一公开所属高校的 2015 年、2016 年的部门决算和 2017 年的部门预算信息，弥补了上海市属部分高校预算决算信息公开的数量短缺。而上海科技大学在其学校门户网站的信息公开专栏中公开的

① 《2015 年度福建师范大学决算说明》，福建师范大学财务处网站，http://cwc.fjnu.edu.cn/b8/3c/c2628a112700/page.htm。

2015 年、2016 年决算和 2017 年的预算均为 3 表,①但通过上海市政府政务大厅,便可很便捷地找到上海科技大学包括 2015 年、2016 年决算 4 表和 2017 年预算 4 表在内的其他更多财务报表。②

综上所述,增加高校财务信息供给数量要从以下几方面着手。首先,加快推进在全国各地高校间的财务信息公开均衡度,实现高校财务信息公开的整体“底限”突破;其次,修订完善《办法》,扩大高校财务信息公开的义务主体,增加除高校外的其他公开渠道;最后,及时更新和统一规范《清单》,借鉴世界高等教育强国高校财务信息公开的宝贵经验,要求公开能够全面反映高校财务状况和运营成果的资产负债表、现金流量表等其他财务报表,使公开的高校财务信息更加完整、全面。在适当的时候,探索推进高校财务信息公开相关的内部控制报告、管理层责任报告等公开制度。

三、提升信息供给质量

当前,我国高校财务基础信息公开中,还普遍存在着“有数据无信息”现象。虽然从数量上看,公开的高校财务信息已经有了一定数量的积累,但从质量上看,公开的高校财务信息内容粗略、质量不高,还存在突出问题。具体表现为公开的高校财务信息真实性不够、公信力不强、问责度不高,不能有效解除高等教育资源的委托代理责任,不能更好地服务于高校的财务管理决策。

推进高校财务基础信息公开实现从数量增长到质量提升,需要尽快健全高校内部控制、强化高校财务审计、实施高校责任报告制度,这些均是保障高校财务基础信息质量的重要举措和制度设计。

(一)健全高校内部控制

美国学者罗伯特・W.英格拉姆(Robert W.Ingram)等指出:“会计作为一种信息系统,在管理决策中是很重要的。管理者在筹划未来经营和评价组织发展是否符合组织目标时都使用了会计信息。为了有助于实现这些目标,会

---

① 上海科技大学.上海科技大学信息公开网[EB/OL].http://openinfo.shanghaitech.edu.cn/109/list.htm。

② 中国上海网上政务大厅.上海科技大学[EB/OL].http://www.shanghai.gov.cn/nw2/nw2314/nw2319/nw32905/nw32914/nw32994/nw32999/nw39785/index.html? pageindex=1。

计信息必须是可靠的……会计在保证信息的可靠性和保护组织资源中的作用一般被认为是会计的内部控制职能。”①

内部控制是保障组织权力规范有序、科学高效运行的有效手段,也是组织目标实现的长效保障机制。② 实施内部控制规范,是加强教育经费监管的重要举措,是完善教育行政事业单位内部治理结构、建立现代学校制度的必然要求。③ 2012 年 11 月,财政部发布《行政事业单位内部控制规范(试行)》(财会〔2012〕21 号),要求自 2014 年 1 月 1 日起在我国全部行政事业单位实施内部控制。④ 之后。财政部、教育部接连发出通知,明确要求加快推进包括高校在内的行政、事业单位内部控制建设。

高校作为社会经济活动的主体之一,是高校财务信息的主要信息源。高校根据真实可靠的经济活动,根据现行高校会计准则制度,对高校各项经济活动进行确认、计量、记录,最终编制成高校财务报告。一方面,高校财务报告的编制基础是高校的各项经济活动。另一方面,高校财务报告是高校财务基础信息的重要载体,是进一步加工开发高校财务信息增值产品的重要财务资料。因此,高校财务信息的质量高低,既依赖于真实有效的经济活动,又依赖于高质量的财务报告。内部控制风险识别所需要的信息必须要由事后信息向事中、事前信息转换,要由抽象信息向具体信息转换,由结果信息向原因信息转换,在风险控制上必须实行源头控制。⑤ 高校财务信息真实合规的源头首先在于高校内部控制,建立健全高校内部控制,是提高高校财务基础信息真实性、可靠性的重要制度保障。

澳大利亚审计署(Australian National Audit Office(ANAO))为确保澳大利亚公共部门有效、准确、及时地编制财务报表,2015 年发布了新的澳大利亚联

---

① [美]英格拉姆、奥尔布赖特、希尔:《管理会计:决策信息》,陈晋平、程小可译,中信出版社 2004 年版,第 469 页。

② 《关于全面推进行政事业单位内部控制建设的指导意见》,财政部网站,http://kjs.mof.gov.cn/zhengwuxinxi/zhengcefabu/201601/t20160105_1643573.html。

③ 《教育部关于做好〈行政事业单位内部控制规范(试行)〉实施工作的通知》,教育部网站,http://www.moe.gov.cn/srcsite/A05/s7052/201312/t20131209_161008.html。

④ 《财政部关于印发〈行政事业单位内部控制规范(试行)的通知〉,财政部网站,http://www.mof.gov.cn/zhengwuxinxi/caizhengwengao/2017wg/wg201705/201708/t20170814_2672537.html。

⑤ 谢志华:《内部控制、公司治理、风险管理:关系与整合》,《会计研究》2007 年第 10 期。

邦公共部门单位财务报表编制《良好实务指南》(Better practice guides (BPGs)),该指南中将“保持强有力的风险管理和内部控制”明确单位成功编制财务报表的6个关键因素之一,对财务和业务进行及时和全面的风险识别和评估,这可能是产生优质财务信息的关键影响因素。①

教育部在发布《教育部直属高校经济活动内部控制指南(试行)》中明确强调:建立健全高校内部控制的主要目标,就是为了保证高校经济活动合法合规、资产安全和使用有效、财务信息真实完整,有效防范舞弊和预防腐败,提高资源配置和使用效益。② 近年来,教育部、财政部新颁布实施了一系列高校内部控制制度规范,对加快推动实施高校内部控制提出了具体明确的要求(表5-1)

表5-1　我国高校内部控制制度规范统计表

序号	制度规范名称	施行时间	发布部门	发文号
1	行政事业单位内部控制规范(试行)	2014/1/1	财政部	财会[2012]21号
2	关于做好《行政事业单位内部控制规范(试行)》实施工作的通知	2013/12/5	教育部	教财函[2013]142号
3	关于全面推进行政事业单位内部控制建设的指导意见	2013/12/21	财政部	财会[2015]24号
4	教育部直属高校经济活动内部控制指南(试行)	2016/4/20	教育部	教财厅[2016]2号
5	关于开展行政事业单位内部控制基础性评价工作的通知	2016/6/24	财政部	财会[2016]11号
6	会计改革与发展“十三五”规划纲要	2016/10/8	财政部	财会[2016]19号
7	行政事业单位内部控制报告管理制度(试行)	2017/3/1	财政部	财会[2017]1号

① Australian National Audit Office. Public Sector Financial Statements: High-quality reporting through good governance and processes [EB/OL]. https://www.anao.gov.au/sites/g/files/net3721/f/2015_BPG-PSFS-web.pdf。

② 《教育部关于印发〈教育部直属高校经济活动内部控制指南(试行)〉的通知》,武汉大学财务部网站,http://finance.whu.edu.cn/info/1016/1531.htm。

高校内部控制是保障财务信息真实可靠的主动性、前摄性重要措施。高校内部控制的构建应适切教育现象的基本范畴和本质属性。孙绵涛(2014)运用历史唯物主义物质实践活动为第一性的原理对教育现象进行分析,认为教育现象由教育活动、教育体制、教育机制和教育观念四个基本范畴组成。① 对高校内部控制基本范畴构建应当适切教育现象的“属”本质,由此,建构完善的高校内部控制体系,必须兼顾高校内部控制活动、内部控制体制、内部控制机制、内部控制观念四个基本范畴。② 这其中尤以高校内部控制观念建构最为困难和重要,因为高校内部控制与教育教学一样,同样具有重要的育人目的和作用。

高等教育机构必须担负传承文化、培育高级专门人才的使命,这说明高等教育在本质上属于文化。高等教育的育人目标并非造就仅仅具有一般社会能力或普通公民素质的人(这是义务教育应承担的职能),而是要培养一种理想的人(即培养社会领袖人才),这种理想的人起码是一个独立的人、自觉的人,如此才可能成为一个高素质的人。③ 高素质的人是构建有效内部控制的首要因素。加拿大著名教育管理学家托马斯·格林菲德(Thomas Greenfield)告诉我们:“改变组织的组织结构是很容易的,而要改变人们通过组织表达出来的深刻的认识和目的却是很难的。我们必须看到,组织结构的‘固有’问题不是‘结构’本身,而是用以支持结构的人的认识和目的。这表明,我们不能单纯地通过废除或改变结构来解决组织问题,我们必须考虑问题中所反映的人的因素。”④

首先,在构建和塑造高校内部控制观念过程中,高校党政领导班子和各级领导干部对高校内部控制的态度显得尤为重要。《教育部直属高校经济活动内部控制指南(试行)》中进一步强调,高校党政领导班子及其各级领导干部要高度重视内部控制建设,要将建立健全内部控制作为高校健全治理体系和

---

① 孙绵涛:《教育现象的基本范畴研究》,《教育研究》2014 年第 9 期。
② 赵红卫:《高校内部控制的基本范畴与框架建构》,《审计研究》2015 年第 3 期。
③ 王洪才:《论高等教育的本质属性及其使命》,《高等教育研究》2014 年第 6 期。
④ 张新平:《教育管理学导论》,上海教育出版社 2006 年版,第 47—48 页。

提高治理能力建设的重要组成部分，列入学校长期规划，常抓不懈。① 阿尔文·A.阿伦斯等（2013）进一步指出，一个得到有效控制的组织的实质，在于其管理层的态度，如果管理层相信控制是重要的，则组织中的其他人也将意识到这一责任并以有意识的遵守已经建立的控制作为回应，如果组织的其他人员相信控制并不是管理层们关注的重点，几乎可以肯定组织的控制目标将不可能得到有效的实现。②

其次，教育的对象是人，教育的目的是育人，教育的方法是教育教学活动，通过教育教学活动影响人，达成育人的目的。③ 这决定着在构建高校内部控制观念过程中，不仅要重视高校自身内部控制观念的建构与重建，更要重视接受高等教育的学生的内部控制观念塑造，将内部控制观念内化于高校的教育教学活动中，内化于高等教育文化育人的目标中。只有这样，才能培养起接受高等教育的人应比其他一般人具有更强的内部控制的良好观念和行动自觉。在此基础上，完成对高校经济活动、体制、机制等内部控制基本范畴的建构。

（二）强化高校内外部审计

现代社会，委托代理关系无处不在。正如美国著名会计学家沃尔特·梅格斯（Walter B.Meigs）说：我们正生活在一个受托责任时代。④ 英国著名审计学者戴维·弗林特（David Flint）在他的审计假设模式中提出："审计是以经济受托责任关系或公共责任环境的存在为首要前提。""作为一种普遍的真理，凡存在审计的地方，必存在一种受托责任关系，受托责任关系是审计存在的重要条件。"他认为"受托经济责任的内涵太微妙，太复杂，太重要，以致没有审计，该种责任的解除就无法说清楚。"由此可见审计在这种微妙、复杂、重要的受托责任中的重要地位及作用。⑤ 审计保障高校经济活动真实合规的职能和地位具有正当性，对提升高校财务信息的社会公信力有重要作用。

---

① 《教育部关于印发〈教育部直属高校经济活动内部控制指南（试行）〉的通知》，武汉大学财务部网站，http://finance.whu.edu.cn/info/1016/1531.htm。

② ［美］阿尔文·A.阿伦斯等：《审计学》，沈征译，清华大学出版社2013年版，第13页。

③ 赵红卫：《"教育是什么"的哲学思考》，《河南社会科学》2015年第8期。

④ 王光远：《受托责任会计观和受托责任审计观》，《财会月刊（会计）》2002年第2期。

⑤ 高尚国：《高校经济责任审计存在的问题与对策》，《商业文化（学术版）》2008年第5期。

高校财务审计包括内部审计和外部审计。内部审计由高校内部实施,外部审计由国家审计机关和会计师事务所实施。现阶段,我国高校经济活动并未实现内部审计全覆盖:涉及一定金额以上的经济活动,按各高校会计核算和内部审计制度规定,由高校内部审计机构进行内部审计监督;政府审计机关对高校不定期抽查进行政府审计;社会审计在由政府机关或高校委托时才会介入高校经济活动监督。这种情况下,提升高校财务报告信息的公信力,则主要通过对高校财务报告实施内、外部审计来实现。

首先,从内部审计而言,高校内部审计的法制规制与实体规制之间存在明显错位:早在 2004 年 4 月,教育部颁布的《教育系统内部审计工作规定》明确要求:"大学、独立设置的学院和规模较大的高等专科学校应当设置独立的、与本单位财务机构相同级别的内部审计机构;教育系统内部审计机构应在本单位负责人的直接领导下,对本单位和所属单位的财务收支及有关经济活动进行内部审计监督,独立行使内部审计监督权,对本部门、本单位领导负责并报告工作。"①

以教育部直属高校为例,教育部直属高校内部审计机构设置情况调查研究的结果表明:截至 2014 年 12 月 31 日,75 所直属高校中,设立独立内部审计机构的高校共 55 所,占部属院校总数的 73.3%;内部审计机构与纪委监察部门合署办公的院校共 20 所,占部属院校总数的 26.7 %。由校长直接领导内部审计的高校共 14 所,仅占部属院校总数的 18.7%;由副校长分管内部审计的高校有 16 所,占部属院校总数的 21.3%;由党委副书记或纪委书记分管内部审计的高校有 45 所,占部属院校总数的 60%。② 由此可见,内部审计在高校内部的独立性和权威性受到机构设置的制约和影响,内部审计发挥对高校财务信息公信力的保障能力有限,无法有效担当起增强高校财务信息社会公信力之重任。

其次,从外部审计看,当前我国高校财务报告并无强制国家审计和会计师事务所外部审计的规定。高校向教育、财政等上级主管部门报送的财务报告,

---

① 《教育系统内部审计工作规定》,教育部网站,http://www.moe.edu.cn/srcsite/A02/s5911/moe_621/201511/t20151119_220045.html。

② 赵红卫:《高校内部审计规制错位反思与消弭策略》,《高校教育管理》2016 年第 1 期。

由高校法人、财务部门负责人和财务报告编制会计人员签章;向社会公开的预算、决算报,甚至没有要求上述相关人员的签章和声明,更无要求提供会计师事务所的审计报告。通过外部审计提升高校财务信息质量的公信力也大大削弱。

现状考察发现,国外大学在财务报告公开前,均经过国际著名会计师事务所的审计,同时公开经审计的财务报告和审计报告,因此,国外大学财务报告的社会公信力相对较高。当前,我国高校内部控制、内部审计尚不能有效保障高校经济活动真实合规的情况下,快速有效的办法只有通过强制高校财务报告的外部审计监督制度,要求高校财务报告在报送和公开前必须进行外部审计。

(三)实施责任报告制度

《中华人民共和国会计法》第一章第四条规定:单位负责人对本单位的会计工作和会计资料的真实性、完整性负责。第二章第二十一条明确要求:财务会计报告应当由单位负责人和主管会计工作的负责人、会计机构负责人(会计主管人员)签名并盖章;设置总会计师的单位,还须由总会计师签名并盖章。单位负责人应当保证财务会计报告真实、完整。① 明确了对财务信息的问责责任。

现状研究发现,当前公开的高校财务信息中的预算 4 表和决算 4 表上,并无按《会计法》要求的签名和盖章,同时也无高校负责人对财务会计报告真实性、完整性的责任声明。社会公众无从确认公开的财务报告是否经过校长和财务主管确认,对高校财务信息的问责缺乏保障,高校财务信息的质量难以保证。这也同时也说明了当前我国高校财务信息公开尚处于初级"底限"阶段。

管理声明书被公认为是管理职责和问责中不可或缺的部分。国外大学校长和财务主管在年度报告中签署管理声明书已成为惯例,这样的签名惯例,有助于审计委员会对财务报表的审查和问责。对国外大学财务信息公开的现状考察结果表明:美、英、加、澳四国大学公开的财务报告中,普遍实行对大学财

① 《中华人民共和国会计法》,《人民日报》1999 年 11 月 2 日。

务报告问责的责任报告制度，一般由大学校长和财务主管分别或联合对年度财务报告进行责任声明并签署姓名。

第二节 深化高校财务基础信息评价

一、落实财务分析指标

现行《高等学校财务制度》由财政部、教育部2012年联合颁布，2013年1月1日起实施。其中第十二章第六十九条规定：高校的财务分析是财务管理工作的重要组成部分。高校应当按照主管部门规定，根据学校财务管理的需要，科学设置财务分析指标，开展财务分析工作。财务分析指标主要包括反映高校预算管理、财务风险管理、支出结构、财务发展能力等方面的指标（表5-2）。①

表5-2 高等学校财务分析指标

指标名称	计算公式	反映内容
一、预算管理指标		
（一）预算执行率	预算收入执行率 =本期实际收入总额/本期预算收入总额×100%	高校预算管理水平
	预算支出执行率 =本期实际支出总额/本期预算支出总额×100%	
（二）财政专项拨款执行率	财政专项拨款执行率 =本期财政项目补助实际支出/本期财政项目支出补助收入×100%	高校财政项目补助支出执行进度
二、财务风险管理指标		
（一）资产负债率	资产负债率=负债总额/资产总额×100%	高校的资产中债务筹资的比重
（二）流动比率	流动比率=流动资产/流动负债×100%	高校的短期偿债能力

① 《高等学校会计制度》（中华人民共和国财政部制订），立信会计出版社2014年版，第92页。

续表

指标名称	计算公式	反映内容
三、支出结构指标		
(一)人员支出比率	人员支出比率=人员支出/事业支出×100%	高校人员支出结构
(二)公用支出比率	公用支出比率=公用支出/事业支出×100%	高校公用支出结构
(三)人均基本支出	人均基本支出 =(基本支出-离退休人员支出)/实际在编人数×100%	高校按照实际在编人数平均的基本支出水平
四、财务发展能力指标		
(一)总资产增长率	总资产增长率 =(期末总资产-期初总资产)/期初总资产×100%	从资产总量方面反映高校的发展能力
(二)净资产增长率	净资产增长率 =(期末净资产-期初净资产)/期初净资产×100%	高校净资产的增值情况和发展潜力
(三)固定资产净值率	固定资产净值率 =固定资产净值/固定资产原值×100%	高校固定资产的新旧程度

资料来源:财政部《高等学校财务制度》(2013 年修订版)

高校财务分析是由高校按要求实施的对高校财务信息的基础性分析,是高校财务信息的重要的基础性构件。高校通过开展财务分析,能够在财务报告的基础上,进一步清楚地反映高校的财务状况、运行成果及预算执行情况,从而提高高校的财务管理水平,同时也是加强社会公众对高校开展财务监督的重要手段,因此亦应列入高校财务信息的公开内容,向社会公开,接受公众监督。

现状考察发现,除极个别高校如西安邮电大学在 2016 年决算中公开有财务分析指标信息外,其他绝大多数高校并未公开财务分析指标相关信息。当前,无论在高校内部还是高校外部,对高校财务分析指标的重要性认识还不充分,通过高校财务分析指标提高财务管理和财务监督的思维和氛围还没有形成。

二、开展经费绩效评价

国务院发布的《国家中长期教育改革和发展规划纲要（2010—2020年）》提出，要在高校"引入竞争机制，实行绩效评估，进行动态管理"，建立经费使用绩效评价制度，加强对重大项目的经费绩效考评。① 突显了高校经费绩效评价的重要性。

高校财务分析指标侧重于分析经费的投入额度（执行指标）、风险程度（负债指标）、支出结构（功能指标）和发展能力（资产指标），而忽略了支出结构中的按经济用途支出指标，即测度经费在具体项目中怎么花出去的指标。开展高校经费绩效评价，不仅要关注高校经费的经济用途支出结构，更要关注投入经费的产出成果，关注高校经费是否真正直接用于教学与科研，而不是消耗于行政权力强势下的非教学科研领域等行政费用开支。

从总体上看，当前我国对高校经费绩效评价的研究还不多，尽管一些学者构建了高校经费绩效评价指标体系，但在教育行政部门资源配置和高等教育全面质量评价中罕见有官方回应，在高校的财务管理工作实践中亦未得以广泛应用。

表5-3　一些学者构建的高校经费绩效评价指标体系

学者	高校经费绩效评价指标体系				
鲁　曦 王菱艳 2011	教学绩效评价	科研绩效评价	筹资能力评价	资金运用评价	产业效益评价
	1.年教学收入额 2.教学收入同比增长率 3.教工人均教学收入额	1.教师人均科研经费 2.科研收入年增长率 3.科研成果收益率	1.财政拨款及占总收入比率 2.学校自筹及占总收入比率	1.收支结构数据对比 2.经费自给率 3.资产负债率 4.人员经费支出比率 5.公用经费支出比率	无

① 《中共中央国务院印发〈国家中长期教育改革和发展规划纲要（2010—2020年）〉》，《人民日报》2010年7月30日。

续表

学者	高校经费绩效评价指标体系			
邓建华2011	资金筹集	资金运行效率	资金运行绩效	财务发展潜力
	1.自筹经费占总收入比率 2.生均经费总收入 3.经费自给率 4.自筹基建经费占基建经费比例	1.教工人均经费总支出 2.生师比 3.专任教师比率 4.生均成本 5.教学支出占事业支出比率 6.人员经费占事业支出比率 7.生均固定资产占用额	1.教工人均获取经费 2.教师人均获取科研费 3.学校融资收占银行存款余额比率 4.对校办产业投资收益率 5.教师人均发表论文数 6.毕业生总体就业率 7.每10万元科研支出成果产出数	1.年末对外负债占总经费收入比率 2.年末存款余额与支出比 3.财政补助收入增长率 4.教学活动收入年增长率 5.科研活动收入年增长率 6.固定资产增长率 7.年度收支比
萨仁其格木2011	内部财务指标	教师学习成长指标	社会效益指标	客户满意度指标
	1.资产负债率 2.生均总资产 3.生均管理成本 4.固定资产投资占总支出比 5.收入增长率 6.师生比 7.资产保值率	1.教工人均培训费 2.教研人员培训比率 3.初级职称教师比例 4.中级职称教师比例 5.高级职称教师比例	1.校企合作办学经费 2.校企合作科研经费 3.校企合作课题、论文完成情况	1.超过基本录取线分数比率 2.学生报到率 3.年度就业率

乔春华(2014)认为,经费绩效又称财务项目绩效,是评价项目经费投入产出比的评价指标,不宜全面推行,建议应先从项目和专项资金的绩效管理取得经验,逐步推动高校经费绩效管理。① 鲁曦,王菱艳(2011)将高校财务绩效评价体系构想出教学绩效评价指标、科研绩效评价指标、筹资能力评价指标、资金运用评价指标、产业效益评价指标等五大类指标,在五类指标中又可分设若干单项指标,比较全面地涵盖高校在教学科研等各方面的业绩和成果;②萨

① 乔春华:《高校经费绩效评价运作中若干问题的探索》,《会计之友》2012年第26期。

② 鲁曦、王菱艳:《浅谈高校财务绩效评价体系的弊端与设计构想》,《商场现代化》2011年第2期。

其仁木格(2011)从高校的内部财务指标、教师的学习与成长指标、社会效益指标和客户满意度指标四个方面构建了高校资金使用绩效的评价体系;①邓建华(2011)构建了资金筹集、资金运行效率、资金运行绩效、财务发展潜力四个方面25个指标的财务绩效评价指标体系(表5-3)。②

从当前学者提出的经费绩效评价指标看,仍有一些不足之处。主要表现在:一方面,绩效评价指标不够全面,没有涉及学生培养方面的经费绩效评价指标,如奖助学金、学生学业成长、学生校际交流、学生社团活动等,以及现阶段严格要求的“三公“经费绩效评价指标等;另一方面,社会效益绩效评价指标偏少,绩效评价指标命名和分类还很不规范,绩效指标没有考虑高等教育产出的滞后性等。这些因素都使得使用这些经费绩效评价指标的可行性不高、可比性不强、科学性不够。因此,高校经费绩效评价的理论基础仍需进一步研究,绩效指标体系还需不断探索建构,使其更加科学化、系统化、规范化,在高校经费绩效评价工作中广泛使用并不断得到实践检验。

三、探索全面绩效评价

经费绩效评价只是高校全面绩效评价的一个重要方面。全面绩效评价是对高校教育教学活动为主要内容的全面的绩效评价方式。

绩效实现是一个基于公共价值的治理过程,只有找准了公共价值这一坐标系的原点,绩效管理才能有据可依。绩效管理的基本逻辑是开发合适的、测量公共行为的输出和结果的方法,通过绩效测量驱使公共部门提高服务供给的能力。③ 高等教育是一项极富公众价值的事业,高校特有的公益性、非营利性、产出明显滞后性特征,对高校这一公共价值事业的全面绩效评价带来了不少困难。尽管如此,高校绩效评价在20世纪后叶已经在欧美国家得到政府重视,并在实践中开始应用。当前比较常见的高校全面绩效评价应用就是绩效拨款制度。

---

① 萨仁其木格:《高校资金使用绩效评价研究》,《金融经济》2011年第14期。

② 邓建华:《高校财务绩效评价研究》,《会计之友》2011年第10期。

③ [英]斯蒂芬·奥斯本:《新公共治理——公共治理理论和实践方面的新观点》,包国宪、赵晓军等译,科学出版社2016年版,第40页。

近年来,绩效拨款已成为国际上流行的政府高等教育资源配置方式。美国田纳西州政府认为通过绩效评价可以提高高校公共负责程度和推动质量改进,从 1978 年正式开始实施高校绩效评价,包括绩效报告以及绩效拨款。①英国大学联合会的前身、英国大学校长委员会(CVCP)在 1987 年推出第一份年度绩效报告,按照指标顺序将每所大学的数据逐一公布出来,一直持续至今。时至今日,澳大利亚、法国、荷兰、新西兰、德国、加拿大等国家都在开展高等教育绩效评价并不同程度地与拨款挂钩。随着公共财政体制的建立和完善,我国也将在完善常规生均拨款制度的同时,正逐步引入绩效拨款机制。②2014 年教育部直属高校第 24 次工作咨询委员会主题确立为"以'评价'为切入点,全面深化高等教育综合改革"。会议明确提出:"以科学评价为基础,通过绩效拨款引导高校内涵发展、提高质量",就是要进一步发挥市场在办学资源配置中起到决定性的作用,激发大学的改革动力和办学活力。从发展趋势看,引入高校绩效评价并且实行绩效拨款,在我国不仅仅只停留在理论研究层面,已经成为一种政策的现实诉求。③

绩效评价作为改善高校管理、提高高校办学绩效的重要举措,成为各国共同的普遍趋势。④ 国际上较早就出现关于高校绩效评价的研究,Ahn.T 等(1988)对高等教育领域公立或私立教育机构的相对效率利用一种对多投入/多产出的多个决策单元效率评价的数据包络分析法(data envelopment analysis,DEA)方法进行了评价,Athanassopoulos 等(1997)将英国 45 所高校分类进行效率评价;John 和 Donald(1997)使用 DEA 和随机前沿模型(stochastic frontier mode,SFA)分析测算了公立学校效率。⑤

我国中央教育科学研究院自 2008 年开始开展高校绩效评价研究,并于

① 王春春、张男星:《美国公立学校绩效评价体系内容与特点分析——以田纳西州为例》,《比较教育研究》2012 年第 1 期。

② 应望江、李泉英:《高校绩效评价指标体系设计及应用研究——以教育部直属高校为例》,《国家教育行政学院学报》2010 年第 2 期。

③ 张男星、王春春、姜朝晖:《高校绩效评价:实践探索的理论思考》,《教育研究》2015 年第 6 期。

④ 袁振国、张男星、孙继红:《2012 年高校绩效评价研究报告》,《教育研究》2013 年第 10 期。

⑤ 孙继红、翁秋怡:《2016 年高校绩效评价研究报告》,《高教发展与评估》2017 年第 3 期。

2009 年向社会发布《影响高校绩效的主因是资源有效利用》绩效评价报告，将教育部直属高校的绩效评价结果向社会公布，一时引起了高校、学界的极大关注。① 2012 年中央教育科学研究院发布《2012 年高校绩效评价研究报告》，基于投入—产出方法论的高校绩效评价，将评价指标分为投入向量与产出向量二维结构，描述“投入—产出关系”的绩效状况，以绩效类别的方式呈现绩效评价结果。② 2016 年的高校绩效评价研究报告继续延用 2012 年的投入——产出指标体系，并调整了评价年限和完善评价方法，在对直属高校进行绩效评价排序的同时，基于投入结构对影响高校绩效因素进行了分析（表 5-4）。③

表 5-4 中央教育科学研究院高校绩效评价指标体系

一级	二级	三级指标
投入指标（14）	人力投入（5）	1.专任教师数；2.行政人员数；3.教辅及工勤人员数；4 具有博士学位专任教师数；5 研究与发展全时人员数；
	物力投入（5）	6.图书馆面积；7.实验室（实习场所）面积；8.教室面积；9.图书册数；10；固定资产；
	经费投入（14）	11.财政拨款收入；12.事业收入；13.其他收入；14.事业支出；
产出指标（20）	人才培养产出（7）	1.当量在校生数；2.当量在校留学生数；3.规划教材数；4.精品课程数；5.特色专业数；6.当量国家级教学成果奖数；7.社会培训数；
	社会服务产出（3）	8.研究报告采纳数；9.专利出售当年实际收入；10.技术转让当年实际收入；
	科研产出（10）	11.出版专著数；12.发表论文总数；13.SCI 期刊论文数；14.EI 期刊论文数；15.CSSCI 期刊论文数；16.SSCI 期刊论文数；17.ESI 前 1%学科数；18.当量国家科技获奖数；19.当量省部级科研与发展成果奖数；20.研究与发展课题数

此外，也有一些学者对高校绩效评价开展学术研究。如上海财经大学的应望江等（2010）对教育部直属 5 所财经类院校进行绩效评价，设计了四个一

① 张男星、王春春、姜朝晖：《高校绩效评价：实践探索的理论思考》，《教育研究》2015 年第 6 期。

② 袁振国、张男星、孙继红：《2012 年高校绩效评价研究报告》，《教育研究》2013 年第 10 期。

③ 孙继红、翁秋怡：《2016 年高校绩效评价研究报告》，《高教发展与评估》2017 年第 3 期。

级指标和十三个二级指标的高校绩效评价指标体系(表 5-5)。

现状研究表明,国外一些大学普遍实行大学绩效评价,并向社会公开大学绩效指标报告(Performance Indicators)。如多伦多大学自 1998 年开始实施绩效评价,从 2009 年开始向社会发布年度大学绩效评价报告,在 2016 年公开的绩效指标摘要(Executive Summary)中,主要绩效指标包括国际学生(International Students)、创业课程(Entrepreneurship-Related Courses)、本科生海外学习和交换项目(Study Abroad and Exchange Programs)、学生获取资助(Student Access Guarantee)、年度捐赠资助增加(Raised in Gifts, Donations, and Philanthropic Research Grants)等 11 个主要项目(表 5-6)。①

表 5-5　教育部直属财经院校绩效评价指标体系

学者	一级指标	二级指标
应望江(2010)	人才培养(2)	1.毕业生人数(人/亿元)
		2.专任教师增加人数(人/亿元)
	科学研究(5)	3.基础研究课题数(项/亿元)
		4.应用理论研究课题数(项/亿元)
		5.出版专著数(部/亿元)
		6.发表论文数(篇/亿元)
		7.科学研究与发展成果获奖数量(项/亿元)
	社会服务(3)	8.成人高等教育毕业生人数(人/亿元)
		9.应用研究课题数(项/亿元)
		10.应用成果数(项/亿元)
	学科资源条件(3)	11.重点学科数(个/亿元)
		12.图书数量(万册/亿元)
		13.实验室数量(个/亿元)

从国内外高校绩效评价看,有两个特点:(1)高校绩效评价的差异性。国

① University of Toronto. 2016 Executive Summary [EB/OL]. http://pi.utoronto.ca/wp-content/uploads/2017/05/PIExecutive-Summary-2017-05-11.pdf。

内外开展的高校绩效评价指标的研究和实践各有侧重,还不够统一规范,实践应用不够广泛;(2)财务绩效评价的重要性。高校财务信息不仅是高校经费绩效评价的重要依据,同样也是开展高校全面绩效评价的重要依据。

随着我国高校财务信息公开工作的深入推进,通过高校财务分析、经费绩效评价和全面绩效评价,促进提高财务管理水平、提升教育质量,服务各级教育、财政行政部门、高校主管部门和各高校更科学有效地配置高等教育资源,为未来开展高校财务信息公开工作绩效奠定基础。

表 5-6 多伦多大学 2016 年度主要绩效评价指标体系

序号	绩效指标	指标结果
1	国际学生比例	18.4%,生源国前三为中国、印度、美国
2	创业课程数量	11000+
3	研究生	19.8%录取研究生,70%研究生学术表现优秀
4	本科生海外学习和交流	1600+
5	学生就业率全球排名	第 14(泰晤士)
6	多伦多罗德奖学金	52%
7	奖学金支出	生均 $5205,2016 学年 $193M
8	大学排名	全球第 22,公立大学第 8(泰晤士)
9	资助和奖项	占 Tri-Agency15%,占加拿大国际研究奖 40%
10	年度捐赠资助增加	$233M
11	信用度评级	穆迪投资者 Aa2;标准普尔 AA+;多美年 AA

资料来源:www.pi.utoronto.ca.

第三节 推进高校财务基础信息公开

基于高校财务信息公开的理论基础,高校财务信息公开应具备以下特点:(1)信息源多元化。高校、教育、财政和高校主管部门都拥有大量财务信息;(2)信道多元化。与信息源对应,高校财务信息公开的信道也应多元化,除高校门户网站外,还可以通过政府门户,或建立第三方信息资源共享平台;(3)译码器市场化。信息源供给的基础信息,高校财务信息使用者难理解、难使用,需要进行市场开发,将基础信息转化为易理解、能使用的增值信息(图5-4)。

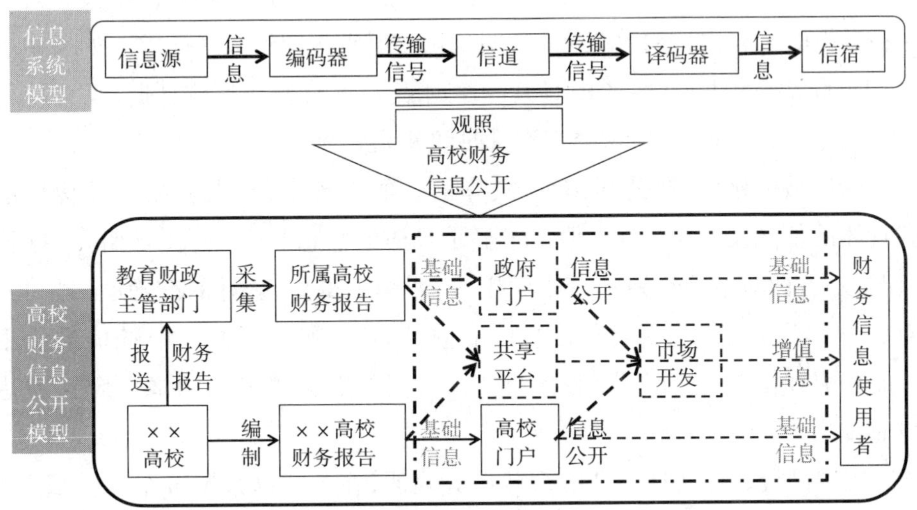

图 5-4　我国高校财务信息公开模型

用信息系统模型观照当前我国高校财务基础信息公开现状,在公开、流动、共享等环节仍存在诸多问题,主要表现在:(1)高校财务信息公开时效性不强,不少高校存在不公开、少公开、晚公开现象;(2)高校财务信息公开渠道单一,虽然一些地方政府部门的信息门户中也可以获取高校财务信息,但尚无正式的制度约束条款,政府部门对高校财务信息可公开、可不公开;(3)各高校之间公开的财务信息不充分、不均衡,差异明显;(4)高校公开的财务报告体系不完善,不能完整、全面地反映高校财务活动的全貌。

推进高校财务基础信息的公开、流动和共享,不仅要加快实现高校财务基础信息"有没有"公开的底限突破,还要统一要求高校财务信息公开时效性、构建多元化的高校财务信息公开共享平台、规范完整的高校财务信息公开报告体系,重点解决何时公开(When)、哪里公开(Where)、公开什么(What)等问题。

一、统一要求公开日期

及时性是财务信息的重要质量特征之一。为保证高校财务信息公开的时效性，教育部《办法》《通知》和《清单》均对公开时间提出了明确要求，但遗憾的是，对于公开的时间却未能统一要求。但无论如何，这里有两个时间节点：一个是信息生成时点，另一个是信息公开时点，分别对应预算公开/决算公开主栏目下的生成（日期）和发布（日期），两个时点中间形成时间差。如果生成（日期）和发布（日期）两者中有其一个时点未予明确至具体日期，就会使得《办法》《通知》《清单》要求的工作日时间差无从考量。

统计结果显示，在公开预算/决算信息的高校中，绝大多数高校均显示有具体的信息发布（日期），但却未显示具体的信息制作生成（日期）。这种状况，一方面对本研究赋值带来了困难，影响了得分、统计的准确度，另一方面在一定程度上影响了财务信息的时效性，从而影响了高校财务信息使用者的获取和使用，甚至会影响社会公众对高校财务事务的知情、参与、表达与监督。

国内高校财务信息公开的现状研究表明，在公开高校财务信息生成（日期）和公开（日期）节点方面，一些高校的做法值得借鉴。如四川大学、西南财经大学、重庆大学等高校，在公开的部门预算、决算报告中，直接明确显示出报告的制作生成（日期）。① 厦门大学、中国传媒大学、西北民族大学等高校，直接公开学校年度部门预算、决算的红头文件或公开通知，显示出具体的日期。② 首都师范大学、北京印刷学院等高校，直接公开教育、财政部门批复的学校年度预算、决算红头文件。③ 这些高校的做法，值得其他高校借鉴。

国外高校财务信息公开的现状研究表明，一些国外大学在财务年度开始前，公开详细的年度财务事项日程表，明确标注各财务具体事项的工作进度和截止时间节点。如哈佛大学每年度由财务管理办公室发布各季度大学财务活动事项的时间进程和截止日期（Schedules and Deadlines），明确进程开始和交付日历（Processes & Deliverables Calender）（图 5-5），并阐释财务活动事项的

① 四川大学信息公开网.四川大学 2017 年度部门预算[EB/OL].http://www2.scu.edu.cn/xxgk2013/rootfiles/2017/04/26/1489452529513947-1489452529515110.pdf。

② 厦门大学办公室.关于公布厦门大学 2017 年度部门预算的通知[EB/OL].http://gk.xmu.edu.cn/31/bf/c174a274879/page.htm。

③ 首都师范大学.北京市教育委员会关于批复 2013 年度部门决算的通知[EB/OL].http://xxgk.cnu.edu.cn/docs/2014-08/20140822111737031438.pdf。

日期和术语表(Dates and Glossary of Terms)(图 5-6)。①

财务管理
2018财年进程和递交日程安排

Activity Range　Follow-up Range

	活动	6	7	8	9	10	11	12	1	2	3	4	5	6	7
控制办公室	中期报告 Q4,Q1,Q2,Q3			Q4	YE	Q1			Q2			Q3			
	管理层报告书														
	普华永道(PwC)中期审计(2018财年审计)														
	PwC审计要求年度审计(2017财年)														
	年终结算														
	内部控制确认和评估														
	A133审计(2017财年)														
财务战略和计划办公室	中期财务计划(MYFP)和资本计划(MYCP)														
	学费、注册和财务资助(TEFA)														
	年度预算														
	2018-2019财年启动请求														
风险管理和审计服务	风险评估														
	内部审计														
	风险访谈														
发起人项目办公室	季度外展:发起人标准														
	联邦独立审计(A133之前)														
	实施设备管理纠错行动														
财务管理办公室	支付卡行业遵循														
	国内银行对账														
	国际银行对账														
	债务合规调查														
					Q1			Q2			Q3			Q4	
资本计划和项目服务	多年资本计划(MYCP)														
	一年资本预算(法人批准)														
	账款收集系统关闭和资本计划结转														
	月度执行报告编制(大项目)														
	资本计划和项目服务大项目评估														

图 5-5　哈佛大学财务事项进程和交付日历

资料来源:哈佛大学财务管理办公室网址:https://finance.harvard.edu/resources/schedules-and-deadlines。

哈佛大学的会计年度为每年 7 月 1 日至次年 6 月 30 日,年报于每年 10

① Financial Administration of Harvard University. Schedules and Deadlines [EB/OL]. https://finance.harvard.edu/resources/schedules-and-deadlines。

月底至11月初之间发布。以2017财年为例，哈佛大学2017财年自2016年7月1日至2017年6月30日，从图63和图64中可以明确获取哈佛大学2017财年各事项的日程安排与截止日期：(1)2017财年年报编制从2017年7月31开始至8月7日之前完成；(2)管理当局声明书自7月28日开始至9月20日完成；(3)普华永道年报审计自7月10日开始至8月18日前完成。所有三个事项后续跟踪至2017年年报发布日期10月26日。

Office of the Controller

Activity	Anticipated Start Date	Anticipated Due Date	Description
Interim Reporting	Q4/YE: 7/31/17 Q1: 10/17/17 Q2: 1/17/18 Q3: 4/16/18	Q4 / YE: 8/7/17 (Follow-up through 10/26/17) Q1: 11/2/17 （Follow-up through 11/30/17) Q2: 1/31/18 (Follow-up through 2/28/18) Q3:	The quarterly process during which Schools/Units analyze material variances in their interim operating results; they compare: 1) their current year- to- date performance vs. prior year- to- date performance and 2) their projection for the current financial year vs. the budget / most recent quarter. Schools also comment on year- over- year variances in balance sheet items. Q1, Q2 and Q3 quarterly submissions include the reporting template and checklist. *Note： - The follow up period for Q4/YE extends to FY17 report release date - The follow up period for Q1 extends from time tubs submit fluxes to end of November. - The follow up period for Q2 extends from time tubs submit
Management Representation Letter	7/28/17	9/20/2017 (Follow- up through 10/26/2017) *Note: follow Up Period Extends until FY17 report	The annual process during which Senior Management from each School/Unit declares in writing (to FAD and ultimately to the external auditor), to the best of their knowledge, that the financial statements and other presentations are sufficient and appropriate and without omission of material facts to the financial statements. In addition, senior management completes and submits an annual certification of internal controls over financial reporting.

图5-6 哈佛大学2017年财务事项日期和术语表附注

资料来源：哈佛大学财务管理办公室网址：https://finance.harvard.edu/resources/schedules-and-deadlines。

值得注意的是，《办法》《通知》《清单》中对高校财务信息公开的时间方面出现了不一致的要求：《办法》《清单》规定的主动公开信息的公开时限为

20个工作日内，财务信息属于主动公开信息；而《通知》要求的预算、决算信息公开时限为15个工作日内。在现状考察部分设计赋值规则时，考虑到当前高校信息公开的初级阶段和底限要求，取高校财务信息公开的公开时限为20个工作日。

二、构建信息共享平台

公共信息资源可以通过多种途径和渠道实现公开和共享，如印刷公报、网络公开、新闻发布，以及报刊、广播、电视等便于公众知晓的方式公开，也可以通过公共图书馆、档案馆、信息中心等场所公开信息资源。随着计算机网络的快速发展，网络公开已经成为信息资源公开共享的一种主要的和基本的形式。在网络化模式下，信息公开和共享通过计算机网络来实现，与传统的听汇报、看简报、开会议、发文件等方式相比，更为便捷、高效。

社会公众等高校财务信息使用者能从何处获取所需信息，是高校财务信息公开需要考量的重要问题之一。当前要求各高校在信息公开专栏公开财务信息，信息使用者可以通过访问各高校的信息公开专栏，查询、获取所需要的信息。当信息使用者需要某一地区、某一类别、甚至全国所有高校的财务信息时，就需要逐一访问所有高校的门户网站，工作量非常巨大。因此，由各级教育、财政行政部门或其他社会机构构建统一的、集中式的高校财务信息共享平台就显得很有必要，可以大大提高高校财务信息的公开、查询、获取效率。

教育部《关于深入推进教育管办评分离 促进政府职能转变的若干意见》（教政法〔2015〕5号）》要求，要加快建设教育基础信息数据库和教育管理公共服务平台，为专业机构和社会公众参与教育决策等提供全面、权威的数据支撑。① 为我国构建多元化、集中式的高校财务信息公开共享平台提供了政策依据。

澳大利亚政府为解决因条块分割导致的公共部门信息分散化，专门建立多种“整体性政府”的网站和服务，加大政府信息的整合公开力度，为公众从

① 《关于深入推进教育管办评分离　促进政府职能转变的若干意见》，教育部网站，http://old.moe.gov.cn//publicfiles/business/htmlfiles/moe/s7049/201505/186927.html。

统一门户获取政府信息服务创造便利条件。所谓“整体性政府”是指利用信息技术对政府组织、结构、功能等方面进行整合,力图解决公共信息服务碎片化问题而形成的一种新型政府信息管理模式。主要有:(1)政府官方门户(Australia.gov.au);(2)开放政府数据门户(data.australia.gov.au);(3)政府目录网(directory.gov.au);(4)政府刊物网(publications.gov.au)等。①

在对教育部直属高校财务信息公开进行网站访问考察时,教育部门户为所属75所高校统一构建了信息公开平台,平台上清楚明确地罗列出75所高校名称,并建立超链接,点击目标高校即可十分便捷地进入到该校的信息公开专栏。虽然不是直接获得每所直属高校公开的财务信息,但已经不必花费大量的时间精力在各高校门户的不同位置搜索查找信息公开专栏,大大提高了研究工作效率。

在网站访问考察其他中央直属和五省(市)所属的高校时,由于没有建立起统一的高校信息公开网络平台,加上一些高校未开辟信息公开专栏,为了找到某所高校的财务信息,往往要在高校的门户网站中不同的地方艰难查找,即使这样,有时甚至需要花费数个小时仍无法找到,而有时却在认为没有公开财务信息而放弃查找数天后,不经意间又偶有发现,如此往复,浪费大量时间和精力。从2016年起,上海市政府在其门户网站开辟了政府信息公开专栏,可以链接到上海市属每所高校的年度预决算信息,大大提高了信息获取效率。

《办法》第十二条规定:高等学校应当根据实际情况,通过学校网站、校报校刊、校内广播等校内媒体和报纸、杂志、广播、电视等校外媒体以及新闻发布会、年鉴、会议纪要或者简报等方式予以公开;并根据需要设置公共查阅室、资料索取点、信息公告栏或者电子屏幕等场所、设施。②《通知》也对高校财务信息公开提出公开渠道方面的明确要求:各高校除采取学校年鉴、简报等方式向社会公开财务信息外,均应将学校网站作为主要信息公开载体。③

---

① 陈美:《澳大利亚政府信息资源公共获取及启示》,《情报理论与实践》2013年第8期。

② 《高等学校信息公开办法》,教育部网站,http://old.moe.gov.cn/publicfiles/business/htmlfiles/moe/moe_rule_more/201406/170528.html。

③ 《教育部关于做好高等学校财务信息公开工作的通知》,教育部网站,http://old.moe.gov.cn//publicfiles/business/htmlfiles/moe/s7052/201309/157199.html。

此外,2017 年 5 月 3 日国务院发布《关于印发政务信息系统整合共享实施方案的通知》(国办发〔2017〕39 号),要求 2018 年 6 月底前,实现国务院各部门整合后的政务信息系统接入国家数据共享交换平台,各地区结合实际统筹推进本地区政务信息系统整合共享工作,初步实现国务院部门和地方政府信息系统互联互通。2017 年 7 月 31 日国家发改委印发《"十三五"国家政务信息化工程建设规划》(发改高技〔2017〕1449 号),加快推进国家政务信息化工程建设。此外,我国部分行业部门已经建设完成的公共信息资源共享工程,如 2002 年开始建设的"全国文化信息资源共享工程"(http://www.ndcnc.gov.cn)、全国公共资源交易平台(http://www.ggzy.gov.cn)等项目工程。

各级政府和各级教育、财政行政部门可借国家信息化建设的契机,借鉴行业部门构建资源平台的先进经验,加快构建各省(市)、各类别甚至全国的高校财务信息公开共享平台,统一规范、整体推进,增强不同地区之间、不同高校之间、不同类别之间的高校财务信息公开的透明度和可比性,为高校财务信息的进一步深度开发加工利用奠定基础。

三、规范公开报告体系

信息的标准化是信息资源共享赖以实现的重要基础。关于标准化的重要性,曾任国际标准化组织(International Organization for Standardization, ISO)主席的海因茨先生曾指出:"技术进步和生产发展无不同全球标准化的发展有密切关系,因为后者为前者保证了通用性和互换性。"通过对信息标准的建设,一方面可以消除因技术标准不同所造成的系统难以兼容,增进信息沟通和业务合作,另一方面也可以消除因管理标准不同所造成的各自为政、信息孤岛现象。①

一般而言,公共信息资源公开遵循"以公开为原则,以不公开为例外"的原则。从世界各国范围看,各国政府信息公开的相关法律规范都以排除条款对不予公开的信息,即例外信息进行列举规定,凡未被明确规定可以作为例外信息的信息均应当公开。②

---

① 蔡立辉:《电子政务应用中的信息资源共享机制研究》,人民出版社 2012 年版,第 273 页。

② 傅荣校、叶鹰:《公共信息资源管理》,科学技术出版社 2011 年版,第 191 页。

从国外现状考察看，四国大学排名前 10 位大学的财务信息公开标准体系基本一致，除财务报告外，还包括责任报告、审计报告、内部控制报告等内容。其中，财务报告包括资产负债表、收支活动表、现金流量表、净资产变动表等财务报表和财务报表附注，财务报表附注极尽详细，往往占整个年度财务报告的绝大部分（表 5-7）。

表 5-7　美、英、加、澳四国大学财务信息公开标准体系

内容	美国	英国	加拿大	澳大利亚
1	责任报告	责任报告	责任报告	责任报告
2	大学治理	大学治理	大学治理	大学治理
3	财务评论/分析	财务评论/分析	财务评论/分析	财务评论/分析
4	财务报告	财务报告	财务报告	财务报告
5	独立审计报告	独立审计报告	独立审计报告	独立审计报告
6		风险管理报告		
7		内部控制报告		

从北京大学和牛津大学的个案比较看，北京大学和牛津大学分别是中、英两国国内一流大学和世界著名大学，对两所大学财务信息公开报告体系进行比较研究表明，两所大学财务信息公开的标准存在明显的差异（表 5-8）。①

表 5-8　北京大学和牛津大学财务信息公开体系对比

序号	北京大学财务信息公开体系		牛津大学财务信息公开体系	
1	无		（校长和财务主管）责任报告	
2	无		财务分析评论	
3	财务报告	无	财务报告	资产负债表
4		收支表/预算决算表		支出表
5		无		现金流量表
6		无		财务报表附注

① 赵红卫：《中英两国高等学校财务报告比较研究与启示——以牛津大学和北京大学为例》，《教育财会研究》2015 年第 5 期。

续表

序号	北京大学财务信息公开体系	牛津大学财务信息公开体系
7	无	独立审计报告
8	无	风险管理报告
9	无	内部控制报告
10	会计政策	会计政策

从国内现状考察看，当前我国高校财务信息公开报告体系相对简单，仅有预算 4 表和决算 4 表，只能反映高校预算执行情况，不能全面、完整地反映高校的财务状况和运营成果，我国高校财务信息公开标准体系亟待进一步规范完善。特别是在《政府会计准则——基本准则》实施后，公开的高校财务信息报告体系也不符合高校作为政府会计主体双轨制会计下的报告体系，需要增加反映财务会计核算的财务会计报告，包括资产负债表、现金流量表等内容。

此外，当前公开的高校财务信息，没有经过事务所审计，甚至没有高校法人和财务主管的签章，财务信息的公信力较弱。借鉴国外高校财务信息公开的经验，我国高校财务信息公开的报告体系至少需要增加资产负债表、现金流量表，以及增加经会计师事务所审计的年度审计报告，在适当的时候，再增加校长和财务主管的书面声明或责任报告。

第四节　强化高校财务信息公开责任

与国外高校财务信息公开相比，我国高校财务信息公开尚处于刚刚起步阶段，信息公开与保密文化的博弈尚需时日。加快推进高校财务信息公开，离不开制度的匹配。按照《办法》《通知》要求，教育部、各省级教育行政部门、高校主管部门和高校内设监察部门，应进一步建立完善高校财务信息公开的督查、评议、问责制度，并认真贯彻落实，切实履行好保障、推动高校信息公开工作的职责。

一、履行公开督查职责

《办法》《通知》明确国务院教育行政部门、省级教育行政部门、高校主管部门、高校内设监察部门对高校信息公开工作的监督检查职责。其中,国务院教育行政部门负责监督检查全国高校信息公开工作推进情况;省级教育行政部门负责监督检查本行政区域内高校信息公开工作;高校主管部将所属高校信息公开工作开展情况纳入高校领导干部考核的内容;高校内设监察部门负责组织和监督检查本校信息公开工作。①

教育部、各省级教育行政部门、高校主管部门和高校内设监察机构应认真贯彻落实《办法》《通知》相关要求,建立高校信息公开工作监督检察制度,强化监督检查责任意识,切实履行监督检查职责,并将监督检查结果以一定方式、定期向高校通报和社会公告,通过监督检查,助推高校信息公开工作顺利开展。

二、实施公开评议制度

社会参与是推动民主管理和绩效管理的重要机制。高校招生和财务是高校信息公开的重点领域。高校财务信息公开是高校提高财务管理水平的重要组成部分,是社会参与高校民主管理的重要窗口,受社会关注度相对较高。

《办法》第四章第二十五条明确规定:省级教育行政部门应当建立健全高等学校信息公开评议制度,聘请人大代表、政协委员、家长、教师、学生等有关人员成立信息公开评议委员会或者以其他形式,定期对本行政区域内高等学校信息公开工作进行评议,并向社会公布评议结果。②

英国在《信息自由法》刚刚实施的 2005 年,政府曾积极主动发起一项名叫"积极公民改造运动"。这项运动的目的,就是要带动英国普通老百姓参与所在社区的发展,并监督政府兑现其所承诺的社会变革,令英国人以一种在环境、经济及社会层面可持续的生活方式生活。③

加拿大大学的信用评价不是由政府部门组织,而是由社会机构广泛参与、

① 《高等学校信息公开办法》,教育部网站,http://old.moe.gov.cn/publicfiles/business/htmlfiles/moe/moe_rule_more/201406/170528.html。

② 《高等学校信息公开办法》,教育部网站,http://old.moe.gov.cn/publicfiles/business/htmlfiles/moe/moe_rule_more/201406/170528.html。

③ 徐剑梅:《英国:政治管理走向透明化》,《瞭望新闻周刊》2005 年第 10 期。

多元评价,社会认可度高。如加拿大多伦多大学的信息评级由穆迪投资服务(Moody's Investor Serves)、标准普尔(Standard & Poor's)和多美年债券评价服务(Dominion Bond Rating Serve)等多家机构分别评级。①

我国教育部于2015年5月4日发布《关于深入推进教育管办评分离 促进政府职能转变的若干意见》(教政法〔2015〕5号)提出:要引入市场机制,大力培育专业教育服务机构,整合教育质量监测评估机构,完善监测评估体系,定期发布监测评估报告。扩大行业协会、专业学会、基金会等各类社会组织参与教育评价。制定专业机构和社会组织参与教育评价的资质认证标准。支持专业机构和社会组织规范开展教育评价。② 各级教育行政部门通过建立健全高校财务信息公开评议制度,广泛吸收关心关注高等教育的校外人士参与高等教育事务,不仅能够推动省级区域高校财务信息公开工作的持续开展,而且能够唤醒更广泛的社会公众对高等教育事务的民主参与意识。

从长远看,实施社会公开评议制度,对于促进社会公众参与高等教育管理决策,回应社会对深化高等教育改革的期盼,融洽教育行政部门、高校和公众的公共关系,提高教育行政部门和高校的公信力,推动高等教育深化改革,均具有十分重要的作用。

三、落实公开问责制度

《通知》明确指出:高校主管部门和各高校要进一步完善财务信息公开制度和责任追究制度,明确责任分解和责任追究的程序、方法和组织实施,严格责任追究。高校违反有关信息公开规定和本通知要求,不依法履行财务信息公开义务,不按要求及时公开财务信息,公开了不应当公开的财务信息,在财务信息公开工作中隐瞒或捏造事实,违反规定收取费用,以及违反有关法律法规和本通知规定的其他行为的,要依据《政府信息公开条例》和《高等学校信息公开办法》的规定,由省级教育行政部门责令改正;情节严重的,由省级教

① University of Toronto. Preformance Indicators Executive Summary[EB/OL]. http://www.pi.utoronto.ca。

② 《教育部关于深入推进教育管办评分离 促进政府职能转变的若干意见》,教育部网站,http://old.moe.gov.cn//publicfiles/business/htmlfiles/moe/s7049/201505/186927.html。

育行政部门或教育部予以通报批评；对高校直接负责的主管领导和其他直接责任人员，由高校主管部门依据有关规定予以问责。①

督查和评议是推动高校财务信息公开工作的重要手段。通过督查和评议，高校财务信息公开的公开义务主体可以清楚地知道本区域、本部门该项工作开展的现状，明确工作执行过程中存在的问题和下一个阶段需要努力的方向。但督查和评议的对于那些不愿公开、没有公开、部分公开、延迟公开的义务主体，推动工作的威慑力相对较弱，如果没有建立健全高校财务信息公开的责任追究制度，并认真贯彻落实，督查和评议的威慑力将会越来越弱。

现状考察中普遍存在的高校对财务信息公开不公开一个样、多公开少公开一个样、早公开晚公开一个样，以及跨地区、跨类别高校间财务信息公开的不充分、不均衡现象，都与高校财务信息公开的监督检查、公开评议、问责追究等贯彻落实不力有直接关系。各级教育、财政行政部门，各高校主管部门，各高校内设监察机构，应立即行动起来，认真贯彻落实《办法》《通知》《清单》相关要求，必须尽快建立健全督查、评议和责任追究制度，并认真贯彻落实，保障高校信息公开工作的整体协调、有序推进。

综上所述，推进高校财务基础信息公开，针对的是高校财务信息公开基础上的流动和共享，重点关注的仍是信息“有没有”实现充分和有效的公开，解决的是高校财务基础信息的供给数量不足和供给渠道不通的问题，为下一步对高校财务基础信息市场化开发提供充足的数据源泉和便捷的获取渠道，打下良好的基础。相反，如果没有实现充分和有效的高校财务基础信息的公开、流动和共享，高校财务信息的市场化开发和信息产品市场将成为无源之水，无本之木，就不会显示出旺盛的生命力。

---

① 《教育部关于做好高等学校财务信息公开工作的通知》，教育部网站，http://old.moe.gov.cn//publicfiles/business/htmlfiles/moe/s7052/201309/157199.html。

第六章　构建我国高校财务信息产品市场

信息技术革命是当代最伟大的科技革命,其渗透力之强,影响力之大,远远超过了任何其他技术。信息技术革命完全改变了信息采集、存储、传输和处理的方式、能力和成本,信息技术与专业技术和管理的融合,创造了提升效率和效益的新的巨大空间。信息技术革命使信息成为可以开发利用的重要的资源,为知识经济的发展铺平了道路。①

信息资源是需要开发的,没有开发,信息资源就难以被充分地利用。信息作为一种资源,既有绝对性,也有其相对性。对于不同的人群,信息的价值是不同的。因此,有必要针对不同的用户群体对信息资源进行深度开发,经过开发的、结构化的信息资源,成为信息产品。② 信息时代的到来,使得以开发和利用信息资源为目的的信息经济活动迅速扩大,逐渐取代工业生产活动而成为国民经济活动的主要内容。③

信息资源经过开发成为信息产品,流向信息产品交易市场,最终由信息使用者消费利用。实现信息产品价值的过程,是在信息产品市场中完成的。信息产品市场包括信息资源开发、信息产品交换、信息产品利用等环节和过程。当然,信息产品市场并不是信息资源发挥作用、实现信息资源价值的唯一途径。除信息产品市场外,还有信息资源自给自足、信息资源公益捐赠等多种形

---

① 吕艳滨、[英]卡特:《中欧政府信息公开制度比较研究》,法律出版社 2008 年版,第 2 页。

② 周宏仁:《从信息资源到信息产品》,马费成:《信息管理与信息系统研究进展》,武汉大学出版社 2010 年版,第 1 页。

③ 石国亮:《国外政府信息公开探索与借鉴》,中国言实出版社 2011 年版,第 2 页。

式。但信息产品市场是推动信息产业发展，实现信息资源市场配置的最高效率、最有活力、最具前景的主要形式。

自20世纪70年代末开始，西方国家政府改革相继进入行政改革或公共部门改革的时代，这一改革都有一个相同或相似的基本取向，就是采用工商管理理论、方法和技术，引入市场竞争机制，强调顾客导向以及提高服务质量为特征的“管理主义”和“新公共管理”的新范式，这是一场追求“3E”（Economy，Efficiency，Effectiveness）目标的管理改革运动，导致了管理方式上的“竞争型政府”的兴起。这场变革深刻影响着公共信息资源管理领域，使得政府作为公共信息产品和服务的唯一提供者的垄断地位开始动摇，各种私人公司、独立机构和社会团体开始为公共信息资源的开发利用和服务而展开竞争。①

在不断推进高校财务基础信息公开的基础上，还要大力推动对高校财务基础信息的开发，融入公共信息资源开发产业的市场化浪潮中，通过信息资源市场化配置，发挥高校财务信息产品的增值价值，更好地实现高校财务信息公开的两个“有助于”目标，助力加快实现高等教育治理体系和治理能力的现代化。

第一节　加快高校财务信息资源开发

信息资源的开发分为本体开发和应用开发。信息资源本体开发又称内容开发，是针对信息本体的生产、创造、识别、收集、整理、排序、组织、检索、加工、重组、总结和评价等活动，从而为信息资源应用开发做准备；信息资源的应用开发是研究信息资源应用于公共管理活动的可能性、问题、途径和方法，为信息资源应用于管理决策建立理论模型，解决技术问题，制定实施方案，其实质是为了更准确、更高效、更全面、更深层次利用信息资源。②

高校财务信息的本体开发主要是针对高校财务基础信息，而高校财务信息的应用开发，就是本章所要研究的高校财务信息产品，是对高校财务基础信

① 沙勇忠：《公共信息资源管理》，中国社会科学出版社2014年版，第226页。

② 沙勇忠：《公共信息资源管理》，中国社会科学出版社2014年版，第331—332页。

息市场化开发,形成高校财务信息产品的过程。

一、信息资源开发需求

信息具有经济属性,信息经济的核心就是价值。信息论的创始人申农这样描述信息:“信息是用以消除随机不确定性的东西”,即信息具有减少人们认识的不确定性,提高人们认识事物的能力。可以说,人们重视信息,研究信息,就是为了在生产和决策中运用信息,增加信息含量。①

在财务信息研究场域内,财务信息具有经济后果已是一个不争的事实。而信息是否有用,在于利益相关者是否可以根据信息做出最优决策。② 可见,财务信息的价值实现,至少取决于两个因素:一端是信息需求者对信息的理解能力,另一端就是信息供给者供给信息的可理解性。

首先,信息使用者是信息公开的公开权利主体,而人们的理解能力具有先天局限性。英国经济学家弗里德里希·奥古斯特·冯·哈耶克(Friedrich August von Hayek)(1937)在分析理性主义时曾指出:“第一,人们并不是无所不知的;第二,人们必须时刻调整自己的行动以适应新事物;第三,人们不可能根据一项事前的详尽计划来安排生活并始终有序。”③信息使用者对信息的阅读理解能力同样受到人们对客观事物理解能力局限性的影响,这样就产生了对财务信息资源加工开发的潜在需求。

其次,基础财务信息是信息公开的内容客体,其质量特征具有高度的专业属性。财务信息通过会计人员专业性的会计核算活动,将纷繁复杂的经济活动转化为国际通用会计语言,通过会计要素和会计科目以会计报表的形式结构呈现出来,通常比一般意义上的语言文字更会让社会公众感到难以理解,不便直接使用,直接影响了财务信息的流动和共享。

因此,财务信息的价值实现,一方面靠提高信息需求侧对财务信息的理解能力,另一方面靠推动信息供给侧对财务基础信息的开发加工。然而,靠普遍提升信息需求侧广大社会公众对财务信息的理解能力,无论是从时间成本还

---

① 王宪磊:《信息经济论》,社会科学文献出版社 2004 年版,第 211 页。

② 李爱红:《会计信息可理解性与语言认知》,《财会通讯》2014 年第 1 期。

③ 王诗宗:《公共政策:理论与方法》,浙江大学出版社 2003 年版,第 32 页。

是财务成本看,远非一时简单之功。而通过推动信息供给侧对财务基础信息进行开发加工,提升财务信息的可理解性,相比之下,更加可行、更加有效,社会成本最低。

对高校财务信息资源的开发,需要对高校财务信息需求者进行市场细分。政府财政部门需要什么样的高校财务信息优化高等教育资源配置?教育部门和中介机构需要什么样的财务信息对高校办学绩效和教育质量进行管理和评价?高校需要什么样的财务信息提高财务管理水平,发挥有限办学经费的最大效益?社会公众需要什么样的财务信息参与高校事务管理,进行社会监督?社会资金提供者需要什么样的财务信息进行资金提供与高校合作的决策?学生需要什么样的财务信息选择适合自己的学校?等等这些财务信息需求,均可通过对高校财务基础信息的加工开发来实现。

高校财务信息的开发成果,其共享和利用的形式可以多样化,一部分可以在高校财务基础信息公开的同时免费向社会公众开放共享,一部分可以通过单体信息产品的形式,直接进行市场化商品交易,还有一部分可以通过功能模块的形式,集成到其他信息系统软件和硬件中,随同信息系统软硬件商品完成市场交易。

二、信息资源开发政策

法制化是信息资源管理的必然发展趋势。信息政策是以信息领域发生的各种经济关系和社会关系为主要调整对象而形成的一系列规定和规范的总和。信息政策属于公共政策的范畴,具有复杂性、多样性、灵活性和动态性的特点。① 信息资源开发政策是信息资源法制建设的一个分支领域,是规范信息资源开发利用和促进信息资源价值实现的规定和规范。运用政策手段调整信息资源管理过程中新出现的法律关系,来建立信息资源管理和开发利用的新秩序,是在不具备颁布统一的国家信息资源管理法的前提下,符合当前我国国情的法制化手段。

我国政府信息化建设虽然起步较晚,但发展迅速,制定了许多推动信息

① 沙勇忠:《公共信息资源管理》,中国社会科学出版社 2014 年版,第 254—255 页。

资源开发利用的政策法规，但我国信息资源管理法制化建设存在着明显的分散性、不配套、间接性、模糊性等方面的突出问题，亟待规范信息资源特别是公共信息资源管理过程中“管什么”、“谁来管”、“如何管”等一系列社会关系。

政策是社会发展的方向盘和助推剂。政府是推动产业发展的重要力量，政府有责任营造一个适宜产业发展和企业公平竞争的外部环境。哈罗德·D.拉斯韦尔（Harold Dwight Lasswell）和亚伯拉罕·卡普兰（Abraham Kaplan）在《权力与社会——一项政治研究的框架》一书中指出：“不同的群体与个体之间的政治互动，是由权力和影响力的模式所构成，受到符号的操控和影响，最终在典型的政治实践中稳定下来。”这里的符号就是政策，“政策是一种为某项目标、价值与实践而设计的计划”。①

制定信息资源开发政策是信息资源管理法制建设的重要环节和重要内容之一，在当前我国信息化发展的大背景下具有更加迫切的法律需求。《2006—2020年国家信息化发展战略》明确指出：引导和规范政务信息资源的社会化增值开发利用。鼓励企业、个人和其他社会组织参与信息资源的公益性开发利用。充分发挥信息资源开发利用对节约资源、能源和提高效益的作用，发挥信息流对人员流、物质流和资金流的引导作用，促进经济增长方式的转变和资源节约型社会的建设。优先制定和实施电子商务、电子政务计划和信息资源开发利用计划，开发优秀的信息产品，全面支撑经济调节、市场监管、社会管理和公共服务职能。②

2016年11月29日，国务院发布《“十三五”国家战略性新兴产业发展规划》（国发〔2016〕67号）明确指出：信息革命进程持续快速演进，物联网、云计算、大数据、人工智能等技术广泛渗透于经济社会各个领域，信息经济繁荣程度成为国家实力的重要标志。进一步提出：要制定出台数据资源开放共享管理办法，推动建立数据资源清单和开放目录，鼓励社会公众对开放数据进行增

---

①　［美］哈罗德·D.拉斯韦尔、亚伯拉罕·卡普兰：《权力与社会——一项政治研究的框架》，王菲易译，上海人民出版社2012年版，第63、78页。

②　《中共中央办公厅、国务院办公厅印发〈2006—2020年国家信息化发展战略〉》，《人民日报》2006年5月9日。

值性、公益性、创新性开发。①

随着我国高校信息公开工作的持续推进，将会有越来越多海量的高校财务信息得以公开。政府和教育行政部门应当借着国家鼓励新兴产业发展、推动信息经济繁荣的大好时机，尽快制定出台一些鼓励高校财务信息加工开发的产业政策。特别对于高校财务信息公开的初级阶段，信息开发的产业政策显得尤其重要。

通过产业政策，扶持一些知识密集型的专业机构进行高校财务信息的加工开发，产出满足管理决策需求和经济社会发展的高校财务信息产品，对于提高高校财务管理水平、优化高等教育资源配置、推动社会资源流向高等教育领域，促进社会公众参与和监督高等教育事务，具有十分积极和重要的作用。

三、信息资源属性转换

从公共物品供给方式看，公共物品可以是政府直接生产，也可以是政府利用市场间接供应，还可以是合作组织或社会捐赠供应。② 公开的高校财务基础信息作为公共物品，其供给、流动和共享可以由高校、政府、教育财政行政部门免费供应，保有公共物品的基本属性。

然而，由于有用信息内含的信息供给属性，使信息的供给与商品性相连，信息的供需结合——进入生产、流通和消费领域，在市场交换中成为经济发展的主流趋势之一。随着信息经济的繁荣，信息开发已经成为一种高附加值的产业，信息产品可以作为商品在市场上以一定的价格自由交易，其供给模式受信息再利用价值链的影响，其产出的信息产品因目标用户的不同需求而多样化，目标用户甚至愿意付出更高的价格购买这些信息产品，满足自己的不同需求，从而实现基础信息公共物品向增值信息非公共物品的属性转换。当今时代，信息产品化已经成为市场经济的有机组成部分。

---

① 《国务院关于印发"十三五"国家战略性新兴产业发展规划的通知》，中央人民政府网站，http://www.gov.cn/zhengce/content/2016-12/19/content_5150090.htm。

② 杨仕兵：《公共物品供给法律制度研究》，中国检察出版社 2009 年版，第 29 页。

现阶段我国的高校财务信息公开，还主要是高校财务基础信息的公开，尚处于信息公开的初级“底限”阶段，而对高校财务信息产品价值，还没有形成广泛共识和进入实践应用，目标客户与信息产品还没能形成有效对接，高校财务信息产品及其所蕴含的商业价值都还没有充分开发出来。也就是说，一方面公开的财务信息开发不足，另一方面需求的财务信息产品无处获得，高校财务信息的产业价值链条断裂，对高校财务基础信息进行市场开发和产品交换的信息产品市场还没有效形成。

未来的高校财务信息，需要在信息与通信技术（Information and Communications Technology，简称 ICT）、信息基础设施、信息市场主体、信息产业政策的共同驱动下，从公开的高校财务基础信息开始，经过信息整合与组织，信息的处理、编辑、包装，信息市场开发与传播，最终成为能够在信息产品市场上交换的高附加值信息产品，形成一条完整的公开、加工、开发、交换、利用的信息价值链条（图 6-1）。实现高校财务基础信息公共物品到高校财务信息产品非公共物品的属性转换。

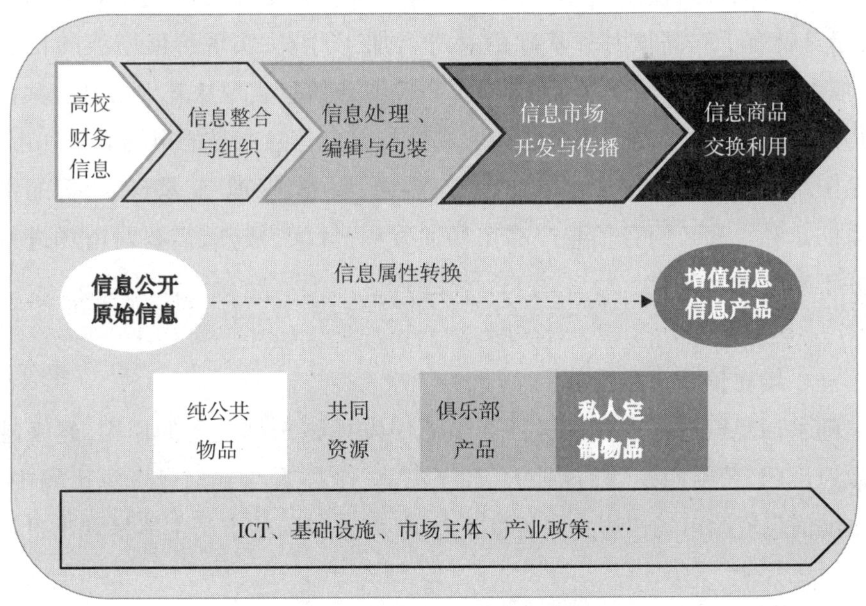

图 6-1　高校财务信息资源属性转换

第二节 构建高校财务信息产品市场

列宁说:“哪里有社会分工和商品生产,哪里就有市场。”①市场是商品经济的产物。在市场经济条件下,许多信息成为商品。进入20世纪60年代以来,随着信息产品化趋势的兴起,信息产品在经济和社会发展中的作用越来越大,信息产品导致了以信息产品生产和交换为主的信息产业和信息市场的出现。② 信息经济是以信息资源为基础,以信息技术为手段,通过生产知识密集型的信息产品和信息服务,不断促进经济增长、社会产出和劳动就业的一种新的经济结构。

从广义上讲,信息市场不仅指信息产品交换的场所,而且还包括购买信息产品的用户及其与信息生产者、经营者之间的经济关系。即信息产品从生产到消费之间的整个流通过程和领域,是信息产品供求关系的总和。③

公开的高校财务基础信息作为公共物品,其本身的专业属性极大限制了广大使用者的理解使用,它本身的统一体系无法满足多样化使用者的消费偏好,于是就有了对高校财务基础信息进行加工开发、实现价值增值的社会需求,催生了新的社会分工和信息产品,高校财务信息实现从基础信息公共物品到信息产品的属性转换,就必然会形成高校财务信息产品的市场。这一市场,就是围绕着高校财务信息产品的生产、流通、服务、管理、交易、使用等的供求关系的总和。高校财务信息产品市场的发展、壮大、成熟,需要对市场进行培育并不断完善和强化。

一、培育信息市场主体

随着信息资源在现代经济社会生活中发挥越来越重要的作用,越来越多的政府部门、公益组织、私营机构,甚至家庭、个体参与到信息资源市场中,成为推动信息资源市场快速发展的重要力量,信息资源的市场主体呈现出日益多

---

① 《列宁全集》第1卷,人民出版社2016年版,第79页。

② 王宪磊:《信息经济论》,社会科学文献出版社2004年版,第232—233页。

③ 马费成:《信息经济学》,武汉大学出版社2012年版,第207页。

元化趋势。特别是在信息资源市场化过程中,政府的非营利性和公共服务的性质已经不能满足信息资源的增值开发,需要更多的更专业化的公益组织、私营机构加入到信息产品市场中,承担信息资源开发风险,获取信息资源开发利润。

伴随着我国加快推进民主法制社会建设的现代化进程和教育领域综合改革的进一步深化,推进高等教育领域各项事务实现民主管理、监督检查、绩效评估、问责追究,已经成为政府教育、财政、审计等部门和社会公众日益关注的焦点和热点,同时对高等教育信息资源和信息产品的需求亦不断增加,而且呈多样化趋势。在我国信息化发展战略和信息资源开发政策的推动下,潜在的巨大市场利益正不断刺激着对高校财务信息资源的收集、开发、交易、利用,高校财务信息的多元市场主体正逐步形成,未来将呈增长态势。

国外一些著名的信息市场供给主体的运营模式和成功经验,为我国培育高校财务信息市场主体,推进高校财务信息产品的市场化提供经验借鉴。如斯坦福国际咨询研究所(Stanford Re-search Institute International,SRI),该所拥有庞大的资料检索中心,取得第一手可靠的资料,把经济与技术紧密结合起来,应用现代数学方法进行多方案比较,讲究经济实效等科学研究方法,使它在战略决策咨询工作上享有盛誉。斯坦福国际咨询研究的国际业务十分活跃,经费主要来源依靠高价出售研究报告。一方面,它没有接受国家津贴,另一方面也不依靠从企业资助的款项来从事研究,几乎所有研究课题费开支、研究人员的薪金、维持研究所正常运转的行政费用等,完全通过出售研究报告、完成委托单位的咨询研究课题,凭借“知识”获得。

还有一些大数据机构,根据网络用户在互联网上所关注信息的浏览路径和浏览内容,大数据运营机构可以记录、整合、加工这些信息数据,形成特定的数据微靶。这些数据微靶,既包括信息链接,也包括信息产品——当然有些是免费获得的,有些是需要付费才能获取的——可以像涡轮增压一样源源不断地通过特定的途径推送给潜在的用户,满足目标用户的信息需要。同样,利用大数据技术,高校利益相关者过去要像大海捞针一样在互联网上搜索的信息,而现在依靠大数据机构形成的特定数据微靶,主动找到高校财务信息的用户群,将量身订制的信息呈现给高校利益相关者,迎合高校利益相关者的潜在需求。

此外,诸多世界一流大学作为财务信息产品的消费使用者,他们不惜重金购买财务软件,用于大学的财务和绩效管理,已成为信息产品市场中重要的市场主体。如美国哈佛大学、英国帝国理工学院等世界一流大学,在财务管理中购买使用甲骨文公司(Oracle)的 Hyperion 业务智能和绩效计划软件,加州理工大学和普林斯顿大学等世界一流大学则购买使用 IBM 公司的 Cognos 全面绩效管理商业智能软件。这些价值不菲的财务软件信息产品,在世界一流大学的财务管理中广泛应用于预算管理、绩效管理、财务数据管理、合并财务报表等方面,发挥着日益重要的作用。

二、完善市场运行机制

合理的机制是推动信息资源开发利用的重要动力,信息资源开发利用的机制包括行政机制、公益机制、市场机制、复合机制,分别对应政府部门、公益组织、私营机构、个人等信息资源开发利用的不同市场主体。其中,信息市场机制是信息市场的运行机制,是信息开发利用机制的重要组成部分,是信息开发利用机制中最具活力、最有前景的机制之一。

信息产品的市场机制是信息作为商品,其价值规律发挥作用的形式,是由信息产品经济决定的,是信息市场体系的传导机制。从狭义上说,信息市场的运行机制是指信息市场上信息产品供求关系和信息价格变动时进行信息产品的交换、从而对信息产品的生产和消费所发生的刺激或抑制作用。而广义上说,信息市场的运行机制是信息产品经济运行的内在规律,是商品经济的规律(包括价值规律、竞争规律、货币流通规律)互相作用形成的,对经济过程的有机制约功能。具体表现为信息产品交易关系中的价格、供求、信贷、利率等要素间相互制约和相互联系的关系。

信息市场的运行机制是一个具有动力、传动、应变、调节、效应的系统综合机制,其内在动力是物质利益的差别,它的传动器是由各种经济信息的传动经营服务决定的,其变动器由信息产品价格、税收、利息以及财政补贴等组成,其运行效果表现为信息产品在生产、交换、消费、利益分配等过程中各种经济变动的结果。① 信息市场运行机制具体可分为供求机制、价格机制、竞争机制、

① 王宪磊:《信息经济论》,社会科学文献出版社 2004 年版,第 238—239 页。

激励机制、风险机制、利润机制、控制机制等。

信息产品的供给与需求是信息市场存在的前提条件,是信息市场发展和运行的决定因素,只有通过信息市场机制功能的发挥,才能达到信息产品在数量、品种、质量、价值、时间等方面的供需平衡。

价格机制是指价格变动与市场供求变动之间相互制约的作用和联系,价格机制对于生产同种商品的企业来说是竞争的工具,而对生产不同商品的企业来说是调整生产方向和生产规模的信号。运用价格机制,不但要考虑商品的供求关系,还要考虑商品的需求弹性。信息产品的需求弹性较小,其商品价格与总收益往往会成同方向变化。因此,信息产品的价格一般主要由信息产品的供求关系决定。

竞争机制是信息产品开发利用的有效动力机制,是信息经济发展的重要推动力量。信息产品的竞争机制加快了信息资源开发利用和传递速度,使信息资源尽快转化为生产力,从而缩短了信息资源的物化过程。它要求信息产品的生产者和经营者依据用户的需求动态地调节自己的生产、经营,促进信息产品生产者和消费者的自我协调。

随着我国信息市场的逐步建立和完善,信息市场的主体范围必将日益扩大和多元,通过市场激励机制对信息市场主体奖勤罚懒、奖"活"罚"死",实现信息市场主体优胜劣汰的激励作用也将日益显著。信息市场的激励机制主要有宏观层面需求约束型的总量波动机制,中观层面产业市场的自由进入或退出机制,以及微观层面产权市场、经理市场、劳动力市场三位一体的利益激励机制。

由于信息产品是智力劳动产物,其独特的效应滞后、预测误差等特殊性,决定着无论对于信息产品生产者,还是信息产品经营者,亦或是信息产品使用者,在信息产品市场都要比普通商品市场承担更大的风险。

信息市场的利润机制是指利润变动与生产者经济利益变动之间的相互制约的联系和作用。生产者追求自身经济利益,是立足于总收益的绝对值最大,还是立足于利润的绝对值最大,或是利润率最高,关键取决于对利润机制的灵活运用。信息产品生产者应根据平均利润率规律,运用利润机制实现信息产品生产者生产规模的最优化。

信息市场控制机制是指查核信息产品交易行为的发生是否和计划、指标和原则相一致。它的主要目的是指出信息产品交易中的弱点和错误,以便加以改正和避免重蹈覆辙。信息市场控制机制主要包括目标与标准,衡量、比较与评价,校正行动的控制决策等三个要素。①

高校财务信息产品具有普通信息产品的一般属性,其市场运行机制同样遵循普通信息产品的市场运行机制。特别是在高校财务信息产品市场化的初级阶段和实际运行中,同样要综合考虑和重视运用供求、价格、激励、税收、利润、控制等市场运行机制,以保障市场机制的有序、健康、持续发展。

三、强化信息市场管理

约瑟夫·斯蒂格利茨曾指出:"如果中国要想在向市场经济转型的过程中继续取得成功,就必须要理解市场机制的优势和局限性。"今天,没有一个严肃的学者会相信,不受任何约束的市场本身能有效地配置资源。换句话说,事实上,在任何成功的经济体中,政府都发挥了重要作用。重要的问题是,我们如何才能使市场更好地运行,以及如何才能让政府更好地发挥作用。②

由于单一市场机制的局限性,综合运用行政、公益、市场等复合多元机制显得尤为重要。无论处于什么样的交易平台,信息产品的非物质性、非占有性、消费无损耗性等特殊性都必然导致市场失灵现象。也就是说,信息市场在借助于其自身内在运行机制配置信息资源、维持市场正常运行的同时,经常会出现资源配置和市场运行偏离预期结果的情况。当产出的社会效率水平偏离竞争市场均衡时,市场失灵(Market Failures)就出现了。③ 信息市场失灵导致对外部力量——政府干预信息市场管理的要求。程万高(2011)根据政府信息资源增值服务中市场供给、公益供给和政府供给等三种机制的运行原理,提出政府信息资源增值服务中以市场机制为主导、公益机制和政府机制为补充

---

① 马费成:《信息经济学》,武汉大学出版社2012年版,第213—221页。

② [美]约瑟夫·斯蒂格利茨:《信息经济学:基本原理》,纪沫、陈工文、李飞跃译,中国金融出版社2009年版,第5—6页。

③ 马费成:《信息经济学》,武汉大学出版社2012年版,第221页。

的多元复合供给机制。①

信息市场是一种新型的市场结构,同物质商品市场相比,它的管理要复杂得多。信息市场管理是指由国家政权机构依靠经济组织、行政组织和法律组织以及消费者群众,按照客观经济规律的要求,运用科学的方法对信息市场上从事信息交换活动的单位和个人,在商品、价格、合同、税收、利润、场地等各个方面所进行的计划、组织、调节和监督。其目的是为了维护信息市场的正常秩序,保障供、需、中介各方的合法权益。②

在高校财务信息产品的市场中,不仅要培育多元的产品市场主体、建立完善的产品市场机制,更要强化对信息产品的市场监管,克服市场机制天然的局限性。高校财务信息产品的市场管理应当纳入信息市场统一管理,通常应由国家各级教育行政部门会同各级工商、财政、税收、物价等部门,以及公安、司法等机构共同实施,并依靠专业的社会评价机构和消费者对高校财务信息产品进行评价,以保障高校财务信息产品市场的正常秩序,维护政府部门、高校、高校财务信息产品的开发商、消费者、社会公众的合法权益。

第三节　促进高校财务信息产品利用

信息只有有效利用才能充分发挥信息价值。信息产品的利用就是通过信息产品使用者有意识地使用信息产品,实现不同信息使用者个性化信息需求的过程。信息产品的利用过程,就是信息价值的实现过程。信息产品的使用者包括政府、高校等公共部门,以及企业、其他社会组织和个人等。

高校财务信息公开从基础信息供给开始,针对高校财务信息使用者个性化、多元化的目标需求,经过本体开发和应用开发,以不同的形式和途径实现高校财务信息公开的价值目标。其中,基于信息使用者的个性化目标需求,通过市场开发,形成高校财务信息产品,未来蕴含着有大量的市场机会。

---

① 程万高:《政府信息资源增值服务供给机制研究》,科学出版社 2011 年版,第 1 页。

② 马费成:《信息经济学》,武汉大学出版社 2012 年版,第 233 页。

一、提升办学资源效益

一部分高校财务信息产品，可以通过高校、政府、公益性组织等公益性主体进行本体开发，而另一些高校财务信息产品，则主要通过专业的私营机构等市场化主体进行应用开发，生产出结构化、专业化、市场化的财务应用和绩效管理软件。高校财务信息产品，不仅能大大提高高校财务业务处理效率，而且能够有效提升高校财务管理水平，提升办学资源效益。

高校通过购买使用市场化财务信息产品，主要目的是提高财务管理水平，提升办学经费使用效益，或是满足高校接受资助重大项目的经费管理、绩效评估、项目决算等需要。如哈佛大学、帝国理工学院等商业化的 Hyperion 绩效管理软件，加州理工大学、普林斯顿大学等使用商业智能软件，生成各种财务报表和图表，提升高校财务业务处理能力和财务管理水平。以哈佛大学为例，大学在用的财务和采购系统（Finance and Procurement Systems）、预算管理系统（Harvard University Budget System，HUBS），是由世界著名软件制造商甲骨文公司（Orcal）开发的 Hyperion 计划系统（Planning system），能够满足哈佛大学的运营预算与预测、中期报告、中期财务计划、学费、注册和财务资助（Tuition，Enrollment，Financial Aid，TEFA）计划、现金流报告、财务报告和分析等 40 余项财务管理和报告应用，为有效提升哈佛大学财务管理水平和办学经费使用效益发挥了重要作用。①

财政、审计等政府部门利用市场开发的高校财务信息产品，可以通过政府购买服务委托信息产品开发商进行专业定向开发，或购买社会中介、私营机构形成的高校财务资源评价研究成果，或者购买信息系统软件开发商开发的财务处理软件或模块，用于对高校财务运营过程和预算执行情况进行检查、监督、审计，提升高校办学资源使用效益。如中国社会科学院国家法治指数研究中心自 2014 年开始分别统计分析并发布《中国政府信息公开第三方评估报告》和《中国高等教育透明度指数报告》，向政府、高校和社会商业化发布，持

---

① Harvard University Information Technology.Financial Planning & Strategy Systems[EB/OL]. https://hubs.fss.finance.harvard.edu/。

续推进我国政府信息公开和高校信息公开。① 但尚未见有组织机构持续跟踪研究高校财务信息公开情况并发布相关研究成果,成为高校财务信息公开领域的空白。

学生和家长购买高校财务信息产品,可以了解、对比各高校的学费和奖助学金政策,获得该所高校未来的就业前景及工作收入预期等信息,为学生和家长选择更加适合自己财务支付能力和未来财务预期的高校提供决策参考。

高校的社会资本投资者购买高校财务信息产品,可以了解各高校的社会资本用到了哪些地方、发挥效益如何,进而影响社会资本对高等教育领域的投入和配置等;其他社会公众购买高校财务信息产品,可以更加直接地知情和参与政府部门、高校的高等教育事务,监督高等教育资源的配置和高校办学资金使用,更有效地行使自己的表达权和监督权。

二、开展办学质量评价

教育部在《关于深入推进教育管办评分离 促进政府职能转变的若干意见》中明确指出:要大力培育专业教育服务机构,整合教育质量监测评估机构,完善监测评估体系,定期发布监测评估报告。扩大行业协会、专业学会、基金会等各类社会组织参与教育评价。制定专业机构和社会组织参与教育评价的资质认证标准。引入市场机制,将委托专业机构和社会组织开展教育评价纳入政府购买服务范围,按照公开、公平、公正原则,建立健全招投标制度和绩效管理制度,保证教育评价服务的质量和效益。同时,要探索建立评价结果综合运用机制,搭建互联互通的信息共享平台,推送评价结果信息,扩大评价结果运用范围,将其作为资源配置、干部考核和表彰奖励的重要依据。②

高校财务是高校办学质量评价的主要指标和重要内容,通过检视高校财务资金的投入和使用,与高校相应产出做适切对比,能够从财务视角观照高校办学质量水平的不同程度。教育行政部门、高校主管部门购买高校财务信息

① 中国社会科学院国家法治指数研究中心.智库报告[EB/OL].http://www.iolaw.org.cn/web/organ/fzzs.html。

② 《教育部关于深入推进教育管办评分离　促进政府职能转变的若干意见》,教育部网站,http://old.moe.gov.cn//publicfiles/business/htmlfiles/moe/s7049/201505/186927.html。

产品，可以为开展高校办学质量评价提供财务方面的支持和依据。

高校办学资源与高校办学质量有着密切的相互作用。20 世纪 70、80 年代，由于英国经济状况的恶化，政府在压缩高等教育经费的同时，要求高校提高质量和效率。1997 年，英国原大学校长委员会（CVCP）和高等教育基金委员会（HEQC）合作，成立了英国高等教育质量保证署（QAA），统一为英国高校提供质量保障服务；2002 年 QAA 改革了自 1993 年以来采用的学科评估方法，用新的院校审计（Institutional Audit）替代，重点评估高校内部质量保障机制的有效性。①

院校审计是一种重要的、新的教育质量评估方式，它主要以高校财务信息为依托，既能够实现对院校的有效问责，又能在最低程度干预院校管理的前提下，推动内部教育质量保障体系完善，在减轻评估负担的同时，也为院校的特色发展留有充足的空间。院校审计是英国高等教育质量保障体系改革和发展过程中里程碑式事件，它使得英国高等教育质量保障的责任从外部落实到院校内部，形成了目前以高校内部质量保障为主，外部评估为辅，相对完善的高等教育质量保障系统。② 这些与高校办学资源密切联系的质量保障体系的实施，对英国大学学术声誉、社会形象以及大学发展方向和内部结构，都产生了深刻的影响。

三、优化高教资源配置

我国著名的教育家潘懋元先生认为："教育是培养人的社会活动，就其本质说，不属于经济领域的活动，但高校具有经济功能，能够带来巨大的社会经济效益，尤其是职业技术教育与高等教育的大部分科类所培养的学生要输送到人才劳务市场去，参与市场竞争，它的办学规模、效益、质量、管理方式就必然要受到市场的无情检验，它的经费、师资、设备等办学资源的配置也必然要受到市场经济配置方式的影响而作出相应的改革。"③

---

① 金顶兵：《英国高等教育评估与质量保障机制》，《教育研究》2005 年第 1 期。

② 樊增广、史万兵：《英国高等教育质量保障体系的历史演进及其经验借鉴》，《东北大学学报（社会科学版）》2014 年第 6 期。

③ 潘懋元：《高等教育学》（上），人民教育出版社 1984 年版，第 11 页。

市场经济条件下,高等教育资源配置的依据,除了“促进区域协调发展、重点围绕服务国家重大战略,并有利于加快中西部高等教育发展”等国家和地方政府宏观调控政策以外,最重要的依据,就是高校基础财务信息和增值财务信息,或以此为基础开展的高校办学资源评价和办学质量评价。

教育、财政等行政部门掌握着高等教育资源中主要的财政高等教育资源配置决策权,未来要实现通过市场配置财政高等教育资源,就是要通过政府购买服务,购买到高校财务信息产品,为财政教育资源配置决策提供科学依据,从而减少直接、简单的高等教育资源方式,提升高等教育事务决策的科学化、规范化、民主化水平,发挥高等教育资源的配置效率和效益。同样,来自社会的高校教育资源投入,也需要以高校财务信息产品为依据,提升高校财务状况和运营成果的社会公信力,提高社会高等教育资源的成本效益,从而吸引更多的社会资本投入到高等教育领域,形成社会高等资源投入不断增加与高等教育资源成本效益不断提升的良性循环。

一是要加快出台信息开发扶持政策。2011 年 3 月 23 日,中共中央、国务院发布《中共中央关于分类推进事业单位改革的指导意见》(中发〔2011〕5号)规定:承担高等教育、非盈利医疗等公益服务,可部分由市场配置资源的,划入公益二类。高校作为公益二类的公共服务机构,需要政府逐步完善相关扶持政策,推动高等教育资源的市场化配置,充分发挥市场在公益事业领域资源配置中的积极作用,为社会资本投资创造良好环境,推动高校财务信息产业加快发展,满足人民群众多层次、多样化高等教育服务需求。

二是要加快推进信息产品应用进程。2013 年 11 月 12 日,中共第十八届中央委员会第三次全体会议通过《中共中央关于全面深化改革若干重大问题的决定》,决定要求:“紧紧围绕使市场在资源配置中起决定性作用深化经济体制改革”;“市场决定资源配置是市场经济的一般规律,健全社会主义市场经济体制必须遵循这条规律,着力解决市场体系不完善、政府干预过多和监管不到位问题”;“必须积极稳妥从广度和深度上推进市场化改革,大幅度减少政府对资源的直接配置,推动资源配置依据市场规则、市场价格、市场竞争实现效益最大化和效率最优化”;“推进公共资源配置市场化”。发挥高校财务信息产品在依据市场规则、市场价格、市场竞争优化配置公共高等教育资源的重要作用。

三是要发挥政府对资源配置的积极作用。尽管市场在未来资源配置中会起到基础性甚至决定性作用,但必须清醒地认识到,无论任何时候,市场中信息的供给不仅是不完备的,而且信息的分布是不对称的。因此,市场竞争不再必然会达到资源的最优配置和社会福利的最大化,政府应当在市场经济中发挥出比“守夜人”更为积极的作用。高校财务信息的产品市场中,无论是基础信息还是增值信息产品,同样是不完备的,而且是不对称的,高等教育资源的配置,需要引入市场竞争,但由于我国正处于向市场经济体系的转型过程中,高等教育领域的资源配置的市场化转型尚未有效实现,正在进行政治、经济、法制等领域的深化综合改革,政府必须在一定的市场约束条件下,对高等教育资源配置进行计划和干预,防范单一市场机制的局限性,发挥政府计划和干预的积极作用。

第七章　总结与讨论

我国高校财务信息公开工作，具有鲜明的行政主导特征，近年来在实践推进过程中取得有目共睹的成绩。但同时还应该清醒地认识到，我国高校财务信息公开与世界高等教育强国和世界一流大学相比，在很多方面还存在着较大的差距，成绩与困难并存。

习近平在哲学社会科学工作座谈会上的讲话中对哲学社会科学研究提出明确的要求：坚持以马克思主义为指导，必须落到研究我国发展和我们党执政面临的重大理论和实践问题上来，落到提出解决问题的正确思路和有效办法上来。要坚持用联系的发展的眼光看问题，增强战略性、系统性思维，分清本质和现象、主流和支流，既看存在问题又看其发展趋势，既看局部又看全局，提出的观点、作出的结论要客观准确、经得起检验，在全面客观分析的基础上，努力揭示我国社会发展、人类社会发展的大逻辑大趋势。①

发现问题是为了更好地解决问题。千里之行，始于足下。解决我国高校财务信息公开工作中存在的问题，深入持续推进我国高校财务信息公开工作，同样需要我们用联系的发展的眼光看问题，实事求是地分析问题，客观理性地正视不足。形成观点时要增强战略性和系统性思维，提出结论时要客观准确、经得起检验。在全面客观分析的基础上，努力揭示高校财务信息公开的理论逻辑和发展趋势，并科学、有效地采取对策措施，并不断加以改进和完善，早日实现我国高校财务信息公开的两个“有助于”目标。

---

① 习近平：《在哲学社会科学工作座谈会上的讲话》，《人民日报》2016 年 5 月 19 日。

第一节 结论与建议

一、研究结论

高校信息公开是政府信息公开在高等教育领域的必然趋势和自然延伸，高校财务信息公开是世界高等教育强国和世界一流大学的广泛共识和普通实践。我国高校财务信息公开，不仅是我国自20世纪90年代实施校务公开以来，持续推进校务公开的重要组成部分；同时也是我国《条例》和《办法》相继颁布实施后，国家和教育行政部门明确要求并迅速推进的高校信息公开的重点工作之一。

近年来，我国的高校财务信息公开在国家和教育行政部门行政力量主导下，取得了巨大成绩：进一步深化了校务公开的科学内涵；第一次在公众视野中实现了高校财务信息从无到有的历史性突破；各高校对推进高校财务信息公开工作的重要性认识不断提升，实践推进成效有目共睹，呈现出总体向好趋势。

但同时还应该清醒地看到，我国高校财务信息公开成绩与问题并存。主要存在以下问题：1.从理论基础看，高校财务信息公开理论基础薄弱、主观认识不够、指导实践脱节；2.从制度基础看，高校财务信息公开制度遵循失衡、体系内容粗浅、督查问责虚化；3.从实践现状看，高校个体跨时间财务信息不公开、少公开、晚公开普遍存在；高校整体跨空间、跨类别财务信息公开不充分、不均衡比较突出；4.从基础信息公开看，高校财务信息公开主体失范、共享不足、流动不畅；5.从信息产品市场看，高校财务信息公开目标弱化、市场化程度不足。暴露出我国高校财务信息公开工作中，在理论研究、法制建设、底限突破、目标指引等方面正面临的诸多困境，已经成为制约我国高校财务信息公开的主要障碍。

（一）理论困境

理论必须有问题意识和实践导向，理论必须同实践相统一。理论之于实践的价值是，理论作为实践主体理解的文本，给实践主体以启发，并作为实践主体反思的依据及实践的价值导向。① 如果光要理论，不顾实践，就是“教条

① 易森林：《教育理论之于实践的价值的几点思考》，《教育导刊》2009年第4期。

主义”。反过来,如果只顾实践,不要理论,就是“经验主义”。

当前我国高校财务信息公开工作中,还普遍存在着直接、简单的思想观念:一方面,认为高校财务信息公开是高校的事,只须高校公开其财务信息就足够了;另一方面,认为高校财务信息公开是未来的事,当前的不公开、少公开、晚公开影响不大。这些都是典型的“经验主义”。高校财务信息公开,不是“公开”或“不公开”的选择题,而是“必须公开”的解答题,是建基于委托代理理论、公共管理理论、知情权利理论之上的“必须公开”,是当下我国民主法治社会进程中刻不容缓的事,是高校财务信息公开义务主体不可回避的责任。

高校财务信息公开的实践在不断深入,如果对高校财务信息公开的理论基础认识不足,理论就是脱离实践,甚至落后于实践;同样,如果高校财务信息公开的实践不以理论为指导,就会让实践无理论之基。实践证明,关于高校财务信息公开的义务主体的理论认识的不足,以及对高校财务信息公开必要性认识的不足,对有效推进高校财务信息公开工作的实践是十分有害的,必须从理论高度加以修正。

(二)法制困境

实践证明,信息公开的意愿不会自动产生,必须辅以法律的规制。《条例》《办法》《通知》《清单》等法律规章的颁布实施,为我国高校信息公开奠定了初步的法制基础。但高校财务信息公开是对信息公开立法与会计准则制度的双重遵循,但在实践中存在突出的制度遵循失衡现象,重信息公开立法而轻会计准则制度,而且信息公开的立法位阶不高,信息公开立法与会计准则制度间内容条款冲突,使高校财务信息公开陷入无所适从的法制困境。

一方面,《条例》属于国务院规章,要求教育等公共企事业单位参照执行,并未对高校信息公开予以强制;《办法》属于教育部门规章,专门针对高校信息公开事项,但立法位阶更低,强制力较弱;《通知》《清单》属于行政指令,遵循主要靠行动手段。另一方面,近年来,一系列高校会计准则制度相继颁布实施。如《事业单位会计准则》《高等学校财务制度》于 2013 年 1 月 1 日起实施,《高等学校会计制度》于 2014 年 1 月 1 日起实施,《政府会计准则——基本准则》于 2017 年 1 月 1 日起实施,要求高等学校会计核算和报告均实行双轨制，预算会计与财务会计并行，同时编制决算报告和财务报告；[①]从时间上看，现行高校财务信息公开的法制规章，如《办法》2010年施行，《通知》2012年发布，《清单》2014年发布，在时间上均早于政府会计准则和高校会计准则制度实施之前。在现行高校会计准则制度颁布实施后，高校财务信息公开的相关要求却未能及时更新修订完善，两者间的融合协调显得严重滞后。此外，即使在《通知》《清单》等专门针对高校财务信息公开制度中，有些条款内容亦存在冲突。如《通知》要求各高校应在预算、决算批复后10个工作日内主动向社会公开；而《办法》《清单》则要求高校应当自信息制作完成或者获取之日起20个工作日内予以公开。

当前，我国高校财务信息公开的法制遵循，无论从法律效力，还是制度协调，亦或内容条款等方面，均反映出我国高校财务信息公开的制度遵循失衡、制度建设不健全，亟待提升、协调、修订完善。

（三）底限困境

从2008年起，我国陆续颁布实施一系列要求高校信息公开的法律规章，为推进高校信息公开提供了法律依据，同时对高校财务信息公开提出了十分具体明确的要求，具有一定的强制性、规范性和可操作性，起到了积极的推进作用。

正如教育部办公厅负责人就《高等学校信息公开事项清单》答记者问所言，《清单》所列50条只是一个底限要求。这一底限要求，就是要看公开专栏的"有没有"，要看事项清单的"有没有"，要看年度报告的"有没有"，要看预算决算信息的"有没有"。

现状考察表明：部分高校信息公开专栏潜隐于学校门户网站的其他栏目之下；部分高校公开的信息事项仍少于《清单》的"底限"要求；高校预决算财务信息公开中普遍存在不公开、少公开、晚公开，甚至逆公开现象，一些地方高校财务信息公开率仍然极低。对于当前高校信息公开的"底限"要求——"有没有"公开，相信高校即使稍做努力就很容易实现，但在执行中却打了折扣，

① 《政府会计准则——基本准则》，财政部网站，http://www.mof.gov.cn/mofhome/tfs/zhengwuxinxi/caizhengbuling/201511/t20151102_1536662.html。

至今仍未实现100%公开的"底限"突破，高校财务公开陷入说易行难的底限困境。

（四）价值困境

信息公开是科学民主决策的前提。高校财务信息公开不是"为了公开而公开"，而是为了有效利用而公开。只有高校财务信息公开的价值目标，逐步从追求"有没有"公开，发展到追求公开的高校财务信息"用没用"，以至"尽其用"，才能逐步实现《通知》中提出的高校财务信息公开的两个"有助于"目标：有助于提高高校工作的透明度、保障师生员工和社会公众的知情权和监督权，推动高校依法办学、依法理财；有助于提升高校预算管理和财务管理水平，充分发挥资金使用效益，有效保障高等教育事业的科学发展。

我国当前的高校财务信息公开，还只是高校财务基础信息的公开，尚处于高校财务信息公开的初级"底限"阶段。现状考察表明，除了尚仍未实现100%公开的"底限"突破外，即使是公开的高校财务信息，亦普遍存在点击量极低、关注度不够、利用率不高等现象，高校财务报告信息深锁闺中无人识。这些现状，离高校财务信息的共享流动、高校财务信息产品的开发利用，实现高校财务信息公开的两个"有助于"价值目标，还有相当大的差距，公开的高校财务信息陷入"有而无用"的价值困境。

二、策略建议

解决当前我国高校财务信息公开中存在的理论困境、法制困境、底限困境和价值困境，需要在重新认识和思考高校财务信息公开理论基础之上，既需要有"顶层设计"，又需要有"底限思维"，更要有"目标指引"。

一是重构——廓清高校财务信息公开"谁公开"这个主体，重新审视理论基础。根据公共管理、委托代理、知情权利等理论，将高校财务信息公开的义务主体仅限定于高校，不仅是狭隘短视的，而且是理论失范的。检视理论基础，廓清义务主体，重构高等教育领域高校财务信息公开的权利义务关系，解决高校财务信息公开过程中信源、信道单一等问题，教育、财政行政部门或鼓励社会机构构建区域内、跨区域、跨类别的高校财务信息共享平台，实现高校财务信息公开义务主体和公开渠道的多元化。

二是建设——夯实高校财务信息公开“制度化”这个基础，建立健全制度体系。高校财务信息公开是对信息公开立法和会计准则制度的双重遵循，各级教育、财政行政部门要做好高校财务信息公开的“顶层设计”，建立健全高校财务信息公开制度体系，制定完善高校财务信息公开的督查、评议、问责等制度，切实履行《办法》《通知》《清单》赋予的督查、指导、协调职责，解决高校财务信息公开中存在的报告体系简单、信息内容粗略等问题，推进高校财务信息公开的科学化、制度化、规范化。

三是突破——守住高校财务信息公开“有没有”这条底限，尽快实现底限突破。各高校应按《办法》《通知》《清单》要求，成立相关机构，开展宣传发动，细化公开责任，认真贯彻落实；各级教育行政部门、高校主管部门、高校内设监察机构应定期开展高校信息公开专项检查、监督，切实履行对高校信息公开的检查、监督、问责职责；解决高校在财务基础信息公开中存在的不公开、少公开、晚公开现象，解决跨地区、跨类别高校财务信息公开的不充分、不均衡现象，初步实现高校预算、决算财务信息100%公开的底限突破。

四是深化——瞄准高校财务信息公开“尽其用”这一目标，构建信息产品市场。借国家推进实施信息化发展战略和教育领域推进管、办、评分离改革之机，各级政府教育、财政行政部门加快出台扶持高校财务信息产业发展的相关政策，培育社会第三方专业服务机构等市场主体，开发多样化、市场化的高校财务信息产品，促进高校财务信息产品开发利用，提升高等教育资源使用效益，开展高校办学质量评价，优化高等教育资源配置，加快实现高校财务信息公开的两个“有助于”目标。

第二节　创新与不足

本研究首先通过对高校财务信息公开进行研究综述，其次开展理论基础、制度源流和公开现状研究，最后基于高校财务信息双重属性的视阈转换，阐释高校财务信息公开的理论逻辑和实践逻辑，据此对当前我国高校财务信息公开工作中存在的理论和实践问题进行较为全面、深入地研究，并提出具有针对性和可行性的对策建议。本研究的主要创新尝试与不足之处有以下几个方面。

一、创新尝试

（一）阐释高校财务信息公开的理论逻辑

理论思维的起点决定着理论创新的结果。理论创新只能从问题开始。从某种意义上说，理论创新的过程就是发现问题、筛选问题、研究问题、解决问题的过程。① 我国高校财务信息公开，当前最主要的问题，就是没有解决好公开的高校财务信息的利用问题。以公开的高校财务信息的利用为目标，形成理论思维，探索理论逻辑，是解决我国高校财务信息公开问题的重要前提和基础。

基于高校财务信息的双重属性，提出高校财务信息公开从公共物品到信息产品的市场化取向。首先，根据公共物品理论，阐明公开的高校财务基础信息具有公共物品的基本特征，属于公共物品；其次，根据信息的经济属性，阐明对高校财务信息的市场化开发形成的信息产品，具备商品的市场化特征，属于非公共物品；最后，初步构想我国高校财务信息公开未来的信息产品市场，实现从高校财务基础信息公共物品到高校财务信息产品非公共物品的属性转换，为贯通高校财务信息公开与公共信息资源管理的未来实践路径奠定理论基础。

（二）阐释高校财务信息公开的实践逻辑

实践逻辑基于实践者的行为与特定环境结构之间的关系，蕴涵着一种认识和把握实践的思维方式。② 高校财务信息公开的实践逻辑突出表现为高校财务信息公开的多元义务主体和双重制度遵循。

一方面，阐释高校财务信息公开的多元义务主体。首先，根据高等教育领域复杂的委托代理关系，提出高校财务信息公开中应存在着多元主体，按权利和义务不同，可分分为公开权利主体和公开义务主体；其次，根据知情权利理论和公共管理理论，对当前制度设计中高校作为高校财务信息公开的单一义务主体进行纠偏，提出由单一公开义务主体——高校，拓展至教育、财政行政部门和高校主管部门等高等教育资源配置和消费者等多元义务主体；最后，鉴

① 习近平：《在哲学社会科学工作座谈会上的讲话》，《人民日报》2016 年 5 月 19 日。

② 许杰：《现代学校制度建设的实践逻辑》，《教育研究》2016 年第 9 期。

于当前实践中教育行政部门和地方政府主动公开高校财务信息的积极行动和有益探索,申明公开高校财务信息不是对信息需求者的恩赐,而是高校财务信息公开义务主体应承载的义务和负有的责任。

另一方面,阐释高校财务信息公开的双重制度遵循。高校财务信息公开是对信息公开立法和会计准则制度双重遵循的结果。高校财务信息公开,如果仅遵循信息公开立法,就失去了“财务信息”的特殊性和限定性;如果仅遵循会计准则制度,则会失去“信息公开”的普遍性和广泛性,二者不可偏颇。

(三)较为全面地开展国内外高校现状研究

本研究开展高校财务信息公开现状研究时,择取 817 所国内高校和 40 所国外高校为研究样本,其中国内高校样本数量占当年全国高校数量的 28.4%。通过对中央直属高校和五省(市)属高校的全面网站访问考察,较为全面地实现了我国跨空间、跨时间、跨类别高校间财务信息公开的横向同期、纵向趋势的现状考察和比较分析,特别是弥补了之前对专科高校和成人高校财务信息公开情况现状研究的不足。此外,借鉴国外 40 所著名高校财务信息公开的实践经验。在此基础上,对我国高校财务信息公开存在的问题和困境提出对策建议。

二、不足之处

(一)择取的考察样本仍显不够全面

在现状研究部分,国内仅选择教育部直属高校、其他中央直属高校、以及北京、上海、河南、陕西、福建五省市高校为国内研究样本进行网站访问考察,样本量占全国高校数量的 28.4%。尽管从地域分布、隶属关系、办学层次、办学性质等几个方面看,都具有一定代表性,但考察样本仍未能全部覆盖全国所有高校。根据国内部分样本高校的财务信息公开网站访问考察统计结果,推测全国高校财务信息公开现状,难免管中窥豹、以偏概全。

在国外高校网站访问考察中,仅选择 U.S.News2018 年度排名中美、英、加、澳四国的前 10 名大学共 40 所,作为国外样本大学进行网站访问考察并比较借鉴。虽然这些大学都是世界著名大学,基本引领和代表着当今世界大学财务信息公开的先进水平,足以给我们以借鉴和启示。但从样本数量而言,与国内研究相比，样本量更少，且仅选择 U.S.News2018 年度排名中高校数量最多的四个国家。这些国家之外的其他国家，或者这些大学之外的其他大学，或许会有其他更成功、更适切我国的好的经验，有待于进一步深入考察和挖掘。

（二）未探索高校财务信息公开绩效评价

在本研究中，主要介绍和研究了高校财务分析指标、办学经费绩效、全面绩效评价等内容，尚未进一步探索如何对高校财务信息公开工作开展绩效评价。

高校财务信息公开工作是一项需要投入高等教育资源的教育活动。从资源投入看，主要有资金、设备等有形资源以及时间、人力等无形资源；从目标实现看，两个“有助于”目标涉及公平和价值实现。如何设置绩效指标，进行科学评价，是一项艰难宏大的研究课题，当前仍未有学者开展该领域的探索研究和显著成果。但无论如何，对高校财务信息公开工作进行绩效评价，是高校财务信息公开研究绕不开的一个重要环节。如今的缺失虽然遗憾，却为后续的研究指明了努力方向。

参考文献

《马克思恩格斯全集》第1卷,人民出版社1995年版。

《马克思恩格斯全集》第3卷,人民出版社1971年版。

《列宁全集》第1卷,人民出版社2016年版。

《毛泽东选集》第1卷,人民出版社1991年版。

《江泽民文选》第2卷,人民出版社2006年版。

胡锦涛:《坚定不移沿着中国特色社会主义道路前进 为全面建成小康社会而奋斗——在中国共产党第十八次全国代表大会上的报告》,人民出版社2012年版。

习近平:《决胜全面建成小康社会 夺取新时代中国特色社会主义伟大胜利——在中国共产党第十九次全国代表大会上的报告》,人民出版社2017年版。

习近平:《在哲学社会科学工作座谈会上的讲话》,《人民日报》2016年5月19日。

《财政部关于进一步推进财政预算信息公开的指导意见》,财政部网站,http://yss.mof.gov.cn/zhengwuxinxi/zhengceguizhang/200809/t20080917_75533.html。

《高等学校会计制度》(中华人民共和国财政部制订),立信会计出版社2014年版。

《高等学校信息公开办法》,教育部网站,http://old.moe.gov.cn/publicfiles/business/htmlfiles/moe/moe_rule_more/201406/170528.html。

《关于全面推进行政事业单位内部控制建设的指导意见》,财政部网站,

http://kjs.mof.gov.cn/zhengwuxinxi/zhengcefabu/201601/t20160105_1643573.html。

《关于印发〈行政事业单位内部控制规范（试行）〉的通知》，财政部网站，http://kjs.mof.gov.cn/zhengwuxinxi/zhengcefabu/201212/t20121212_713530.html。

《国务院办公厅关于印发2015年政府信息公开工作要点的通知》，中央人民政府网，http://www.gov.cn/zhengce/content/2015-04/21/content_9644.htm。

《国务院法制办公室关于〈中华人民共和国政府信息公开条例（修订草案征求意见稿）〉公开征求意见的通知》，中央人民政府网站，http://www.gov.cn/hudong/2017-06/06/content_5200287.htm。

《国务院法制办公室关于〈中华人民共和国政府信息公开条例（修订草案征求意见稿）〉公开征求意见的通知》，中央人民政府网站，http://www.gov.cn/hudong/2017-06/06/content_5200287.htm。

《国务院关于印发"十三五"国家战略性新兴产业发展规划的通知》，中央人民政府网站，http://www.gov.cn/zhengce/content/2016-12/19/content_5150090.htm。

《国务院首次向全国人大常委会报告高等教育改革情况》.中国人大网站，http://www.npc.gov.cn/npc/cwhhy/12jcwh/2016-09/06/content_1997004.htm。

《教育部、中华全国总工会关于全面推进校务公开工作的意见》，教育部网站，http://www.moe.gov.cn/jyb_xxgk/gk_gbgg/moe_0/moe_8/moe_23/tnull_262.html。

《教育部关于公布〈高等学校信息公开事项清单〉的通知》，教育部网站，http://old.moe.gov.cn/publicfiles/business/htmlfiles/moe/s5972/201409/174685.html。

《教育部关于加强依法治校工作的若干意见》，教育部网站，http://old.moe.gov.cn//publicfiles/business/htmlfiles/moe/moe_623/200501/5145.html。

《教育部关于进一步做好高等学校财务信息公开工作的通知》，教育部网站，http://www.moe.edu.cn/srcsite/A05/s7052/201308/t20130820_156128.html。

《教育部关于深入推进教育管办评分离 促进政府职能转变的若干意见》，教育部网站，http://old. moe. gov. cn//publicfiles/business/htmlfiles/moe/s7049/201505/186927.html。

《教育部关于做好〈行政事业单位内部控制规范(试行)〉实施工作的通知》，教育部网站，http://www. moe. gov. cn/srcsite/A05/s7052/201312/t20131209_161008.html。

《教育部关于做好高等学校财务信息公开工作的通知》，教育部网站，http://old. moe. gov. cn//publicfiles/business/htmlfiles/moe/s7052/201309/157199.html。

《教育部直属高校信息公开专栏》，教育部网站，http://www. moe. gov. cn/jyb_xxgk/xxgk_gxgk/gxgk_zsgxgk/201410/t20141021_176278.html。

《2016 年全国高等学校名单》，教育部网站，http://www.moe.edu.cn/srcsite/A03/moe_634/201606/t20160603_248263.html。

《教育系统内部审计工作规定》，教育部网站，http://www.moe.edu.cn/srcsite/A02/s5911/moe_621/201511/t20151119_220045.html。

《推进高校信息公开 提高教育工作透明度——教育部办公厅负责人就〈高等学校信息公开事项清单〉答记者问》，教育部网站，http://old.moe.gov.cn//publicfiles/business/htmlfiles/moe/s271/201407/172433.html。

《政府会计准则——基本准则》，财政部网站，http://www.mof.gov.cn/mofhome/tfs/zhengwuxinxi/caizhengbuling/201511/t20151102_1536662.html。

《中共中央办公厅、国务院办公厅印发〈2006—2020 年国家信息化发展战略〉》，《人民日报》2006 年 5 月 9 日。

《中共中央办公厅国务院办公厅〈关于在全国乡镇政权机关全面推行政务公开制度的通知〉》，中央人民政府网站，http://www.gov.cn/gongbao/content/2001/content_60849.htm。

《中共中央办公厅国务院办公厅印发〈关于进一步推行政务公开的意见〉》，中央人民政府网站，http://www. gov. cn/fuwu/2016-02/17/content_5042791.htm。

《教育部关于印发〈教育部直属高校经济活动内部控制指南(试行)〉的通知》,武汉大学财务部网站,http://finance.whu.edu.cn/info/1016/1531.htm。

《北京大学 2013 年部门决算 2》.北京大学信息公开网,http://xxgk.pku.edu.cn/docs/20141023154915802101.jpg。

《北京大学 2013 年部门预算》北京大学信息公开,http://xxgk.pku.edu.cn/docs/20141023155017535287.jpg。

《财务、资产及收费信息》.北京师范大学—香港浸会大学联合国际学院网站,http://uic.edu.hk/cn/public-information/finance。

《北京师范大学—香港浸会大学联合国际学院信息公开年度报告(2015—2016)》.北京师范大学—香港浸会大学联合国际学院,http://uic.edu.hk/cn/public-information/others/annual-report/5489-2016-10-31-02-08-59。

《2015 年度福建师范大学决算说明》.福建师范大学财务处网站,http://cwc.fjnu.edu.cn/b8/3c/c2628a112700/page.htm。

《信息公开透明》.宁波诺丁汉大学教育发展基金会网站,http://www.nottingham.edu.cn/cn/foundation/index.aspx。

《关于公布厦门大学 2017 年度部门预算的通知》.厦门大学信息公开网,http://gk.xmu.edu.cn/31/bf/c174a274879/page.htm。

《决算》.上海科技大学信息公开网,http://openinfo.shanghaitech.edu.cn/110/list.htm。

《信息公开》.上海纽约大学教育发展基金会网站,https://foundation.shanghai.nyu.edu/cn/about。

《北京市教育委员会关于批复 2013 年度部门决算的通知》.首都师范大学网站,http://xxgk.cnu.edu.cn/docs/2014-08/20140822111737031438.pdf。

《四川大学 2017 年部门预算文字说明》.四川大学网站,http://www2.scu.edu.cn/xxgk2013/zc/cw/ndyjs/webinfo/2017/04/1489452529513947.htm。

《预决算公开》.温州肯恩大学网站,http://www.wku.edu.cn/jgsz/cwb/yjsgk/。

《2017 年报人大及公开报表》.西北大学财务处网站,http://cw.nwu.edu.cn/home/index/article/mid/965/id/87607.html。

《财务办公室》.西交利物浦大学行政事务中心网站,http://www.xjtlu.edu.cn/zh/about/professional-services/centre-for-administrative-affairs。

《财务报告》.香港中文大学(深圳)财务处网站,http://www.cuhk.edu.cn/department/fo。

《上海科技大学》.中国上海网站,http://www.shanghai.gov.cn/nw2/nw2314/nw2319/nw32905/nw32914/nw32994/nw32999/nw39785/index.html?pageindex=1。

《智库报告》.中国社会科学院国家法治指数研究中心网站,http://www.iolaw.org.cn/web/organ/fzzs.html。

《中共中央国务院印发〈国家中长期教育改革和发展规划纲要(2010—2020年)〉》,《人民日报》2010年7月30日。

《中华人民共和国高等教育法》,《人民日报》2016年3月30日。

《中华人民共和国会计法》,《人民日报》1999年11月2日。

《中华人民共和国政府信息公开条例》,《人民日报》2007年4月25日。

蔡立辉:《电子政务应用中的信息资源共享机制研究》,人民出版社2012年版。

曹磊:《美国最新〈数据法〉浅析》.上海情报服务平台网站,http://www.istis.sh.cn/list/list.aspx?id=8563。

陈丹:《河南省高校财务信息公开现状及问题研究》,《劳动保障世界》2015年第26期。

陈美:《澳大利亚政府信息资源公共获取及启示》,《情报理论与实践》2013年第8期。

陈盈、李磊:《高校财务信息公开的现状探讨——基于高校预决算报表信息公开数据视角》,《教育财会研究》2014年第3期。

程万高:《政府信息资源增值服务供给机制研究》,科学出版社2011年版。

程星:《世界一流大学的管理之道》,北京大学出版社2011年版。

崔玉良、高志勇:《基于利益相关论的高校财务信息公开策略研究》,《商业经济》2017年第2期。

崔运政、何宪红等:《行政事业单位会计理论与实务》,立信会计出版社 2015 年版。

大漠:《高校腐败案频发呼唤财务管理公开透明》,《教育与职业》2012 年第 34 期。

单雅迪、李强、刘元:《哈佛大学财务报告公开对我国的启示》,《财会月刊》2016 年第 14 期。

邓建华:《高校财务绩效评价研究》,《会计之友》2011 年第 10 期。

董岩、张萌:《中外信息公开情况综述》,《人民日报》2005 年 4 月 13 日。

杜驰:《高校公认财务报告编制及披露的制度建构》,《教育财会研究》2015 年第 5 期。

杜俊萍、田洁:《高校财务信息公开中的问题及对策——山西省高校财务信息公开情况调研》,《财会月刊》2014 年第 17 期。

杜莹、李逸尘、阎银泉:《大学财务信息公开比较研究》,《财会通讯》2016 年第 25 期。

段尧清、汪银霞:《政府信息公开机制研究》,高等教育出版社 2014 年版。

樊风、王腊银:《高校财务信息披露保障机制研究》,《教育财会研究》2016 年第 4 期。

樊增广、史万兵:《英国高等教育质量保障体系的历史演进及其经验借鉴》,《东北大学学报(社会科学版)》2014 年第 6 期。

风笑天:《社会科学研究方法》,中国人民大学出版社 2013 年版。

冯江南:《高等学校财务信息公开问题研究——以江西省 98 所普通高等学校为例》,《重庆理工大学学报(社会科学版)》2016 年第 12 期。

傅荣校、叶鹰:《公共信息资源管理》,科学技术出版社 2011 年版。

高尚国:《高校经济责任审计存在的问题与对策》,《商业文化(学术版)》2008 年第 5 期。

郭收库、赵丽君:《高校财务信息披露的必要性与制度构建》,《陕西理工学院学报(社会科学版)》2005 年第 4 期。

郭收库:《网络环境下两层面高校财务信息披露系统构建》,《中国管理信息化(综合版)》2006 年第 3 期。

何志勤:《高等学校财务信息公开的必要性和措施研究》,《商业会计》2016 年第 4 期。

后向东:《美国联邦信息公开制度研究》,中国法制出版社 2014 年版。

胡莉:《高校财务信息披露质量提升思考——基于博弈论的视角》,《财会通讯》2017 年第 1 期。

胡莉:《高校财务治理对会计信息披露质量的影响研究》,《会计之友》2016 年第 23 期。

黄河:《从信息公开运动到数据技术演化》.凤凰网,http://news.ifeng.com/gundong/detail_2012_08/12/16742117_0.shtml。

黄欣:《加拿大情报公开法的制定过程及特点——兼论对我国相关立法的启示》,《华东师范大学学报(哲学社会科学版)》2004 年第 2 期。

黄欣:《加拿大情报公开法及其启示》,《上海政法学院学报》2003 年第 5 期。

黄月云、唐宁:《政府资助与民办高校财务信息公开的博弈论分析》,《会计师》2015 年第 6 期。

姜宏青、孙晓琦:《我国大陆、香港、台湾高校财务信息披露比较与借鉴》,《财会通讯》2014 年第 18 期。

金顶兵:《英国高等教育评估与质量保障机制》,《教育研究》2005 年第 1 期。

赖茂生:《信息资源管理教程》,清华大学出版社 2006 年版。

李爱红:《会计信息可理解性与语言认知》,《财会通讯》2014 年第 1 期。

李成艾、蔡传里、许家林:《尚德尔的〈审计理论〉》,《财会月刊》2006 年第 31 期。

李亮、于沛利、胡胜:《谈高校财务信息披露改革》,《财会月刊》2008 年第 6 期。

李培培:《美国《数据法案》对我国财政支出公开及审计工作的启示》.中华人民共和国审计署网站,http://www.audit.gov.cn/n6/n39/n63/c77142/content.html。

李维安、王世权:《大学治理》,机械工业出版社 2013 年版。

李远慧、郝宇欣:《财务报告解读与分析》,清华大学出版社、北京交通大学出版社 2011 年版。

李云驰:《美国、英国政府信息公开立法的比较与借鉴》,《国家行政学院学报》2012 年第 3 期。

郦解放、饶宝红:《美国大学的财务报告公开制度与启示——以加州州立大学长滩分校为例》《比较教育研究》,2009 年第 1 期。.

刘爱东、周琼:《中美高校国有固定资产管理比较研究》,《财务研究》2015 年第 3 期。

刘华秋:《浅议高校财务公开》,《国家教育行政学院学报》2003 年第 3 期。

刘庆红:《关于日本大学信息公开状况的调查——以调查数据及立命馆大学案例为中心》,《教育学术月刊》2013 年第 10 期。

刘笑霞:《我国政府绩效评价理论框架之构建》,厦门大学出版社 2011 年版。

刘绪、匡建江、沈阳:《英国高等教育监管新趋势》,《世界教育信息》2016 年第 9 期。

鲁曦、王菱艳:《浅谈高校财务绩效评价体系的弊端与设计构想》,《商场现代化》2011 年第 2 期。

罗策元:《我国部属高校财务信息公开问题与对策研究》,华南理工大学 2016 年硕士学位论文。

罗伟峰、吴乐:《高校财务信息公开存在问题研究——基于〈高等学校财务制度〉视角》,《会计之友》2014 年第 1 期。

罗伟峰:《高校财务信息公开问题研究——以广东省为例》,《教育财会研究》2015 年第 3 期。

吕艳滨、[英]卡特:《中欧政府信息公开制度比较研究》,法律出版社 2008 年版。

吕振宇:《公共物品供给与竞争嵌入》,经济科学出版社 2010 年版。

马费成:《信息经济论》,武汉大学出版社 2012 年版。

马海群、吕红:《高校财务信息公开的范围界定与工作体系构建》,《情报资料工作》2015 年第 1 期。

马杰、朱莉:《江苏高校财务信息公开状况调查与分析》,《教育财会研究》2013 年第 4 期。

马晓霞、黎燕:《高校财务信息公开调查与对策分析》,《审计月刊》2015 年第 12 期。

闵维方:《高等教育运行机制研究》,人民教育出版社 2002 年版。

牟秋菊、常青:《高校财务信息公开探讨——基于对贵州省 47 所高校的调查》,《行政事业资产与财务》2015 年第 1 期。

潘懋元:《高等教育学》(上),人民教育出版社 1984 年版。

彭官章:《试论比较民族学》,《黑龙江民族丛刊》1987 年第 4 期。

乔春华:《高校经费绩效评价运作中若干问题的探索》,《会计之友》2012 年第 26 期。

秦书亚:《我国高校财务信息披露体系研究》,《商业会计》2016 年第 13 期。

冉从敬:《美国公共部门信息再利用的制度体系研究》,《图书与情报》2010 年第 4 期。

萨仁其木格:《高校资金使用绩效评价研究》,《金融经济》2011 年第 14 期。

桑乐:《基于公众预期的高校财务信息披露研究》,新疆财经大学 2014 年硕士学位论文。

沙勇忠:《公共信息资源管理》,中国社会科学出版社 2014 年版。

商兰芳:《高校财务信息公开的研究与思考》,《中国教育信息化》2013 年第 7 期。

上海国家会计学院:《财务报告》,经济科学出版社 2011 年版。

尚亚楠、唐明、丁小丽、丁时勇:《美国经验对我国高校会计信息披露的启示》,《会计之友》2011 年第 18 期。

施晓光、李俊:《美国、英国、日本高等学校信息公开研究》,《国家教育行政学院学报》2014 年第 7 期。

石国亮:《国外政府信息公开探索与借鉴》,中国言实出版社 2011 年版。

司晓宏:《教育管理学论纲》,高等教育出版社 2009 年版。

孙继红、翁秋怡:《2016 年高校绩效评价研究报告》,《高教发展与评估》2017 年第 3 期。

孙绵涛:《教育现象的基本范畴研究》,《教育研究》2014 年第 9 期。

孙旭培、王释云:《澳大利亚〈信息自由法〉评析》,《河北大学学报(哲学社会科学版)》2016 年第 2 期。

孙颖颖:《高校财务信息公开的 SWOT 分析与发展策略研究》,《会计之友》2014 年第 23 期。

孙颖颖:《中国高校财务信息公开现状与对策分析——以北京市、陕西省和江苏省为例》,《北京航空航天大学学报(社会科学版)》2015 年第 3 期。

涂子沛:《数据民主也要争》,腾讯评论,http://view.news.qq.com/a/20100710/000009.htm。

王春春、张男星:《美国公立学校绩效评价体系内容与特点分析——以田纳西州为例》,《比较教育研究》2012 年第 1 期。

王丹:《基于公众需求视角的高校财务信息公开研究》,《中国乡镇企业会计》2015 年第 9 期。

王芳、王小丽:《基于电子政务的信息公开服务》,《图书情报工作》2006 年第 8 期。

王光远:《受托责任会计观和受托责任审计观》,《财会月刊(会计)》2002 年第 2 期。

王洪才:《论高等教育的本质属性及其使命》,《高等教育研究》2014 年第 6 期。

王洁玲、戴龙辉:《基于审计博弈的高校财务信息披露》,《财会通讯》2015 年第 7 期。

王敬轩、郭收库:《基于 XBRL 的高校财务信息披露研究》,《中国管理信息化(会计版)》2007 年第 11 期。

王诗宗:《公共政策:理论与方法》,浙江大学出版社 2003 年版。

王舒,杜炤:《基于新一代财务信息系统的高校财务公开研究》,《武汉大学学报(理学版)》2012 年第 S1 期。

王思懿:《迈向"混合法"规制结构:新公共治理范式下高等教育系统的变革趋势——基于美国、英国、新加坡三国的分析》,《中国人民大学教育学刊》2017年第2期。

王万华:《知情权与政府信息公开制度研究》,中国政法大学出版社2013年版。

王宪磊:《信息经济论》,社会科学文献出版社2004年版。

王正兴、刘闯:《英国的信息自由法与政府信息共享》,《科学学研究》2006年第5期。

韦德贞:《基于XBRL技术的高校财务信息披露制度研究》,《会计之友》2014年第12期。

文大稷、秦在东:《实践的观点是马克思主义哲学的理论基石——再读马克思〈关于费尔巴哈的提纲〉》,《社会主义研究》2010年第3期。

夏青青:《公民知情权的基本理论探研》,《通化师范学院学报》2010年第7期。

谢立本、李华军:《我国高校财务信息披露问题及对策——基于高校治理的视角》财会月刊》2015年第8期。

谢梅、李强:《教育部直属高校绩效评价研究——基于产出滞后效应的分析》,《教育与经济》2015年第5期。

谢志华:《内部控制、公司治理、风险管理:关系与整合》,《会计研究》2007年第10期。

徐剑梅:《英国:政治管理走向透明化》,《瞭望新闻周刊》2005年第10期。

许杰:《现代学校制度建设的实践逻辑》,《教育研究》2016年第9期。

许婷婷:《安徽省高等院校财务信息公开研究》,《会计师》2012年第16期。

许婷婷:《高等院校财务信息公开研究》,安徽财经大学2013年硕士学位论文。

严宇:《“985工程”高校财务信息公开现状调查与分析》,《科教导刊(下旬)》2015年第10期。

杨春荣:《加拿大政府信息公开制度研究》,西南政法大学 2012 年硕士学位论文。

杨建生:《美国政府信息公开司法审查研究》,法律出版社 2014 年版。

杨纳名:《大学治理的必要与可能:治理理论的大学实践》,《河南师范大学学报(哲学社会科学版)》2009 年第 6 期。

杨仕兵:《公共物品供给法律制度研究》,中国检察出版社 2009 年版。

易森林:《教育理论之于实践的价值的几点思考》,《教育导刊》2009 年第 4 期。

应望江、李泉英:《高校绩效评价指标体系设计及应用研究——以教育部直属高校为例》,《国家教育行政学院学报》2010 年第 2 期。

于文明、卢伟:《治理理论的适用性及大学治理的中国实践方略》,《高等教育研究》2016 年第 10 期。

俞可平:《治理与善治》,社会科学文献出版社 2000 年版。

袁贵仁:《深化教育领域综合改革 加快推进教育治理体系和治理能力现代化》,《中国高等教育》2014 年第 5 期。

袁莉婷、郦解放:《高校财务信息公开探讨》,《财会通讯》2012 年第 4 期。

袁莉婷:《中国高校财务信息公开研究》,浙江工业大学 2012 年硕士学位论文。

袁敏、许霞:《教育部部属高校财务信息披露比较》,《中国内部审计》2015 年第 9 期。

袁振国、张男星、孙继红:《2012 年高校绩效评价研究报告》,《教育研究》2013 年第 10 期。

岳昌君:《中国高等教育财政投入的国际比较研究》,《比较教育研究》2010 年第 1 期。

战丽红:《吉林省高校财务信息公开现状及对策分析》,《现代商业》2016 年第 6 期。

张红霞:《英国世界一流大学发展漫谈》,《华东师范大学学报(教育科学版)》2016 年第 3 期。

张继明、吴智鹏:《高等教育信息不对称对策研究——高校信息公开的视角》,《教育学术月刊》2010 年第 11 期。

张男星、王春春、姜朝晖:《高校绩效评价:实践探索的理论思考》,《教育研究》2015 年第 6 期。

张沛:《我国公立高校财务信息披露体系研究》,中国海洋大学 2013 年硕士学位论文。

张翔:《英国将免费公开 XBRL 数据》. XBRL 中国地区组织网站, http://www.xbrl-cn.org/2013/1116/96804.shtml。

张文:《奖学金集体诉讼倒逼高校财务公开》,《教育与职业》2013 年第 7 期。

张新平:《教育管理学导论》,上海教育出版社 2006 年版。

张应强、蒋华林:《关于中国特色现代大学制度的理论认识》,《教育研究》2013 年第 11 期。

张卓尼:《波普的"世界 1・2・3"理论评介》,《哲学研究》1981 年第 2 期。

赵红卫:《"教育是什么"的哲学思考》,《河南社会科学》2015 年第 8 期。

赵红卫:《高校内部控制的基本范畴与框架建构》,《审计研究》2015 年第 3 期。

赵红卫:《高校内部审计规制错位反思与消弭策略》,《高校教育管理》2016 年第 1 期。

赵红卫:《中英两国高等学校财务报告比较研究与启示——以牛津大学和北京大学为例》,《教育财会研究》2015 年第 5 期。

赵蓉英、梁志森、段培培:《英国政府数据开放共享的元数据标准——对 Data.gov.uk 的调研与启示》,《图书情报工作》2016 年第 19 期。

赵旭莹:《网络环境下高校财务信息公开的思考》,《会计师》2011 年第 4 期。

赵正群、胡锦光等:《政府信息公开法制比较研究》,南开大学出版社 2013 年版。

赵中建:《全球教育发展的研究热点——90 年代来自联合国教科文组织的报告》,教育科学出版社 1999 年版。

周宏仁:《从信息资源到信息产品》,马费成:《信息管理与信息系统研究进展》,武汉大学出版社 2010 年版。

周璐璐:《我国高校财务信息公开的困境与对策研究》,河南大学 2014 年硕士学位论文。

周珽:《高等学校财务信息公开研究——以“三公经费”为例》,《教育财会研究》2013 年第 1 期。

朱作鑫:《大数据视野下的政府信息公开制度建设》,《中国发展观察》2015 年第 9 期。

[澳]欧文·E.休斯:《公共管理导论》,张成福、马子博等译,中国人民大学出版社 2015 年版。

[德]康德:《单纯理性限度内的宗教》,李秋零译,中国人民大学出版社 2003 年版。

[古希腊]亚里士多德:《政治学》,吴寿彭译,商务印书馆 2007 年版。

[加]托比·曼德尔:《信息自由:多国法律比较》,龚文庠译,社会科学文献出版社 2011 年版。

[加]威廉·R.斯科特:《财务会计理论》,陈汉文等译,中国人民大学出版社 2012 年版。

[美]阿尔文·A.阿伦斯等:《审计学》,沈征译,清华大学出版社 2013 年版。

[美]阿克顿:《自由与权力》,侯健、范亚峰译,商务印书馆 2001 年版。

[美]艾尔·巴比:《社会研究方法》(上),邱泽奇译,华夏出版社 2000 年版。

[美]珍妮特·V.登哈特、罗伯特·B.登哈特:《新公共服务:服务,而不是掌舵》,丁煌译,中国人民大学出版社 2016 年版。

[美]哈罗德·D.拉斯韦尔、亚伯拉罕·卡普兰:《权力与社会——一项政治研究的框架》,王菲易译,上海人民出版社 2012 年版。

[美]汉密尔顿、杰伊、麦迪逊:《联邦党人文集》,程逢如、在汉、舒逊译,商务印书馆 1980 年版。

[美]亨利·罗索夫斯基:《美国校园文化——学生·教授·管理》,谢宗仙等译,山东人民出版社 1996 年版。

[美]加里·J.普雷维茨、[法]皮特·沃顿、[澳]皮特·沃尼泽:《世界会计史:财务报告与公共政策》亚洲与大洋洲卷,陈秧秧译,立信会计出版社 2015 年版。

[美]斯蒂格利茨:《自由、知情权和公共话语——透明化在公共生活中的作用》,宋华琳译,《环球法律评论》2002 年秋季号。

[美]英格拉姆、奥尔布赖特、希尔:《管理会计:决策信息》,陈晋平、程小可译,中信出版社 2004 年版。

[美]约翰·B.坎宁:《会计中的经济学》,宋小明、谢盛纹译,立信会计出版社 2014 年版。

[美]约瑟夫·斯蒂格利茨:《信息经济学:基本原理》,纪沫、陈工文、李飞跃译,中国金融出版社 2009 年版。

[英]斯蒂芬·奥斯本:《新公共治理——公共治理理论和实践方面的新观点》,包国宪、赵晓军等译,科学出版社 2016 年版。

[英]安东尼·奥格斯:《规制:法律形式与经济学理论》,骆梅英译,中国人民大学出版社 2008 年版。

[英]威廉·韦德:《行政法》,徐炳等译,中国大百科全书出版社 1997 年版。

Australian Government Federal Register of Legislation.Charter of Budget Honesty Act 1998, Act No. 22 of 1998 as amended [EB/OL]. https://www.legislation.gov.au/Details/C2012C00230/Html/Text.

Australian National AuditOffice. Public Sector Financial Statements: High-quality reporting through good governance and processes[EB/OL].https://www.anao. gov. au/work/better-practice-guide/public-sector-financial-statements-high-quality-reporting-through-good。

Commonwealth of Massachusetts. Chapter66: public records [EB/OL]. https://malegislature.gov/Laws/GeneralLaws/PartI/TitleX/Chapter66。

Date Coalition. Financial Transparency Act of 2015 Introduced, Promising Open Data Across Financial Regulation [EB/OL]. https://www. datacoalition. org/financial-transparency-act-of-2015-introduced/。

David Coy, Mary Fischer, Teresa Gordon. Public accountability: a new paradigm for college and university annual reports[J].Critical Perspectives on Accounting,2001,(1).

Dennis JohnGayle,Bhoendradatt Tewarie,A.Quinton White Jr.Governance in the Twenty-First-Century University:Approaches to Effective Leadership and Strategic Management: ASHE-ERIC Higher Education Report[M]. San Francisco: Wiley Subscription Services,2003.

Diego Fernando Católico.Disclosure and Dissemination of Financial and Non-financial Information of Public Universities in COLOMBIA[EB/OL].http://www.redalyc.org/pdf/909/90924279005.pdf。

Federal Registerof Legislation. Freedom of Information Act [EB/OL]. https://www.legislation.gov.au/Series/C2004A02562。

Financial Administration of Harvard University. Schedules and Deadlines [EB/OL].https://finance.harvard.edu/resources/schedules-and-deadlines。

Freedominfo.org.Chronological and Alphabetical lists of countries with FOI regimes[EB/OL].http://www.freedominfo.org/? p=18223。

George J.Stigler.The economics of information[J].Journal of Political Economy,1961,(3).

Government of Ontario.Freedom of Information and Protection of Privacy Act [EB/OL].https://www.ontario.ca/laws/regulation/900460。

Government of South Australia.Freedom of Information Act 1991[EB/OL].https://www.legislation.sa.gov.au/LZ/C/A/FREEDOM%20OF%20INFORMATION%20ACT%201991.aspx。

Harvard University Information Technology.Financial Planning & Strategy Systems[EB/OL].https://hubs.fss.finance.harvard.edu/。

HE/FE SORP Board. Statement of recommended practice: accounting for further and higher education[EB/OL].https://www.universitiesuk.ac.uk/policy-and-analysis/reports/Documents/2016/sorp-guidance-note-2015.pdf。

Information and Privacy Commission of New South Wales.Information Access

Laws [EB/OL].https://www.ipc.nsw.gov.au/information-access-laws。

Information Commissioner's Office.What is the Freedom of Information Act? [EB/OL]. https://ico. org. uk/for-organisations/guide-to-freedom-of-information/what-is-the-foi-act/。

Isabel Gallego,Isabel-Maria Garcia,Luis Rodriguez.universities´ websites:disclosure practices and the revelation of financial information[J].The International Journal of Digital Accounting Research,2009,(9).

Mary Fischer, Teresa P. Gordon, Marla A. Kraut. Meeting user information needs:The impact of major changes in FASB and GASB standards on financial reporting by colleges and universities[J].Journal of Accounting and Public Policy, 2010,(4).

Morton Nelson, William Banks, J. Fisher. Improved accountability disclosures by Canadian universities [J].Canadian Accounting Perspectives,2003,(1).

National Freedom of Information Coalition.New Jersey FOIA Laws[EB/OL]. http://www.nfoic.org/new-jersey-foia-laws。

Office of the Law Revision Counsel. Public information: agency rules, opinions, orders, records, and proceedings [EB/OL]. http://uscode. house. gov/browse/prelim@ title5/part1/chapter5/subchapter2&edition=prelim。

Office of the Ombudsman and Health Complaints Commissioner.Right to Information Process [EB/OL]. http://www. ombudsman. tas. gov. au/right _ to _ information/process。

OMB.Uniform Administrative Requirements, Cost Principles, and Audit Requirements for Federal Awards[EB/OL].https://www. federalregister. gov/documents/2013/12/26/2013-30465/uniform-administrative-requirements-cost-principles-and-audit-requirements-for-federal-awards#print。

Oxford Colleges. Financial Statements of the Oxford Colleges (2007—08) [EB/OL]. https://www. ox. ac. uk/about/organisation/finance-and-funding/financial-statements-of-the-Oxford-Colleges-2007-08? wssl=1。

Queensland Government.Right to Information Act[EB/OL].http://www.rti.

qld.gov.au/right-to-information-act。

Richard.H.Lytle.Information resources management:1981—1986[J].Annual Review of Information Science and Technology,1986,(21).

Robert Morse, Eric Brooks. Best Colleges Ranking Criteria and Weights [EB/OL]. https://www. usnews. com/education/best-colleges/articles/ranking-criteria-and-weights。

Stephen A.Rose.The Economic Theory of Agency:The Principle's Pro-blem [J].American Economic Review,1973,(2).

Teresa Gordon,Mary Fischer.A comparative empirical examination of extent of disclosure by private and public colleges and universities in the United States[J]. Journal of Accounting and Public Policy,2002,(3).

TheUniversity of Western Australia. University Policy on: Privacy[EB/OL]. http://www. governance. uwa. edu. au/procedures/policies/policies-and-procedures? method=document&id=UP14%2F10。

U.S.News & World Report Education.Best Global Universities in the United Kingdom [EB/OL]. https://www. usnews. com/education/best-global-universities/united-kingdom。

U. S. News &World Report Education. Best Global Universities Rankings [EB/OL].https://www.usnews.com/education/best-global-universities/rankings。

U. S. News&World Report Education. Best Global Universities in Australia [EB/OL].https://www.usnews.com/education/best-global-universities/australia。

U. S. News&World Report Education. Best Global Universities in Canada [EB/OL].https://www.usnews.com/education/best-global-universities/canada。

U.S.News&World Report Education.Global Universities Search[EB/OL].https://www. usnews. com/education/best-global-universities/search? country = united-states。

University College London. 2010 UCL Annual Report[EB/OL].https://www.ucl.ac.uk/finance/docs/docs-corporate/2000_UCL-annual-report.pdf。

University of Adelaide.Freedom of Information Policy[EB/OL].https://www.

adelaide.edu.au/policies/3/。

University of California. Reporting Transparency [EB/OL]. http://reportingtransparency.Universityofcalifornia.edu/。

University of Cambridge. Information Compliance [EB/OL]. https://www.information-compliance.admin.cam.ac.uk/foi。

University of Chicago. Consolidated Financial Statements and Supplemental University Information [EB/OL]. http://finserv.uchicago.edu/reporting/statements.shtml。

University of Oxford. Finance and funding [EB/OL]. http://www.ox.ac.uk/sites/files/oxford/field/field_document/Financial_Statements2012_13.pdf。

University of Oxford. Finance and funding [EB/OL]. http://www.ox.ac.uk/sites/files/oxford/field/field_document/Financial_Statements2013_14.pdf。

University of Toronto. 2016 Executive Summary [EB/OL]. http://pi.utoronto.ca/wp-content/uploads/2017/05/PI-Executive-Summary-2017-05-11.pdf。

University of Toronto. Performance Indicators Executive Summary [EB/OL]. http://www.pi.utoronto.ca。

University of Toronto. University of Toronto Condensed Financial Report [EB/OL]. https://finance.utoronto.ca/wp-content/uploads/2015/08/1998f.pdf。

University of Western Australia. Annual Report 1997 [EB/OL]. http://www.publishing.uwa.edu.au/annualreport/1997/。

Victoria State Government. Freedom of Information [EB/OL]. http://www.foi.vic.gov.au/home/foi/。

William Banks, J. Fisher, Morton Nelson. University Accountability in England, Wales, and Northern Ireland: 1992—1994 [J]. Journal of International Accounting Auditing & Taxation, 1997, (2).

William Banks, Morton Nelson. Financial disclosures by Ontario universities: 1988-1993 [J]. Journal of International Accounting Auditing & Taxation, 1994, (2).

后　　记

2014 年 9 月，我有幸到陕西师范大学教育学院攻读博士学位，恰逢陕西师范大学建校 70 周年，尽管报到时校庆活动已经结束，仍能感受到浓浓的校庆氛围，处处彰显着陕西师范大学辉煌的办学成就，行走在古色古香的雁塔校区，为自己即将开启的博士生涯充满了自豪和憧憬，颇有“春风得意马蹄急，一日看尽长安花”的畅快。

即到进入正常课程学习，便逐渐感受到了学业和科研的压力。我的责任导师田建荣教授与我约定，每周四下午至他办公室谈谈自己撰写课业论文及博士论文的设想和进展。现在想来，导师的这一良苦用心安排，确实为我日后能顺利完成学业毕业，乃至以优秀等级通过毕业论文答辩并被推荐为校级优秀博士论文，不仅在时间上做了充足的准备，而且对于选题、开题、撰写毕业论文都奠定了坚实的基础。值此博士论文准备出版之际，最应该感谢的就是我的责任导师田建荣教授，能够忝列门墙，聆听田建荣教授的传道授业和谆谆教诲，是我一生的荣幸和财富。先生于我师恩如山，我将铭记于心。

近年来，学界对高校内部控制和高校信息公开的研究持续升温，成为高等教育领域的热点、难点和焦点问题。我作为一名长期从事高校财务管理和会计专业教学科研的会计工作者，对这两个问题一直保持着浓厚兴趣并予以高度关注，自己有意选择其中之一确定为博士论文选题。期间多次向田先生汇报自己关于两个选题的研究设想，甚至与田先生一起对两个选题分别商定了研究框架和目录。最后，确定了《我国高等学校财务信息公开研究》为博士论文选题，并及早开始文献梳理研究、相关论文发表、信息跟踪考察，经过近四年持续艰苦研究，按期提交毕业论文。在毕业论文盲审阶段，五位教育部外审专家给出了3个优秀、2个良好的高度评价，实在大大超出我的预期，答辩时先生也给予我莫大的鼓励，于2018年5月顺利通过论文答辩，同时很荣幸地获得了以海南师范大学副校长李森教授为主席的答辩委员会专家的一致肯定，被评定为答辩“优秀”等级，荣获教育学院当年度唯一一篇校级优秀博士毕业论文。本书便是在博士毕业论文的基础上，根据教育部外审专家意见和答辩委员会答辩意见修改而成。

教育部外审是盲审，后经与学校研究生学位办沟通，仍遗憾无法获知评审我的博士毕业论文的各位外审评议专家尊名。各位外审专家对我的博士论文给予了极大鼓励，同时提出精准问题和中肯建议。在此特将5位外审专家的评语抄录如下，一是向5位外审专家致以诚挚的感谢，二是作为对自己开展该领域后续研究的鞭策与激励，并以此为纪念。

第一位来自985院校的博士生导师：这篇教育专业博士学位论文，从全国范围的比较来看，是比较优秀的。选题的意义重要，工作量大，文献综述合适，全文框架比较合适，尝试的研究较多，创新点明显，文字流畅，写作具有规范性。特别是第六章“高校财务信息公开的市场化构建”中讲的“信息资源开发、信息产品市场、信息产品利用”是具有明显的创新的，论文的第一第二点创新归纳到位。

第二位来自985院校的博士生导师：论文选取高校财务信息公开开展研究，选题对当前我国高校进一步完善财务信息公开制度具有重要的理论价值与现实意义。论文在文献综述的基础上，将高校财务信息公开制度置于公共管理理论、委托代理理论、信息模型理论和知情权利理论的话语情境中进行分析，结合对我国和国外高校财务信息公开的制度源流的梳理和发展现状的样本分析，比较了国内外高校财务信息公开制度，分析了我国高校财务信息公开存在的问题，提出了优化高校财务信息公开的策略、推进市场化构建的路径。论文内容丰富、方法得当、结构合理、论述清晰，反映出作者掌握了教育学的基本理论与方法，达到了教育博士学位论文的要求。

第三位来自211院校的博士生导师：选题根据当前我国高等教育发展的现实状况，选择高等学校财务信息公开作为研究对象进行研究，具有非常重要的理论价值和现实意义。作者对本领域的资料占有相当丰富，评述学界进展恰当,论文结构完整,研究工作量很大,突出优点有三:第一,数据丰富,资料详实,表格非常之多。第二,对研究方法的说明非常详细,值得提倡。本文不是简单提出采用了什么方法,而是继续进一步说明方法在本文中是如何运用的,这是很好的做法,说明作者基本上掌握了学术研究的门径。第三,研究结论有新意。作者提出的"我国高等学校财务信息产品的市场化构建"是颇具价值的创新。本文理论分析较为深入,研究方法运用有所创新,与学位论文相关的诸多研究成果已经发表,表明研究成果具有较强的原创性,并且得到了学界的认可。显示作者已经掌握了本学科的专业理论基础和较为系统的专业知识,具备独立从事科学研究的能力。

第四位来自211院校的博士生导师:论文对我国高校财务信息公开进行了较为系统的梳理,论文通过大样本调查,对当前我国高校财务信息公开的现状进行了较全面的呈现,并指出了存在的主要问题与原因。继而在国际比较的基础上,针对我国高校财务信息公开的改进提出了具有可行性的建议。整体上,论文问题意识清晰、结构合理、逻辑严谨、资料详实、方法科学,语言较为流畅,研究内容与结论对于高校财务信息公开的改进具有启发性。达到了教育博士学位论文的要求。

第五位外审的博士生导师:论文选题有较大的理论意义和实践意义,研究基础比较扎实,研究方法运用得当,实证研究选取样本(国内817所,国外40所)有代表性和说服力。将教育学、管理学的理论和知识运用于高校财务管理,对于核心概念的把握比较准确,文献综述较为规范,语言文字较为流畅,逻辑性较强。论文阐释了高校财务信息公开的理论逻辑与实践逻辑,有较大的理论创新。符合学术论文规范。

除了对论文的学术评议之外,外审专家还对论文存在的问题和不足之处精准发声。如明确指出:问题和成因分析部分的篇幅略显不足,应该适当增加篇幅;高校财务信息公开应契合当前高等教育治理体系和治理能力现代化的政策框架,避免理论分析与主题展开之间缺乏必要的衔接;对如何"公开"这一命题回答得不够,应加强扎根中国大地"公开"的研究。

对外审专家的提出的意见和建议,在本书中有不同程度的吸收和体现,也有一些建议还没有得到很好的处理,我会将这些建议认真思考和对待,留待以后继续努力钻研,不辜负外审专家的殷切希望。

特别感谢人民出版社的李椒元先生,李椒元先生为本书的框架、内容、论证付出了大量精力,为每一个细节经常熬夜到黎明。还有为本书出版付出心血的人民出版社的各位编辑同志,正是由于他们的精心策划和组织,本书才得以顺利出版。

赵红卫

2018 年 6 月 25 日于郑州